金牌导购不仅是导购员，更应该是一名专业的家居顾问

好位置、好品牌、好团队是家居经销商成功的铁三角
俗话说：市场竞争的背后，最终是人才的竞争
金牌导购要精通心理学、行销学、表演学、口才学、人际沟通学等知识

bieshuo nidong
maijiaju

金牌导购是这样炼成的

刘春海　编著

SPM
南方出版传媒
广东经济出版社
·广州·

图书在版编目（CIP）数据

别说你懂卖家具—金牌导购是这样炼成的/ 刘春海编著. —广州：广东经济出版社，2016. 7

ISBN 978 - 7 - 5454 - 4612 - 8

Ⅰ. ①别… Ⅱ. ①刘… Ⅲ. ①家具 - 市场营销学Ⅳ. ①F768. 5

中国版本图书馆 CIP 数据核字（2016）第 136084 号

出 版 人：姚丹林
责任编辑：李惠玉
责任技编：谢 莹
封面设计：李康道

出版发行	广东经济出版社（广州市环市东路水荫路 11 号 11 ~ 12 楼）
经销	全国新华书店
印刷	惠州报业传媒印务有限公司（惠城区江北三新村惠州报业传媒大厦 1610 室）
开本	730 毫米 × 1020 毫米 1/16
印张	17. 75
字数	299 000 字
版次	2016 年 7 月第 1 版
印次	2016 年 7 月第 1 次
印数	1 ~ 5 000 册
书号	ISBN 978 - 7 - 5454 - 4612 - 8
定价	38. 00 元

如发现印装质量问题，影响阅读，请与承印厂联系调换。

发行部地址：广州市环市东路水荫路 11 号 11 楼

电话：（020）38306055 37601950 邮政编码：510075

邮购地址：广州市环市东路水荫路 11 号 11 楼

电话：（020）37601950 营销网址：**http://www.gebook.com**

广东经济出版社新浪官方微博：**http://e.weibo.com/gebook**

广东经济出版社常年法律顾问：何剑桥律师

序

常言说得好，“商场如战场”，如今的家具市场硝烟弥漫，竞争异常激烈，行业洗牌加速。网络营销大行其道，京东、天猫、美乐乐等网络巨头，利用新款、低价、促销等手段在家具市场上攻城略地、大展拳脚。各式各样的促销活动遍地开花，每周一个小活动，每月一个大活动，促销红火三五天，不促销冷清一阵子，最后是不促不销，准客户被提前低价消费，一个从坐商到行商的家具行业已经到来。

俗话说：“沧海横流，方显英雄本色。”在家具终端市场激烈竞争中究竟谁才是真的英雄？根据本人多年在家具终端的实战经验，凡是做得好的经销商均离不开这个成功铁三角：好位置、好品牌、好团队，即在好的商场找到一个好的位置，加盟一个好品牌，打造一个具有狼性的好团队。只要拥有这个铁三角，经销商想不成功都难。

有句话是这样说的：“市场竞争的背后，最终是人才的竞争。”因为一切的工作都是人做出来的，家具门店就像一个舞台，灯光、音乐、产品是道具，家具导购员是演员，老板是搭台的，顾客是观众，没有彩排，每天都是现场直播……观众有没有掌声和鲜花，观众买不买单，关键还是要看演员演得怎么样？

在多年的家具终端销售实践中，我见过许多成功的导购员，他们拥有职业化的销售素质，丰富的家具行业专业知识，以及十足的狼性，创造了一个又一个销售奇迹。也见过许多失败的导购员，他们缺乏严格管理和培训，行事松散，心态消极，工作方法缺失，归结起来主要有以下几项问题：

第一，不知道到哪里找客户。

有事没事，总喜欢坐在店里低头玩手机，一边玩还一边抱怨——天气不好、产品太贵、店的位置不好，店里怎么没有人？殊不知，坐商的时代已经过去了，行商的时代已经来临，客户是需要电话邀约的，是需要老客户转介绍的，是需要扫楼开发的，等能等来多少客户？即使有客户被等来了，看见你在玩手机，客户也会绕道走向别家的。

第二，不知道如何做销售准备。

俗话说得好："没有准备，就很狼狈。"机会总会降临到那些有所准备的人头上，你没有为销售做好准备，那就准备失败吧！有很多销售员在销售中没有好的心态，对自己和产品极度不自信，和客户交流时底气不足，客户自然不敢相信你所讲的话。还有的导购员在销售中道具准备不充分，一会儿找卷尺，一会儿找计算器……导致客户感觉这个销售员也太不专业了，最终投向了竞争对手的怀抱。

第三，不知道如何拦截客户。

客户从自己店门口经过，导购员在第一次邀请失败后就理所当然地放弃了，心里想："客户不进来，我有什么办法？"殊不知客户是需要用真情实意打动的，你的第二次、第三次邀请，说不定就可以打动客户，只要客户进了你的门店，你就有成交的机会。

第四，不知道了解客户需求。

很多家具导购员，不知道了解客户需求，在客户一进入门店后就像产品介绍机一样，直接介绍他的产品质量如何好，价格如何便宜，服务有多好，最后客户只是淡淡地说一句："我再转转，再对比一下吧！"这时候客户心里会想："你都不知道我需要啥，怎么能帮助我买到称心如意的家具呢？"

第五，不懂得处理客户异议。

很多家具导购员，在面对客户异议时，总是心情很烦躁，心里头不停地念叨着：“这客户怎么这么多问题啊，真麻烦！要是客户没有那么多异议该多好！”殊不知：“嫌货才是买货人。”不能正确处理客户异议的导购员是没有办法实现销售的。

第六，不懂得如何逼单成交。

在家具销售中，很多家具导购员很怕向客户逼单，踢临门一脚。担心万一逼单不成客户拒绝了可怎么办？总是天真地希望客户主动提出成交请求。同时，也搞不清楚啥时候起脚射门是最恰当的时机，正所谓“时机不对，努力白费”，最后被客户牵着鼻子走。

正是看到以上问题的存在，本人结合近10年家具行业终端销售及培训经历写作此书，以如何提升家具门店进店率、成交率、转介绍率、客单价为核心，意在帮助那些刚刚进入家具销售行业的新导购员，以及帮助那些家具行业寻求成长和突破的老导购员，用正确的方法提升销售业绩，实现自我价值，实现自己在家具行业的金牌导购梦想。

2016年5月6日

目录

MU LU

第三步 探询需求

第四步 推介产品

第五步 处理异议

第六步 达成销售

导读　家具导购员的“五项思考”

随着家具业的发展，家具的款式越来越多，而不同的家具款式又有不同的风格，而不同风格的家具，它们又有各自的特点，对于大多数顾客来说，在购买时都会心存困惑，不知道如何选择。而家具导购员就是在了解消费者状况后，为消费者提供建议，帮助消费者理清购买思路、实现购买的最佳人选。

家具导购员是家具商场产品终端销售的高端人才，是市场发展的必然需要，个人价值远高于传统的导购员。

一、终端销售是什么

终端是“从产品到货币的惊心一跳”的跳板，是唯一实现“不是库存转移，而是真正销售”的场所。终端担负着承上启下的重任，具体如下图所示。

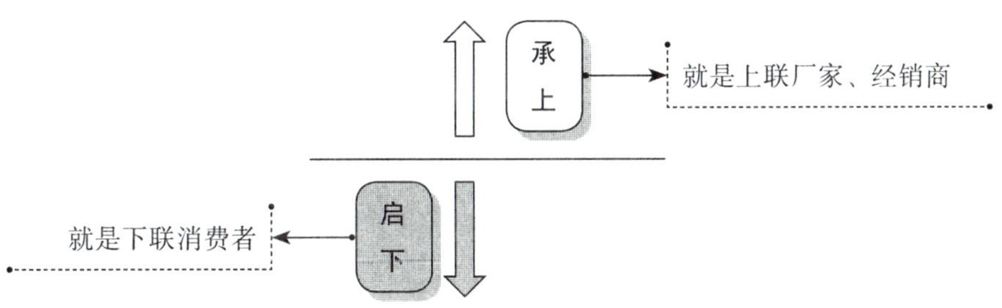

终端担负的重任

终端是一个舞台，老板是搭台的，产品、饰品、灯光、音乐是道具，家具导购员是演员，顾客是观众，没有彩排，每天都是现场直播。

通过这一端口和场所，厂家、商家将产品卖给消费者，完成最终的交易，进入实质性消费；通过这一端口，消费者买到自己需要的产品。终端销售就是和客户沟通，并达成共识的过程，没有达成共识的销售一定是失败的销售。

二、如何看销售这一职业

销售从专业术语和法律定义来看，是指以销售、租赁或其他任何方式向第三方提供产品或服务的行为，包括为促进该行为进行的有关辅助活动，比如广告、促销、展览、服务等活动。或者说，销售是指实现企业生产成果的活动，是服务于客户的活动。

比如，客户的目标是买太阳眼镜，有的是为了要耍酷；有的是怕阳光过强，怕眯着眼睛容易增加眼角的皱纹；有的也许是不想以真面目示人。每个人的需求不一样，导购员就可以根据各人的特殊需求向其销售不同价位、颜色、款式的太阳眼镜。

因此，销售的定义对导购员而言是非常简单的，是指导购员从自己销售的产品中找出所能提供的特殊利益，来满足客户的特殊需求，从而达到彼此的目的。

现代销售理念认为：销售是一种顾问式销售，只有以作为客户顾问的方式进行销售才能获得销售成功。

小郑，做销售3年，换过5个行业，业绩平平，没有多少积蓄，干了3年销售但还在为自己的生计发愁。他总是想不通，就这么一个卖产品的简单工作，又不是什么尖端科技，为什么做不好呢？

小苏，做销售不到2年，换过2个行业，业绩不错，有一定的客户资源，跟不少客户都成为好朋友，目前的收入加上积蓄，日子过得有滋有味。他认为销售工作很有学问，做好销售，仅靠吃苦是不够的，还要动脑。

对于小郑来讲，销售是卖产品的简单工作；对于小苏来讲，销售工作很有学问，言外之意是销售不仅仅是卖产品这么简单。一念之间，结果大相径庭。

可能有人会问，难道小郑有错吗？销售不是卖产品吗？

小郑没有错，他的想法放在20年前可能是对的。但时代在变，环境在变，人的观念也要变。我们从事销售工作的每一个人，也要重新审视自己对销售的理解是否适应已经变化了的环境。

一个人在没有很好地理解一件事情之前，要想把它做好是很难的，对销售工作而言也是如此。可以这样说，你对所从事的工作理解得越全面、越透彻，那么做好这份工作的把握性就越大。

对于现代市场环境下的销售工作，主要有下图所示的几种理解。

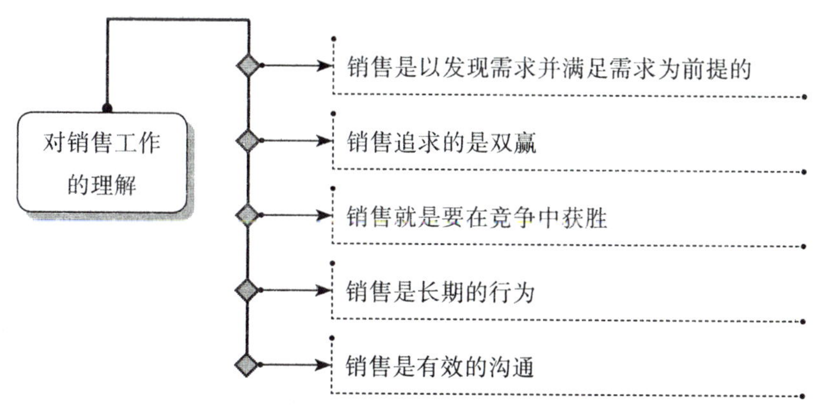

对销售工作的理解

1. 销售是以发现需求并满足需求为前提的

导购员销售出产品，一定是要满足顾客的需求的。没有需求而发生的销售，是一种强卖或欺骗的行为，它违背了销售的本质。所以导购员在销售工作中，要着眼于如何去发现顾客的需求，并且用我们的产品或服务去满足这种需求。

在实际中，有的需求是显性需求，如感冒了需要吃药；而有的需求是隐性需求，顾客自己都不清楚，如身体弱需要补充维生素等营养保健品，这就需要销售人员去挖掘这种需求。以发现、挖掘顾客的需求为中心而不是以卖产品为中心，这是导购员做好销售、提高业绩的一个关键。

2. 销售追求的是双赢

导购员售出了产品，获得了利润，顾客得到了实惠或解决了问题，双方皆大欢喜，这就要求导购员在销售工作中不能为了自身的利益而损害顾客的利益。

比如，在实际中我们经常会看到有些导购员为了把产品销售出去而不择手段，做“一锤子买卖”，这样不但会影响企业的形象，而且还会自断财路。

3. 销售就是要在竞争中获胜

市场竞争的白热化已经让导购员感到力不从心，在市场，几乎已经找不到谁在卖独家产品，顾客选择的余地越来越大。这时候，导购员不但要考虑如何销售出自己的产品，还要考虑如何把顾客从竞争对手那里夺回来。所以导购员一定要认真研究对手，做到知己知彼，方能在市场上占有一席之地。但很多导购员只是了解自己的产品，对竞争对手一无所知。这样，如何能让顾客相信使用你的产品是正确的选择呢?

4. 销售是长期的行为

很多导购员，在做完一笔业务后就像断了线的风筝，消失得无影无踪。当初给顾客的承诺也抛之脑后，反正这笔钱已经到手了。殊不知，我们的大部分生意都来自老客户。在做第一笔业务的时候，就要想着如何能跟同一个客户做第二笔业务、第三笔业务……如何能让这个客户再为自己介绍其他客户。这时候，售后的服务就至关重要。不少导购员做了几年销售工作但都没有多少客户资源，能怪谁呢？就像猴子掰玉米，掰一个丢一个，耗费了时间，累个半死，业绩也上不去。

5. 销售是有效的沟通

很多失败的销售并非产品不好或顾客没有需求，而是因为沟通不够或沟通不当，双方无法达成共识。很多导购员在面对顾客时总喜欢喋喋不休，忘记了沟通是双方互动的行为，一个不愿意去倾听别人心声的人，是无法和别人成功沟通的。面对琳琅满目的产品，消费者越来越理性。要让顾客掏钱买你的产品，只有打消了他所有的疑虑才可以实现。在这个过程中，沟通至关重要。

销售，它是一种时间的积累，是专业知识的积累，是实战经验的积累，是行业人脉的积累。它打破了传统的生存手段，它打破了固有的工作模式，以一种完全崭新的面貌，记入经济发展的史册中。

三、如何正确认识客户

客户或顾客可以指用金钱或某种有价值的物品来换取接受财产、服务、产品或某种创意的自然人或公司。是商业服务或产品的采购者，他们可能是最终的消费者、代理人或供应链内的中间人。

在现代社会中，“顾客就是上帝”是企业界的流行口号。在客户服务中有一种说法，“客户永远是对的”。

这是一个形象的比喻，说明了一个经营工作的真理。无论你有何种了不起的能力及相关产品，如果顾客不来消费，你想销售赚钱的目的就无法实现，因此顺服顾客的需要是我们实现销售的前提基础。“顾客就是上帝”说的是我们要从顾客的角度出发，以最好的态度让顾客满意，以此来提高我们的销售业绩，实现我们的利润。如果对这句话不能正确理解，就不能深入人心，会直接影响服务意识的转变和提高。

那么，应如何正确理解“顾客永远是对的”？

1. “顾客永远是对的”是有前提条件的

从一般意义上讲，“人非圣贤，孰能无过？”顾客作为一个自然人，他的行为不可能永远是对的。其实这个道理大家都懂，只是在商业行为中，为便于正确理解这句经营理念，我们为之明确这样一个前提条件——顾客的行为首先是符合法律规范和社会道德规范的行为，任何人都不应当违背这样的行为规范。在这一前提下我们谈论顾客可以“永远是对的”。

2. 主张“顾客永远是对的”，体现出对顾客的尊重

作为产品使用者的最终顾客对产品质量最有发言权，他们的判定、取舍和选择最具有权威性。

美国的一个超级商场，它的门口有一句口号，“本商场的原则一：顾客永远是对的；原则二：如果顾客错了，请对照原则一来办”，这就是说：在市场经济条件下如果不把顾客摆在第一位，是行不通的。

在商家与顾客之间，商家要将“对”让给顾客。如果商家只强调自己是对的，顾客不对，那么实际上是将顾客拒之门外，没有打算让他再次光临。显而易见，现有的顾客会渐渐流失，更谈不上要吸引潜在的顾客。

3. 主张“顾客永远是对的”，可以促使企业创新

主张“顾客永远是对的”，可以使我们摆正心态，冷静地看待矛盾，从矛盾中获取新的信息，这些信息往往是宝贵的，它能促使企业创新，甚至是重大的创新。

海尔集团有这样一个案例：一位农民来信说自己的冰箱坏了。海尔售后服务部知道后马上就派人上门处理，同时还带去了一台新冰箱，赶了200多公里到了顾客家，一检查是温控器没打开，打开温控器就一切正常了。回来之后，海尔按照“顾客永远是对的”这个观念，仍然认真地进行反思，不断增强服务意识。购买产品的人，具有各种层次的文化程度，海尔必须满足所有人的需求。因此，只有把说明书改为所有人都能看明白才行。

“顾客永远是对的”，这不是简单的一句口号，不管在任何时间任何地点、发生任何问题，错的一方永远只能是商家。不管是不是顾客的错，都应当将这一理念贯穿服务工作的全过程，彻底提升服务意识。

四、影响导购员销售业绩的因素有哪些

几乎每个企业都有20%～30%的导购员属于业绩不佳者，造成这些导购员业绩低迷的原因是多方面的，但从主观角度看，业绩不佳的导购员都有下图所示的通病。

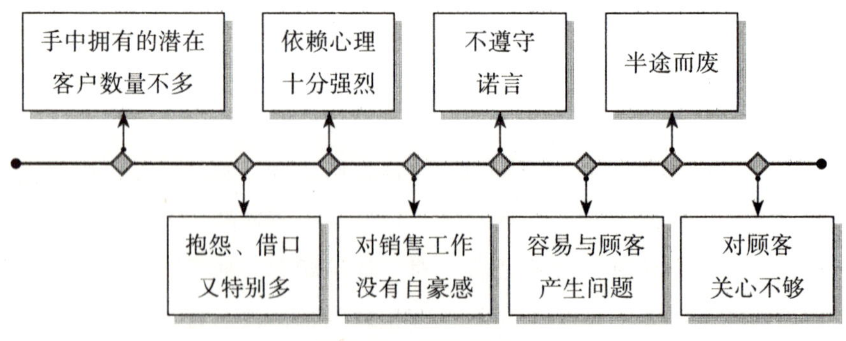

影响销售业绩的因素

1. 手中拥有的潜在客户数量不多

客户就是给导购员下订单的人，导购员手中拥有的客户数量越多，做生意的基础就会越稳固。金牌导购员之所以能源源不断地售出产品，原因就在于他们拥有足够多的客户数量。研究表明，业绩不佳的导购员手中拥有客户数量少的原因，在于他们常犯以下三个错误中的一个或几个。

（1）不知道到哪里去开发潜在客户。

（2）没有识别出谁是潜在客户。

（3）懒得开发潜在客户。

由于开发潜在客户是一项费时劳力的工作，因此一些导购员不愿意去开发潜在顾客，只满足于和现有顾客打交道，这是一种“自杀”的做法。因为现在顾客常以各种各样的原因离你而去，每年会以15%～25%的速度递减。这样，导购员如果不能不断地开发新客户来补充失去的客户，那么4～7年后，导购员手中的客户数量就会变成零。

潜在客户少的导购员常犯的另一个错误是，无法对潜在顾客做出冷静的判断，他们往往变为“只有自己最清楚自己的顾客”。

比如，一位老导购员告诉新导购员：“××客户是竞争对手的忠诚顾客，拜访了也没用。”“××客户非常顽固，他是不会喜欢我们的家具的。”但是那位新导购员抱着姑且试一试的心情，前去拜访的结果是拿到了订单。这种由导购员个人的偏见所造成的失败的例子很多。

2. 抱怨、借口又特别多

业绩不佳的导购员常常抱怨，借口又特别多，他们会把失败的原因归结到客观方面，如天气不好、货品贵、商场没人等，从未从主观方面检讨过自己对失败应承担的责任。他们常常提到的抱怨、借口如下：

“天气不好，商场没人。”

“我们的产品、质量、交货期不如竞争对手。”

“竞争对手的价格比我们的低。”

导购员为自己的失败寻找借口，是无济于事的。与其寻找借口，倒不如多些建设性的考虑，如：

“这样做可能打动顾客。”

“还有什么更好的方法？”

这些导购员面对失败时，情绪低落，态度消极，脑子中充满失败的观念。真正优秀的导购员绝对不会抱怨、找借口，因为自尊心绝对不会允许他们如此做。

3. 依赖心理十分强烈

业绩不佳的导购员，总是对公司提出各种各样的要求，如要求提高底薪、福利、加班费等，而且经常拿别家公司做比较，“××公司底薪有多高”“××公司福利有多好”。有这种倾向的人，是没有资格成为一名优秀导购员的。导购员不能向任何人要求保障，必须完全靠自己。优秀的导购员会经常问自己，“我能够为公司做些什么”，而不是一味地要求公司为自己做些什么。

4. 对销售工作没有自豪感

优秀的导购员对自己的工作感到非常骄傲，他们把导购工作当作一项事业来奋斗。缺乏自豪感的导购员，又如何能取得良好的业绩？想要向顾客销售出更多的产品，导购员至少必须要有一分自傲——你能够告诉顾客他所不知道的事情。

5. 不遵守诺言

一些导购员虽然能说会道，但业绩却不佳，他们有一个共同的缺点，就是“不遵守诺言”。昨天答应顾客的事，今天就忘记了。

导购员最重要的是讲究信用，而获得顾客信任的最有力的武器便是遵守诺言。

6. 容易与顾客产生问题

无法遵守诺言的导购员，与顾客之间当然容易发生问题。一些导购员急于与顾客成交，结果，将自己无法做到的事情也答应下来，这是一种欺骗顾客的行为。

虽然金牌导购员与顾客之间也会发生问题，但是他们却能够迅速地给予顾客满意的解决方法，这样反而可以获得顾客的信赖。记住，当与顾客谈生意的时候，最重要的是让对方感觉到自己的诚意。

7. 半途而废

业绩不佳的导购员的毛病是容易气馁。销售是一场马拉松赛跑，仅凭一时的冲动，是无法成功的。要有成功的信念，并坚持不懈地追求下去，才能达到目的。

8. 对顾客关心不够

销售成功的关键在于导购员能否抓住顾客的心，如果不善于察言观色的话，生意一定无法成交。导购员既要了解顾客的微妙的心理，也要善于选择恰当的时机采取行动。这就需要对顾客的情况了如指掌，那些不关心顾客的导购员，是无法把握和创造机会的。

五、家具导购员的短板是什么

在家具卖场基础设施和各种硬件不断升级的情况下，导购员的素质不高不仅严重制约了家具卖场的进一步升级，更是一种资源浪费。这绝不是危言耸听，管理学上非常著名的“短板理论”深刻地论证了此问题。我们都知道，盛水的木桶是由许多块木板箍成的，盛水量也是由这些木板共同决定的。若其中一块木板很短，则此木桶的盛水量会被短板所限制，这块短板就成了这个木桶盛水量的“限制因素”。若要使此木桶盛水量增加，只有换掉短板或将短板加长才成。这一规律被总结为“短板理论”。

导购员作为家具终端市场这个大桶中最重要的一块木板，目前已经成为最短的一块，这一问题已经成为家具行业亟待解决的问题。

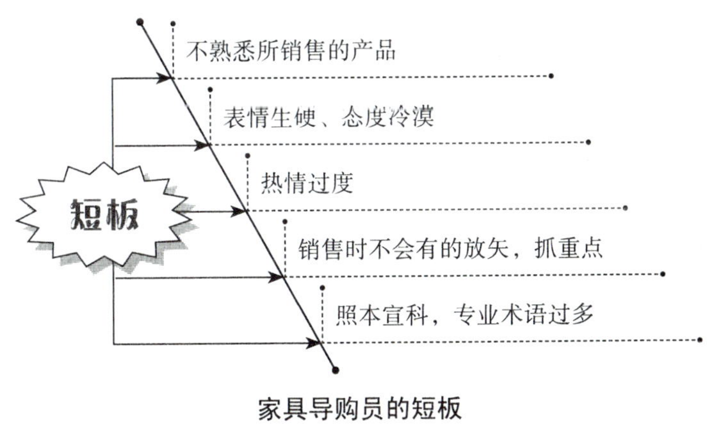

家具导购员的短板

1. 不熟悉所销售的产品

很多家具制造企业在招商过程中都会对外宣称，会对所有导购员进行统一的培训，绝大部分的企业也确实建有培训系统，但是在家具卖场上往往很难贯彻落实。

比如，在××家具商场，就有一知名品牌家具的导购员连板式家具和实木家具都分不清，该导购员称其上班不到一个星期，而该家具企业在宣传资料上称，导购员经培训合格后方可上岗。

2. 表情生硬、态度冷漠

销售是一种重复性较高的工作，容易让人感到烦躁，再加上家具卖场人流量少，可能几天也见不到一个顾客，因此有些导购员面对顾客时表情生硬、态度冷漠。

比如，在××家具商场的某品牌家具店，顾客去看家具。从顾客进去到离开，该店的导购员坐在店门口的柜台上连眼皮也没抬一下，只顾自己玩手机。离开前，当顾客问她是不是导购员，她才抬起头来毫无表情地说自己是导购员。

这样的导购员相信只有在物资贫乏的年代才能卖得出产品。顾客是来选购家具的，他希望在购物的同时受到尊重，导购员表情生硬、态度冷漠会让顾客产生被怠慢之感。

3. 热情过度

表情生硬、态度冷漠是导购员的大忌，但是也不宜过度热情。过度的热情不一定能让顾客找到上帝的感觉，反而会让顾客产生压力，顾客最终也会被导购员的过度热情吓跑。

比如，有一个顾客去逛家具店，还在店门口导购员就拿着计算器，开始关切地问一些非常专业的问题，“房子开始装修了吗？”“房子有多大？”……吓得仍在选购房子的顾客立即扭头就走。

这种现象给导购员出了一个难题，那就是：是主动地上前和顾客搭话，还是被动地等待顾客的询问？怎么判别喜欢自己单独观看的顾客？事实上，根本不可能找到一个绝对正确的判别方法，只能靠导购员的个人经验和感悟能力。

4. 销售时不会有的放矢，抓重点

导购员面对各类顾客，常常为如何把握对方的心理而犯难，甚至出现紧张不安的现象，无法自然而轻松地应对顾客的各种问题，在介绍产品时也无法针对不同的顾客有的放矢。不同的顾客，对家具关心的重点有所不同。

比如，有的最关心价格，他希望你能够在价格方面多介绍一些，看看是否有合适自己需求的价位，是否可以在标价上面有所折扣，是否有什么促销礼品等；有的人对价格并不敏感，他最关心的是家具的功能，他希望得到更多有关产品功能的信息，希望你告诉他你的家具有些什么独特之处，希望了解这套家具在款式等方面有什么突破；有的最关心质量，他希望你能够多说说质量的问题；有的最关心服务，他希望知道公司在送货、安装、维修等售后服务方面的政策。

导购员如果抓不住顾客关心的重点，只是按照自己的想法给顾客讲解，就很难得到顾客的认可，很难让顾客满意，也就不可能激发顾客购买的欲望。

5. 照本宣科，专业术语过多

有的导购员虽然了解和熟悉自己公司的产品，但是他们不会将所了解到的知识、专业术语化成生活中的语言，只会照本宣科。他们在为顾客做介绍的时候往往会犯一个错误，那就是假设顾客和自己一样对专业术语非常清楚。

比如，“浮法玻璃”是家具制造中常用的一种材料，该玻璃具有平整度好、没有水波纹、不易破损、产品纯净、透光率高的优势。一些导购员在给顾客介绍的时候喜欢说：“我们的玻璃采用的是浮法玻璃。”导购员自己觉得已经介绍得很清楚了，但事实上，顾客却仍然很陌生，他并不知道那个“浮法玻璃”是什么东西，感觉十分模糊，很多人甚至并没有听清楚你说的是哪几个字。

第一步

销售准备

正所谓："没有准备，就一定很狼狈。"优秀的导购员在销售之前都会做充分的准备工作，然后用热情和真诚的态度吸引住顾客，利用有技巧的提问和对顾客购买心理的分析，帮助顾客找到购买的"阻力点"，再利用丰富的专业知识逐一解开顾客的疑虑，攻克购买的阻力，将顾客一步步引导向成交方向。

*****

知识准备

机会总是会降临到那些有准备的人头上。宽广的知识面对导购员的工作有极大的促进作用，这不仅能使导购员在工作时更加得心应手，而且还能起到事半功倍的效果。

导购员的主要职责是面对顾客，直接和顾客面对面沟通，向顾客介绍产品，回答顾客提出的问题，引导顾客做出购买决策。

金牌家具导购员会通过自己掌握的专业知识对顾客进行消费引导，让顾客不但购买到家具，同时也"买"到了相关的知识，享受到优质的销售服务，从而体现出其专业化家具导购的水平。

一、企业知识

公司的规模、实力、行业地位和声誉都会使顾客产生联想，进而影响到顾客对产品的信心。导购员越是了解公司品牌的情况，就越容易说服顾客，而且自身也会自觉或不自觉地产生对公司的一种荣誉感、自豪感。

导购员要了解企业的情况详见下图所示的内容。

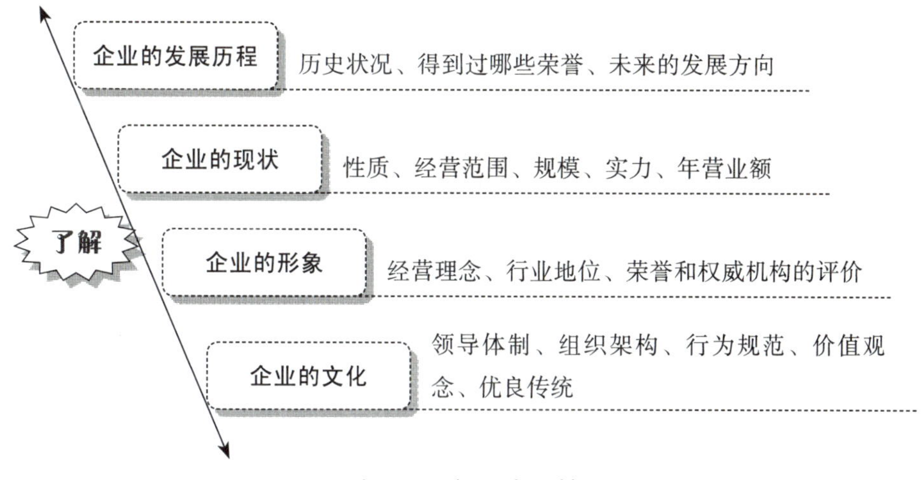

导购员要了解的企业情况

二、市场知识

作为一名导购员，每天站在市场的最前沿，面对不同的顾客，可以了解到许多有关品牌、产品、市场、顾客购买力的情况及对自身服务的反馈意见。如果导购员能及时地搜集这些信息，就可以获得更多的回头客，提高自己的销售业绩，也可以帮助企业更好地扩大客户资源。

三、产品知识

每一种产品都有其独特的特点，其生产厂家、用料、实用功能、外观设计等往往不尽相同，这正是导购员推介产品的主要话题。因此，对于家具导购员来说，平时就要注意搜集、了解这方面的资料和信息，对产品特点、风格、名称、型号、性能、使用材料、价格以及售后服务等知识要做到熟知熟记，并对当前市场流行色彩、款式等知识有一定的了解。因为只有了解产品，才能恰当地向顾客介绍、推荐，当好参谋，扩大销售，增加营业额。

作为一名家具导购员，要了解下图所示的产品知识。

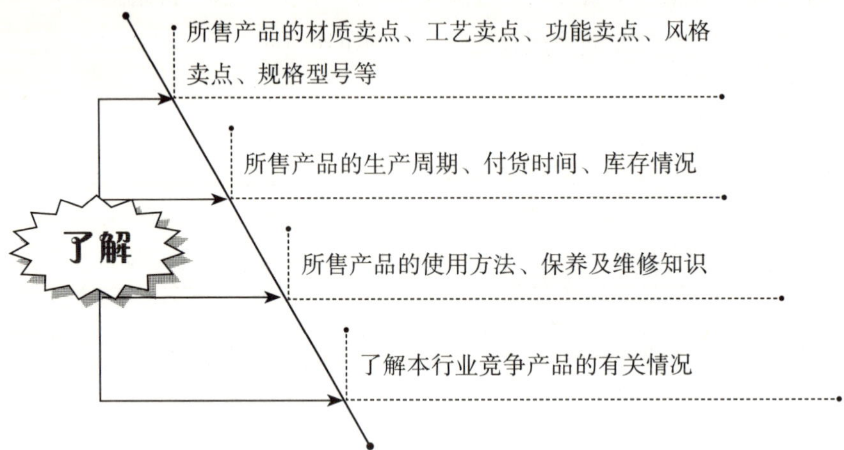

家具导购员应了解的产品知识

导购员掌握产品知识的途径

产品知识就是销售力，产品技术含量越高，产品知识在销售中的重要性越大。导购员要成为产品专家，因为顾客喜欢从专家那里买东西。

导购员掌握产品知识的途径如下图所示。

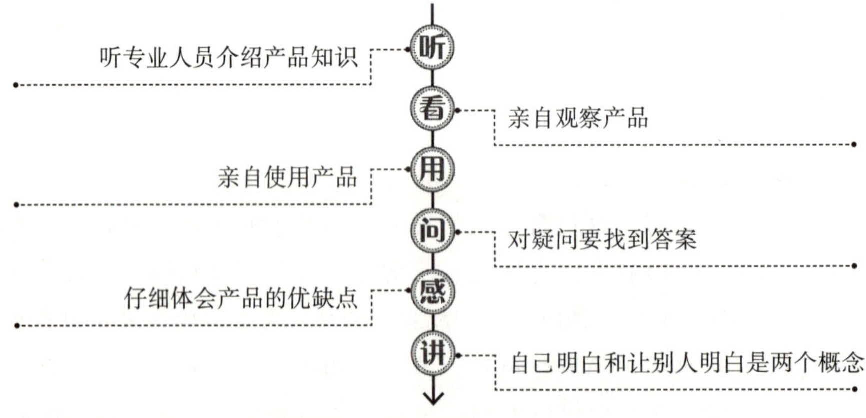

导购员掌握产品知识的途径

更进一步，导购员要在了解产品的基础上做到：

1．找出产品的卖点及独特卖点

卖点即顾客买你产品的理由；独特卖点是顾客为什么要买你的产品而不买竞争产品的原因。导购员面对顾客不能说出三个以上顾客买你产品的理由，就无法打动顾客。

2．找出产品的优点与缺点，并制定相应对策

导购员要找出产品的优点，把它作为子弹打出去；找出缺点，则考虑如何将缺点转化为优点或给顾客一个合理的解释。实践中存在的问题是：一些导购员对产品了解得越多，对产品的缺点认识得就越透，而对产品的优点则熟视无睹，导购员的视线被缺点挡住了，这样做无疑是“慢性自杀”。

3．信赖产品

在了解产品知识的基础上，导购员要更进一步地欣赏自己所售产品的优点，相信所售的产品是一个好产品，是一个值得顾客购买的产品。这种信赖会给导购员以信心，销售就是信心的传递，从而提高说服顾客的能力。

可以说，初级的导购员知道产品的基本知识；中级的导购员进一步地发掘产品的卖点及优缺点，并制定应对之策；高级的导购员则在了解产品的基础上信赖产品。

四、客户知识

家具导购员，应适时了解顾客（包括潜在顾客）的消费心理、消费层次，以及对其家居环境布置的基本要求。

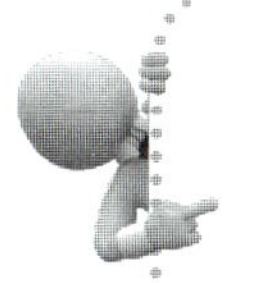

金牌看点

顾客是销售过程中最重要的人物，导购员必须对其消费心理进行详细的了解。导购员要通过察言观色和询问顾客来了解顾客的购买动机，有的放矢地进行销售工作。

由于消费者具有个性化、差别化的消费需求，导购员应站在顾客的立场上去体会对方的需求和想法，只有充分了解不同消费者的购买特性与心理，才能更好地向其提供建议，从而取得顾客的信任，最终达成交易。

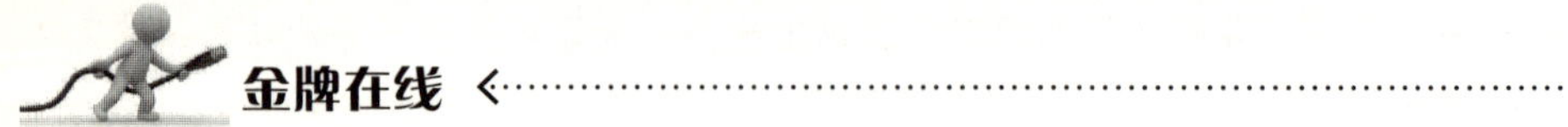

导购员应掌握的顾客消费心理

1．求实心理

消费者在选购家具时，不太追求时尚流行，只要求美观大方，适合自己的风格需求，品质良好，其动机的核心就是“实用”和“实惠”。

主要消费对象：家庭主妇和一般收入者。

2．求新心理

消费者在选购家具时特别追求款式和流行样式，追逐新潮。对于产品是否经久耐用，价格是否合理，从来不太考虑。这种动机的核心是“时髦”和“奇特”。

主要消费对象：追求时髦的青年男女。

3．求廉心理

消费者在选购家具时，特别计较产品的价格，喜欢物美价廉或特价处理的产品。其动机的核心是“便宜”和“低档”。

主要消费对象：低收入阶层。

4．攀比心理

消费者选购产品根本不是由于急需或必要，而是因为一时的冲动，存在着偶然性的因素。其动机的核心是争奇斗艳。

主要消费对象：白领、老板（太太）。

5．个性化心理

消费者在选购产品时会根据自己的生活习惯和爱好做出判断，倾向性很强，行为比较理智，可以说是“胸有成竹”，并具有经常和持续性的特点。他们的动机核心就是“单一”和“个性化”。

主要消费对象：某一方面的爱好者。

6．从众心理

顾客往往有一种错误的认识，总认为众人买的必定是好货。所以“一窝蜂”

现象的根源就在于从众心理。

女性在购物时最容易受别人的影响，比如许多人正在抢购某种产品，她们也极可能加入抢购者的行列，或者平常就特别留心观察别人，别人说好的，她们很可能就会下定决心购买，别人若说不好，则很可能就不买。

7．情感心理

一般来说，女性比男性具有更强的情感性。女性的购物行为很容易受直观感觉和情感影响，比如清新的广告、鲜艳的包装、新颖的式样、感人的气氛等，都能引起女性的好奇心，激起她们强烈的购买欲望。

五、专业知识

家具导购员，应了解与家具有关的材料、工艺知识，懂得家居文化、家具流行趋势，以便根据与顾客交流中获得的信息了解其文化修养和审美情趣，有针对性地介绍产品。

金牌在线

家具导购员须知

一、家具的含义及其特征

从字意上来看，家具就是家庭用的器具；有的地方叫家私，即家用杂物。 确切地说，家具有广义和狭义之分。

广义的家具是指人类维持正常生活、从事生产实践和开展社会活动必不可少的一类器具。狭义的家具是指在生活、工作或社会实践中供人们坐、卧或支承与贮存物品的器具与设备。

家具不仅是一种简单的功能物质产品，而且是一种广为普及的大众艺术，它既要满足某些特定的用途，又要满足供人们观赏，使人在接触和使用过程中产生某种审美快感和引发丰富联想的精神需求。所以说，家具既是物质产品，又是艺术创作，这便是人们常说的家具的两重特点。

家具的类型、数量、功能、形式、风格和制作水平以及当时的占有情况，还反映了一个国家与地区在某一历史时期的社会生活方式，社会物质文明的水平以及历史文化特征。

二、家具的构成要素

家具是由材料、结构、外观形式和功能四种因素组成的，其中功能是先导，是推动家具发展的动力；结构是主干，是实现功能的基础。这四种因素互相联系，又互相制约。由于家具是为了满足人们一定的物质需求和使用目的而设计与制作的，因此家具还具有材料和外观形式方面的因素。

1．材料

材料是构成家具的物质基础，在家具的发展史上，从用于制作家具的材料上可以反映出当时的生产力发展水平。除了常用的木材、金属、塑料外，还有藤、竹、玻璃、橡胶、织物、装饰板、皮革、海绵等。然而，并非任何材料都可以应用于家具生产中，家具材料的应用也有一定的选择性。

2．结构

结构是指家具所使用的材料和构件之间的一定组合与连接方式，它是依据一定的使用功能组成的一种结构系统。它包括家具的内在结构和外在结构，内在结构是指家具零部件间的某种结合方式，它取决于材料的变化和科学技术的发展。如金属家具、塑料家具、藤家具、木家具等都有自己的结构特点。

另外，家具的外在结构直接与使用者相接触，它是外观造型的直接反映，因此在尺度、比例和形状上都必须与使用者相适应，符合人体工程学。比如座面的高度、深度、后背倾角恰当的椅子可解除人的疲劳感；而贮存类家具在方便使用者存取物品的前提下，要与所存放物品的尺度相适应，充分体现人性化。按这种要求设计的外在结构，也为家具的审美要求奠定了基础。

3．外观形式

家具的外观形式直接展现在使用者面前，它是功能和结构的直观表现。家具的外观依附于其结构，特别是外在结构。但是外观形式和结构之间并不存在对应的关系，不同的外观形式可以采用同一种结构来表现。外观形式存在着较大的自由度，空间的组合上具有相当的选择性，如梳妆台的基本结构都相同，但其外观形式却千姿百态。

家具的外观形式作为功能的外在表现，还具有识别功能，因此，具有信息传达功能和符号意义；还能发挥其审美功能，从而产生一定的情调氛围，形成一定的艺术效果，给人以美的享受。

4. 功能

任何一件家具都是为了一定的功能目的而设计制作的。因此功能构成了家具的中心环节，是先导，是推动家具发展的动力。在进行家具设计时，首先应从功能的角度出发，对设计对象进行分析，由此来决定材料、结构和外观形式。

一般而言，可把家具产品的功能分为四个方面，即技术功能、经济功能、使用功能与审美功能。

三、家具的分类

（1）按风格可以将家具分为：现代家具、欧式古典家具、美式家具、中式古典家具（也就是红木家具），还有近两年比较流行的新古典系列家具等。

（2）按所用材料可将家具分为：实木家具、板式家具、软体家具、藤编家具、竹编家具、钢木家具和其他人造材料制成的家具（比如玻璃家具、大理石家具等）。

（3）按家具功能可分为：客厅家具、卧室家具、书房家具、厨房家具（设备）和辅助家具等。

（4）按家具产品的档次分类可分为：高档、中高档、中档、中低档、低档。

（5）按产品的产地划分：可分为进口家具和国产家具，也就是国际品牌和国内品牌。

（6）按家具结构类型可分为：实木家具、板式家具、软体家具等。

四、家具质量认证

除国际通用的ISO 14000环境体系认证外，目前国内主要的产品环保认证包括以下三种：

（1）是通过国家环保总局“中国环境标志”（十环）认证的产品。

中国环境标志

该认证以ISO 14024和北欧白天鹅标志为标准，是目前国内最高级别的环保产品认证，其认证对象主要是行业内前30强的企业。认证内容包括：环境体系和产品环保两个方面，获得该认证的企业其产品可以说已经达到最高级别的环保标准了。

在环境标志国际互认的大趋势下，中国已与日本、韩国、澳大利亚分别签署了环境标志互认协议，并且正在与欧盟国家、美国洽谈互认事项，这表明中国环境标志作为“绿色通行证”已经在国际贸易中开始发挥它的重要作用。

（2）是通过中国质量认证中心“CQC质量环保产品”认证的产品。

CQC认证标志

该认证主要包括质量和环保两个方面，其环保方面的认证标准以ISO14024部分条款为标准。

（3）是通过中诚标志认证（CTC）的产品，它是在国家家具检测站华南站的基础上建立起来的，除认证外还可以进行检测。

中诚认证标志

除了以上认证标准外，还有很多认证也具有一定的权威性，比如国外的金M认证等，具体参考家具迷网站上的认证奖项栏目。

五、家具的日常维护、保养常识

（1）家具不得摆放在高温、潮湿、震动剧烈和光源强烈的地方，应保持居室通风干爽。

（2）不能用坚硬物品撞击家具，切忌敲打玻璃和五金装饰件表面。

（3）在清洁家具之前，应先用鸡毛掸之类的软性清洁器进行表面除尘处理，再用软布轻轻擦拭，可沾少量水或适量洗涤剂进行清理。对于板件，可周期性地用家具护理蜡进行清洁处理，同时要保持柜体内部干净。

（4）五金装饰（包括镀金）件只需用干抹布轻轻打理，不要使用含化学物质的清洁剂，切忌用酸性液体清洗镀金件。如镀金件表面出现较难去除的黑点，可用煤油擦拭、清洗。

（5）可用玻璃清洁剂对玻璃进行清洁。

（6）如家具有划痕和撞伤现象，可用同色的油漆对其进行修色处理。

（7）定期对家具连接配件进行检查，发现有松动的地方要及时旋紧。

荀子曾经说过：人无礼则不立，事无礼则不成，国无礼则不宁。礼仪是家具导购员给予顾客的一种心灵感受，也是一个企业服务文化的现实表现，更是员工个人品位、信心、仪态、形象、修养的具体反映。

作为一名家具导购员，良好的形象是令顾客对其建立信心的重要基础。加强自身修养，注重礼仪礼节，是导购员销售成功的重要条件之一。导购员的礼仪，不仅是个人形象问题，而且关系到整个企业的形象，是内心文明和外在文明的综合体现。现代化的家具卖场，要求导购员提供与其经营品牌相适应的高水平服务，利用服务礼仪打开顾客心扉，这就使得导购员必须注重服务礼仪。

一、精神风貌

家具导购员的精神风貌应该是：精力充沛，表情轻松，面带微笑，亲切和蔼，端庄稳重，落落大方，不卑不亢。反之，在顾客面前绷着脸、撅着嘴、皱着眉，或扭扭捏捏、缩手缩脚、过于拘谨都是不恰当、不礼貌的。导购员的精神风貌应表现在以下几个方面。

热情周到服务	这就要求导购员在为顾客提供服务时要真正用“心”，要以“情”见长，以“情”动人，以“真”感人，最重要的是这一切都必须出自真心，杜绝面笑心不笑，虚情假意，逢场作秀
诚意礼待顾客	这就要求导购员在家具销售过程中要在自己内心真正认识到顾客至上的重要性，并在为顾客服务的过程中，运用准确、规范、得体的语言，加之神韵、动作配合，去接受对方，显示出对每一位顾客的友善与尊重
服务以质见长	导购员要站如松、坐如钟、行如风，通俗点说就是站有站相，坐有坐相。这就要求导购员在为顾客服务的过程中，不是提供肤浅的、表面化的、数量化的服务，而是提供质量化、系列化、规范化、标准化的服务

导购员精神风貌的表现

精神风貌是一种品牌。在任何一个家具商场，只要导购员的形象、店面的形象真正被顾客所接受和认同，久而久之，就会形成一种“服务品牌”。

二、仪容仪表

顾客进入家具商场，首先接触的是家具导购员，导购员给顾客的第一印象是影响顾客购买家具的重要因素之一，因此家具导购员的仪容仪表尤为重要。

1. 发型发式

头发是人体的制高点，很能吸引顾客的注意力。所以在选择发型发式时，要考虑与脸型、身材、发质、发色、服饰等相适应和协调。对于不同性别的导购员来说，其要求又各不相同，具体如下图所示。

不同性别导购员的发型发式要求

2. 面部修饰

男导购员不要求化妆，而女导购员则应化淡妆，但不准浓妆艳抹，离奇出众，切忌使用香味很浓的化妆品。化妆的总体要求是庄重、淡雅、简洁、避短和适度。同一品牌家具店，女导购员建议使用同一颜色的眼影。

3. 服饰选择

一般来说，导购员在着装方面，要按照所在品牌家具店的要求穿好工装，其型号一定要合体。正如一位著名的服装设计大师说的："服装不能造就出完人，但是第一印象的80%来自于着装。"因此，对于家具导购员来说，要有效地销售自己，进而成功销售家具，掌握一定的着装技能和规范是非常必要的。

导购员在着装方面应该按照所在企业穿着统一规定的工作装，佩戴企业LOGO、工号，着装整齐干净，纽扣齐全。不能赤背赤脚、袒胸露背、穿着拖鞋、挽袖、卷裤腿，家具导购员的鞋也要统一，这样有利于增强家具导购员的职业意识和责任感，同时也有利于树立企业品牌形象。

导购员在饰物佩戴方面应该是：符合身份，简洁大方，以少为佳，不要佩戴超过三件饰品。

金牌看点

导购员的形象、家具店面的形象被塑造好，就会使其家具品牌有口皆碑，广为宣传，进而能够吸引更多的顾客。

三、服务距离

导购员在家具销售过程中还应注意与顾客保持一定的距离，这样能让顾客的感觉最舒适，更有利于促进家具销售。一般分为下图所示的5种类型。

接待距离

这是导购员与顾客最常见的距离。一般情况下，接待距离以0.5～1.5米为宜。具体还应根据服务时方便顾客的具体情况而定。另外，还要保证“3秒3米”的原则，即距离顾客3米之内，看见顾客3秒钟后必须做出反应，为家具销售做准备

展示距离

导购员在顾客面前介绍家具时，为使顾客对家具有更直观、更充分、更细致的了解，一般展示距离以1～3米为宜

引导距离

这是导购员为顾客带路，引导顾客看家具时彼此双方之间的距离，按惯例，导购员在顾客左前方1.5米左右为宜

等候距离

这是导购员在顾客尚未召唤自己，或者顾客拒绝导购员服务时，所需与顾客自觉保持的距离，正常情况下，应当在3米以外，只要在顾客视线所及之处即可

禁忌距离

这是导购员在家具卖场与顾客之间应当避免出现的距离。按惯例小于0.5米的距离就认为是禁忌距离。因为这种距离多见于双方关系亲密者，只要不是特殊情况，导购员和顾客之间一般不要出现这种距离

导购员对顾客的服务距离

四、文明用语

语言不仅是传递信息的工具，同时也是体现服务水平的艺术。语言是否礼貌、准确、得体，直接影响着客人对产品或服务的满意程度。

1. 接待顾客的“五声”标准

接待顾客应做到“五声”标准，具体如下图所示。

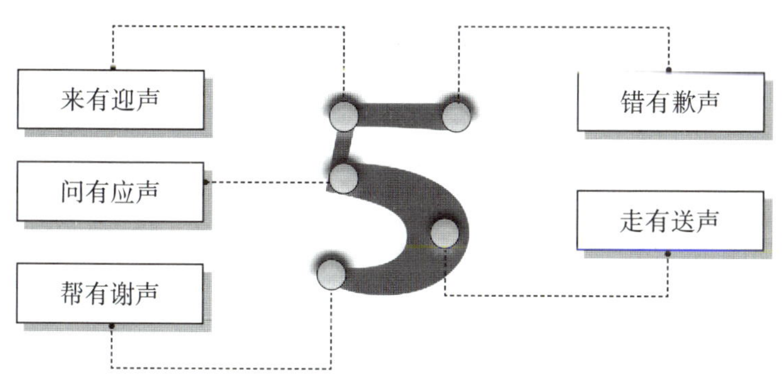

接待顾客的“五声”标准

（1）来有迎声。

见到顾客要主动打招呼。

比如，“您好！欢迎光临××家具！”“早上好！有什么可以帮到您？”

“晚上好！好久不见了！×小姐！”

（2）问有应声。

当顾客有问题咨询时，要耐心问答。

比如，“请到这边来！”“对不起，我不太清楚，我帮您问一下同事，请稍等！”

（3）帮有谢声。

对顾客的体谅和理解要即时表示感谢。

比如，“谢谢您！我来吧！”“多谢您的体谅！”“谢谢您的帮助！”

（4）错有歉声。

对于因个人或是公司给顾客造成的不便应向顾客致歉。

比如，“抱歉，让您久等了！”“我们的工作给您带来不便，请包涵！”“不好意思，我来吧！”

（5）走有送声。

当顾客完成购物，要离开时，服务人员应欢送。

比如，“谢谢，欢迎下次光临！”“请慢走！”“请带好您的随身物品！”

2. 常用语言

对导购员来说，常用语言情形及要求如下表所示。

常用语言情形及要求

情形	语言形式
迎客	“您好！欢迎光临××家具”
对他人表示感谢时	“谢谢”“谢谢您”“谢谢您的帮忙”
接受顾客的吩咐时	“听明白了”“看清楚了，请您放心”
不能立即接待顾客时	“请您稍候”“麻烦您等一下”“我马上就来”
面对久候的顾客时	“对不起，让您久等了”
打扰或给顾客带来麻烦时	“实在对不起，给您添麻烦了”
由于失误表示歉意时	“很抱歉”“实在很抱歉”
当顾客致谢时	“请别客气，这是我应该做的”

续表

情形	语言形式
当顾客致歉时	“没关系”“不用客气”
当听不清楚顾客问话时	“很对不起，我没听清，请重复一遍好吗”
送客时	“请慢走，欢迎您下次光临”
当要打断顾客的谈话时	“对不起，打断一下可以吗”

3. 服务用语禁忌

对于家具导购员来说，顾客就是上帝。而导购员是直接面对面与顾客接触的，所以规范导购员的服务用语对提高服务质量有着重要的作用。以下这些用语是家具导购的禁忌。

（1）否定语。

否定语是指对于顾客的疑问，直接采用否定的态度和语气予以拒绝。

比如，“我不会”“我不知道”“不可能，绝对不可能有这种事发生”“这不是我应该做的”。

（2）蔑视语。

蔑视语是指轻视、小看顾客，从言语和态度上对顾客表示反感。

比如，“乡巴佬”“买不起就别买”“这种问题连3岁的小孩子都知道”“不买就别问”“到底要不要，想好了没有”。

（3）烦躁语。

烦躁语是指因自身心情不好，烦闷不安，而将情绪带给顾客；或是对顾客的询问表现得不耐烦。

比如，“你要的这种没有”“不是告诉你了吗？怎么还不明白”“有完没完，真是麻烦”“没看我正忙着吗？一个一个来”。

（4）斗气语。

斗气语是指在与顾客沟通的过程中，对顾客有意见或闹情绪，或直接与顾客抬杠。

比如，“您到底想怎么样呢”“我就这服务态度，您能怎么样呢”“有本事你投诉我去”“我解决不了，愿意找谁找谁去”。

准备03 心态准备

正确的心态是成功的捷径。一个拥有好心态的人，势必会在销售道路上超越自己，创造销售奇迹。

家具产品销售与其他产品销售不同，客流量没有服饰等产品门店的大，特别是周一至周五，客人更少，所以家具导购员更应该注意平时工作心态的调整，不要因为客人少，业务少就无所事事，松松垮垮。要知道，导购员的心态不仅决定了自己的工作表现，还会影响同事的心态和行为，从而影响整个店铺的业绩。

心态决定业绩。在销售这一行业中，已是无人不知，作为终端销售人员，导购工作处在直接面对顾客的最前线，要求在很短的时间内完成有效邀请、探寻需求、推介产品、处理异议、达成销售。这就需要导购员在平时的工作中谨记自己的职责，找准自己的位置，调整自己的心态，时刻保持饱满的工作激情，把自己逐渐锻炼成为一名金牌导购员。

一、两大职责

把产品卖出去是导购员的工作职责，但成为一个好的导购员绝不只是把产品卖出去这么简单。销售既然是涉及买卖双方的事，那么所处的立场不同，导购员的职责范围也就不同。

1. 从顾客的角度看

站在顾客角度，导购员的工作职责包括下页图所示的两个方面。

为顾客提供服务	由于顾客能在多个家具品牌中挑选到他们需要的产品，所以导购员礼貌热情地接待顾客就变得非常重要了
帮助顾客做出最佳的选择	顾客不是专家，对产品的优点、缺点并不了解，并且顾客面对众多产品时，不知道哪一个产品最适合自己。导购员应在了解顾客需求心理的基础上，使顾客相信购买某种产品能使自己获得最大的利益

站在顾客角度看导购员的工作职责

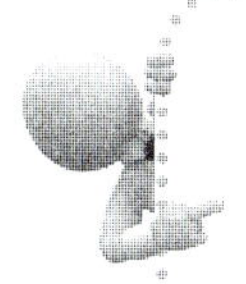

导购员是顾客购买产品的导师、顾问、参谋。顾客能否买到合适的产品，在很大程度上取决于导购员。

那么，导购员应如何帮助顾客呢？具体可参考下图所示的方法。

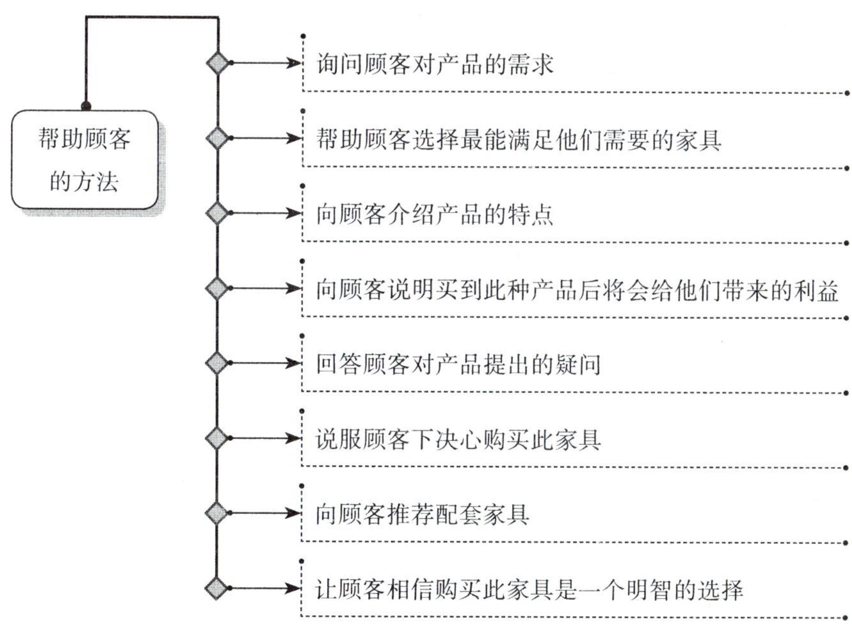

帮助顾客的方法

作为一个导购员在销售产品时要想着顾客，想着顾客的需要，想着顾客的利益，而不是单纯地销售产品。不要“为卖出产品而销售”，而要“为满足顾客需求而销售”。

2. 从企业的角度看

导购员是企业的形象代表，是企业与顾客之间的桥梁，是顾客了解企业的窗口。站在企业的角度看，导购员的职责如下图所示。

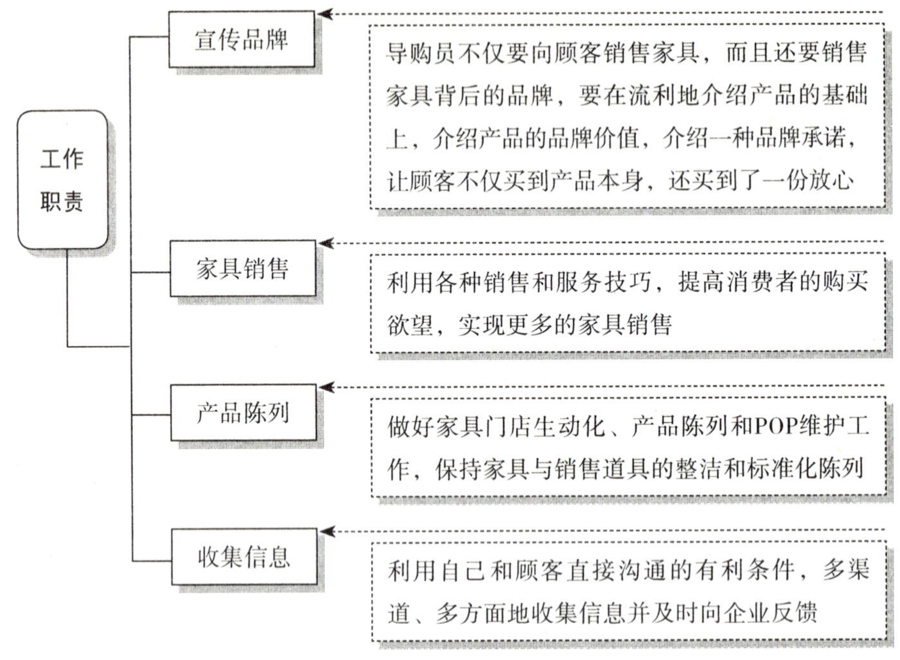

站在企业角度看导购员的工作职责

二、双重角色

导购员是企业零售的终端销售者，一个企业的文化价值理念、经营管理思想最终都要通过导购员来体现。因此，导购员对自己所扮演角色的认知，直接影响着导购员的工作态度，体现着导购员个人的职业素质和修养。一个优秀的导购员扮演着下页图所示的两种角色。

导购员的两种角色

1. 品牌大使

有人曾说：三流的导购员卖品牌，二流的导购员卖产品，一流的导购员卖服务。在实际生活中，一个优秀的导购员会综合运用这些“卖点”，抓住顾客心理，再重点突出在某方面的介绍。

推广品牌、销售产品，两者是统一的结合体。市场经济时代，顾客在相信产品的同时，更看中品牌给其带来的利益和价值。导购员是和顾客直接接触的媒介，导购员不能为了销售欺骗、隐瞒、夸大产品或品牌给顾客带来的价值，影响品牌在当地的名声。

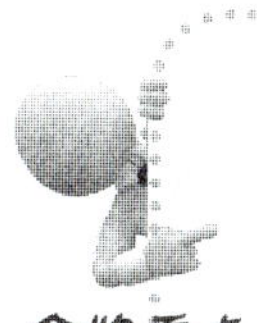

金牌看点

优秀的导购员不仅自己为自己建立品牌，而且还为企业的品牌和形象宣传扩大了影响。

2. 快乐使者

人都喜欢和心情快乐的人打交道。导购员无论心情多么不好，都不能把这种情绪带给顾客和身边的人。导购员要把单调的销售工作变成一种乐趣，变成发自内心的一种快乐的行为，怀着感恩、愉快的心情去经营你的顾客。导购员不要因为顾客的责难，而迁怒顾客，对顾客不礼貌，会影响品牌的形象。

三、五大法宝

导购员的工作职责就是通过与各种各样的顾客进行充分的沟通，将自己企业产品的特点、性能介绍给顾客，取得顾客的充分信任，让顾客认识到该产品能给他们带来实际上的好处，从而心甘情愿地购买该产品。而在实际工作中，导购员可以借助下图所示的五大法宝来更好地履行职责。

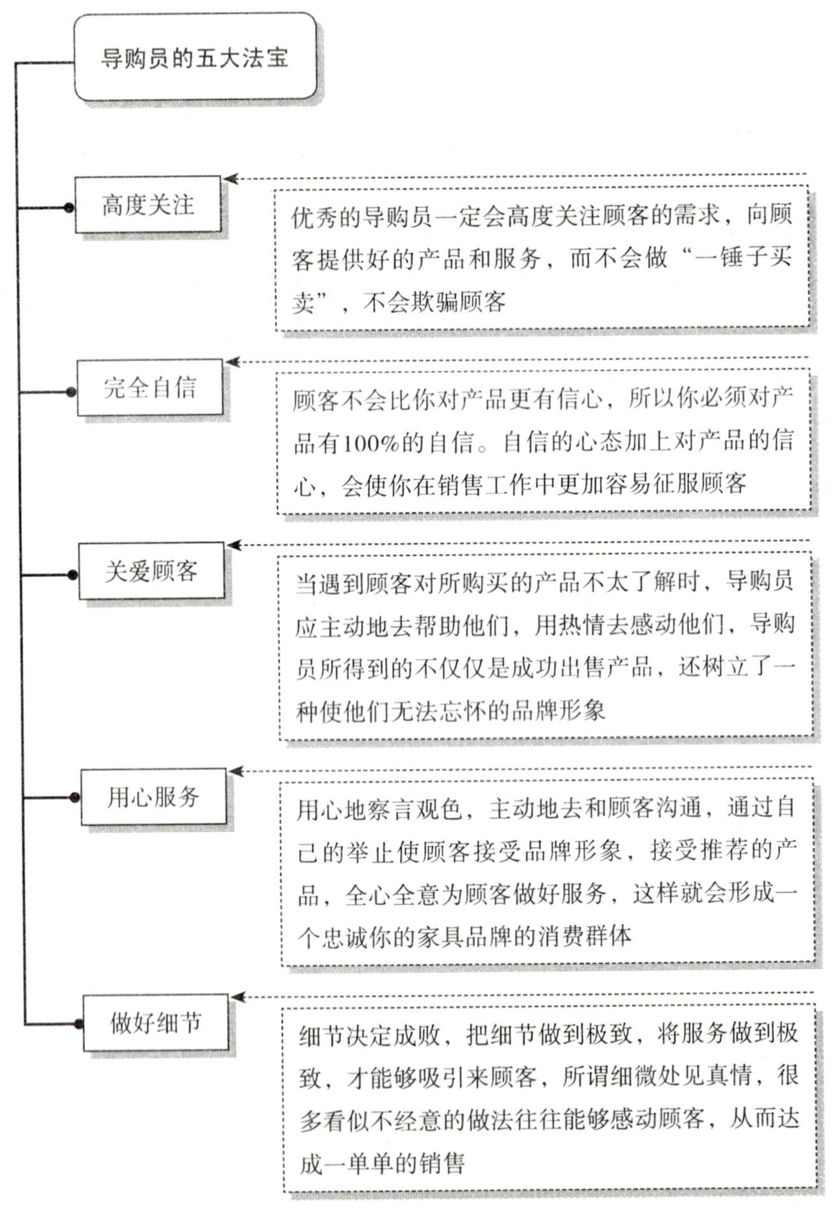

导购员的五大法宝

四、八大原则

导购员销售的是产品，提供的是服务。然而没有服务的产品是冷冰冰的产品，不会有人喜爱。产品的服务附加值越高，其受欢迎的程度就越大。导购员在日常工作中，应遵循下图所示的八大原则，从而不断提升产品服务的附加值。

微笑	常言说："人无笑脸莫开店。"一名优秀的导购员的脸上总是带着真诚的微笑，导购员必须学会分解和淡化烦恼与不快，时刻保持一种轻松的情绪，把欢乐传递给顾客
激情	激情，是一种饱满的精神状态，是一种积极有为的工作态度。激情可以使我们释放出潜在的巨大能量，焕发出一种坚定的执着，激发出创造的活力
热忱	服务能吸引顾客，创造销售机会，缔造销售佳绩，要做好服务首先要端正态度。导购员面对的是人，销售工作是心和心的交流，导购员的热忱是能够感染顾客的
自信	不仅要对自己有信心，更应对产品有信心，对企业有信心。有了这种信心才能在自己的言谈举止中得以流露，在不经意间吸引顾客，感染顾客
专业	优秀的导购员必然是专业导购员，只有专业，才能让顾客更信服。一个不懂产品的导购员，无法解答顾客的疑惑，是不会让顾客产生信赖感的
整洁	没有人不喜欢整洁、舒适的店铺环境，好的购物环境能给顾客留下良好的印象，可以提高门店的进店率，好的氛围可以提升产品的附加值，对产品销售起着重要的推动作用

素养

导购员的每个肢体动作、每一句话，都是个人素养的直接体现，导购员的素养直接决定客户喜不喜欢和你交流，是获得顾客认同的根本原因，直接关系到销售业绩

坚持

成功者不放弃，放弃者不成功。任何事情，如果你半途而废，那就注定只有失败。但反过来，任何事情只要你能坚持做下去，就有了成功的可能

导购员的八大原则

准备04 能力准备

金牌亮招

一个导购员具有良好的素质固然重要，但如果缺乏做好本职工作的真实本领和综合能力，素质再高，也没有意义。

能力，是一个人能否进入某个职业的先决条件，是能否胜任职业工作的主观条件。无论从事什么职业总要有一定的能力作为保证。

导购员的主要工作就是把产品销售给顾客，让顾客在接受产品的同时也接受公司的形象和服务。

在终端销售过程中，导购员担当着重要的尖兵角色，他们直接与顾客面对面沟通，一举一动、一言一行在顾客的眼中都代表着品牌的形象，其个人能力与导购技巧，直接决定着终端销售的业绩。

导购员特殊的能力结构，是由其本职活动的内容所决定的。金牌导购员必须具备以下五种能力，即观察能力、表达能力、记忆能力、应变能力和自控能力。

一、观察能力

具有良好观察能力的导购员，不仅能从顾客的言谈举止、面部表情和视线上准确判断顾客的意图，由此了解到顾客的气质特点和兴趣指向，并采取相应的接待方法，而且能透过事物本身的外部反映，迅速掌握顾客的心理变化，灵活运用各种心理策略，对顾客进行诱导或者满足其心理欲求。

小张是一家品牌家具店的销售明星，具有非凡的观察力和亲和力，她只需一两句话，或者一个眼神或动作，就能一下子抓住顾客的心理并打动他。

比如，见到顾客面带忧愁，她就会十分关心地问道：“哎呀，这位老板好像有什么困难，我能为您做点什么吗？”她总能够通过观察快速找到拉近与顾客距离的方法，从而拥有了众多的顾客。

凡来她店面买家具的顾客很少有空手离去的，她每天的营业额比其他导购员高出40%左右。

所谓导购，就是引导购买。那么如何才能引导顾客呢？当然能说会道是很重要的一点。但很多导购员却总是对引导与说话存有一定的误区。有些导购员相信优秀的导购员必定是八面玲珑的“说客”，因此，他们在引导销售的过程中，经常把精力放在说话方面。

其实，对于顾客来说，导购员好的销售口才势必会让自己“迷了眼”，但慢慢地见多了，顾客也就逐渐熟悉了导购员的“伎俩”，随着自己的判断力以及鉴别能力的进一步提高，面对导购员“天花乱坠”般的引导，他们不再轻易动心，甚至是“导购员推荐的，一律不买”。可见，导购员在很大程度上都败在了说话之上。

的确，说话太多，必然就会导致聆听太少，这样导购员就不能够在短时间内获取顾客所要表达的信息，也就无法真正地掌握顾客的需求和他们正在思考的问题。所以，导购员要想充分掌握顾客的需求，就应该适当“放权”，将说话的主动权留给顾客，自己多听、多观察，利用有效的提问来引导顾客说话，深入明确顾客最大需求，进而提供顾客需要的产品。

1. 善察才能善问

引导顾客购买的过程，实际上就是一场心理博弈的过程。有时候能否顺利拿下顾客，往往取决于是否能够有效掌控对方心理。做到这一点，细致入微的观察能力是导购员必备的一项素质，更是运用“占领先机，先发制人”手段的前提。

当然，观察的手段有很多种，需要导购员在实际销售的过程中多注意积累。

2. 善察才能巧问

说得好不如问得巧。一般来说，顾客大都喜欢表达自己的意见和想法。提问就可以达到一种把说话的主动权让给顾客的效果。如果提问得好，不但可以令顾客畅所欲言，而且还有助于导购员根据顾客的谈话深入了解顾客的需求信息，有利于双方的进一步交流与沟通。

当然，这就需要导购员在与顾客进一步沟通的过程中，多观察顾客，多从顾客的需求点着眼，较多地设计一些开放性的问题，同时还要注意激发顾客的兴趣和好奇心，要让顾客去想，去认识，去感受，只有抓住顾客感兴趣的话题，让顾客进入角色，顾客才会充分表达自己的想法和需求，与导购员形成良好的互动，从而更好地实现销售。

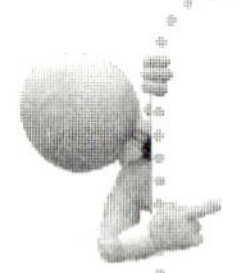

金牌看点

在提问中，导购员需要给予顾客足够的选择自由，以及充分的选择空间，硬销只会“欲速则不达”。

3. 善察才能答疑

无论导购员销售什么产品，都离不开顾客的需求点。在引导顾客说话的过程中，导购员尽量不要代替顾客思考、发言甚至是决策，而是要把这些权利留给顾客。导购员需要做的，就是提一些关于顾客需求方面的问题，引导顾客说话，然后安心倾听顾客的回答。

在倾听的过程中，导购员需要态度认真，并且给顾客充分的说话和思考时间，并注意观察顾客的表情、行为、反应，适当的时候自己可以做必要的重复。另外，无论顾客说得是否正确，导购员都不要中途打断，而是要等顾客说完之后，再进行合理的解释。要知道尊重顾客，就是在给自己一个成交的好机会。

二、表达能力

优秀的导购员善于运用语言的艺术，启发顾客，说服顾客。作为一名导购员，语言表达能力的高低至关重要，很多时候直接决定了你所从事的工作的成败，甚至很多人由于语言表达欠佳，就被彻底归结为没有工作能力。

良好的语言表达能力的标准如下图所示。

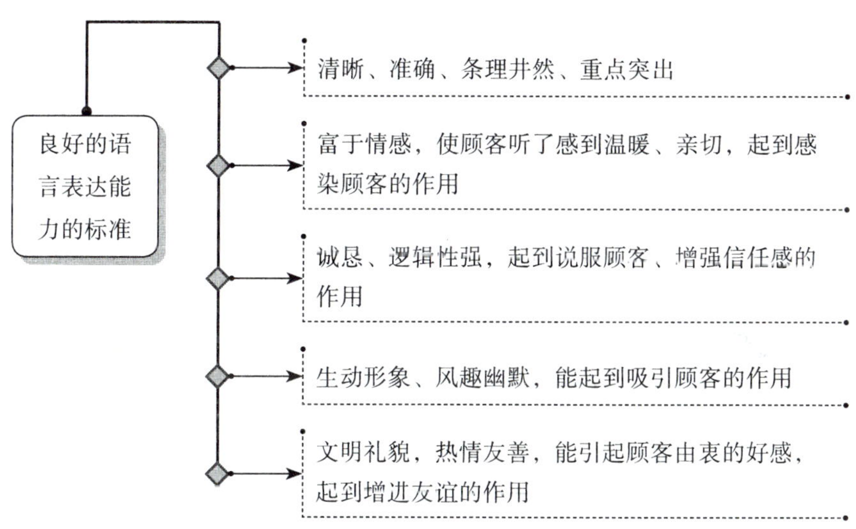

良好的语言表达能力的标准

良好的语言表达能力并非天生的，都是在后天的学习、工作和生活当中不断积累和锻炼而逐步形成的。

如何提高表达能力

人和人交往需要相互表达，表达清楚、明了、简洁既可以节约时间，也能起到很好的交流效果。表达能力分为书面表达能力和口语表达能力等，表达方式也是多种多样的。

1．多读书

读书的好处有很多，起码可以收集到很多的素材，比如如何打高尔夫，如何泡工夫茶，如何钓鱼，等等，让你学到很多东西，头脑中的知识多了，和顾客沟通起来才能够更流畅。

2．学习表达技巧

在和顾客沟通的时候要注意表达技巧，比如重要的事情先说，然后再进行细节描述，先说最近发生的事情，再追溯到以前，表达技巧决定你的沟通成功与否。

3．语气很重要

在和顾客进行沟通的时候一定要注意你的语气，委婉的语气可能会让顾客更喜欢听你说的话，命令的语气则可能让顾客内心反感。

4．眼睛要注视对方

在沟通的过程中，眼睛要注视着顾客，但不是一直盯着顾客的眼睛看，那样对方会很不自在的，眼神可以停留在对方的额头到下巴的区间之内。

5．运用多种表达方式

在和顾客进行语言表达的时候要注意多种方式并用，除了语言、语气和眼神外，你的手势和表情同样也在传达信息，要注意多种表达方式的共用。

6．克服紧张害羞心理

很多人在面对顾客时不知道该如何表达，主要是紧张、害羞等心理因素的影响，要学习克服紧张，那样你就会发现其实事情没有你想象的那么难。

7．适当放慢语速

在和顾客进行交流的时候可以适当放慢语速，这样在交流沟通中就不容易出现卡壳现象。

三、记忆能力

准确的记忆是高质量服务的后盾，会给顾客留下良好的印象；反之，记忆不准、反应有误会让顾客反感，影响顾客买家具的心情。

为此，导购员平时要注意锻炼大脑的敏捷性，加强快速记忆的训练，不断扩大记忆的广度及加深记忆的深度，在最短时间内记忆尽可能多的内容，包括产品知识，顾客的姓名、音容笑貌、兴趣爱好、性格特点等，这样必然能使导购工作得心应手。

如果导购员能记住顾客的名字，并且能准确、恰当地称呼，就可以有效地提高顾客的满意度。如何做到这一点呢？具体方法如下图所示。

方法1：要留意并尽快知道顾客的名字，必要时可以有礼貌地问："先生，请问您贵姓？"

方法2：一旦知道顾客的名字，就应反复利用各种机会，用名字来称呼客人，这样有助于记住对方的名字，当然我们不能直呼客户的名字，而是要恰当地称呼，例如，我们知道客户姓张，那我们可以称呼其张先生、张老板，如果他是名教师，我们还可以称呼其张老师

方法3：不时地望着顾客的脸，记住顾客的面貌和身体特征，并且设法和他的姓名联系在一起

方法4：在提供服务的过程中要专心倾听，不可三心二意，以提高记忆的效果

方法5：顾客离去时，要及时回想一下他的面貌、职业和你所给予的服务，并再次和姓名联系在一起

方法6：把顾客的各种特征和姓名联系起来，必要时以书面形式记下所需的资料

方法 7

再次见面时，应用记住的名字称呼对方，如不能完全确认对方名字时，可以试探地问："对不起，请问您是×××先生吧？"千万不要贸然叫错顾客的名字

记住顾客名字的方法

如今，消费市场是一个讲究个性化消费的时代，想要在激烈的竞争中取胜，就要拥有一套属于自己的营销方法和技巧，其中记住顾客的名字是最基本的要求。

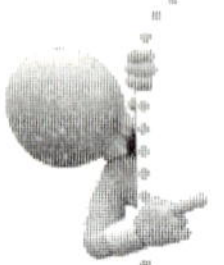

金牌看点

名字是每一个人都十分珍爱的东西，倘若你能够记住别人的名字，对方就会感到自己受到了尊重。顾客也是一样，如果某个店主能够记住顾客的名字，可以说，这位店主就等于是抓住了顾客的心。

四、应变能力

有一个导购员当着一大批顾客的面销售一种摔不碎的钢化玻璃酒杯。

他在进行产品说明后就开始向顾客示范，但是令他万万没想到的是，他恰好拿到了一个质量不过关的杯子，他用力一摔之后，酒杯竟然被砸碎了。

顾客们哄堂大笑。

这位导购员先是一愣，随后灵机一动，冷静又幽默地说："你们看，像这样的杯子我是绝对不会卖给你们的。"

结果顾客们又是一阵哄堂大笑，但是之前的笑更多的是怀疑和嘲讽，而这次的笑却充满了赞赏和愉悦。接着导购员又拿起一个杯子，用力一摔，杯子完好无损地在地上打了几个滚，销售员捡起杯子说："你们看，这样的杯子才是'摔不碎'的钢化玻璃酒杯。"

上面故事中的导购员用自己沉着冷静的应变能力化解了尴尬的局面，不

仅没有因此而失去顾客，还销售了大量的酒杯。

由此可见，应变能力是多么的重要。虽然随机应变没有什么固定的模式，但是它却可以在突发事件面前帮助你巧妙地化解和避开不利因素，抓住有利因素，从而帮助导购员做到不因意外事件而影响生意，甚至能依靠突发情况扭转劣势，促成交易。

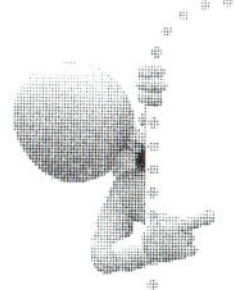

随机应变需要导购员有一个灵活的头脑，说话做事都要恰到好处，不过分也不虚假，这样才能让人信服，给顾客留下一个好印象，化劣势为优势，不开罪于顾客。

作为家具导购员，每天面对着不同年龄、性别、个性和需求的顾客，身临纷杂多样、时刻变化的服务情境，因此，导购员的服务工作绝不可僵化死板。在遵守工作纪律和原则的基础上，导购员应根据错综复杂的情况，针对顾客的各种特点，采取创造性的服务措施。

如何提升自己的应变能力

应变能力是一个人综合能力的最直接表现，尤其是在面临重要抉择时，应变能力就更加显得重要了。应变能力好的人往往在工作和生活中如鱼得水，那么怎样才能提高自己的应变能力呢？

（1）多参加一些具有挑战性的活动，比如登山、探险，在这些实践活动中往往会遇到很多困难，这就需要参加者想办法去克服，这也是提高应变能力的过程。

（2）扩大个人的交际圈，圈子广了，接触的人也就多了，各色各样的人都有各自的性格和特点，只有学会了应变各色各样的人，才能应变更复杂的困难。

（3）多读书，而且读书面也一定要广，各个方面的书籍都要涉猎，比如人文、体育、财经等等，这样在遇到任何复杂情况都能做到心中有数，遇事也就沉稳不慌了。

（4）多参加一些辩论赛，辩论赛最能锻炼一个人的思维应变能力。

（5）平时多注意改变自身的一些不良习惯，比如遇事优柔寡断、迟疑不决，长时间坚持下来人的应变能力会不断提高。

五、沟通能力

其实说来说去，导购员做的就是沟通工作，在产品与顾客中间架起桥梁。与顾客沟通的形式很多，有语言、动作、表情、倾听，等等。关于沟通，理论知识有很多，比如将心比心、换位思考；对顾客进行分类，对待不同的人采用不同的策略；了解顾客需求，拉近与顾客的距离，获得顾客认同与信任，等等。理论再多，也得要导购员真正体会，潜心思考与研究，根据具体的工作特点去实战才行。那么作为导购员，如何提高自己的沟通能力呢？具体可参考下图所示的沟通技巧。

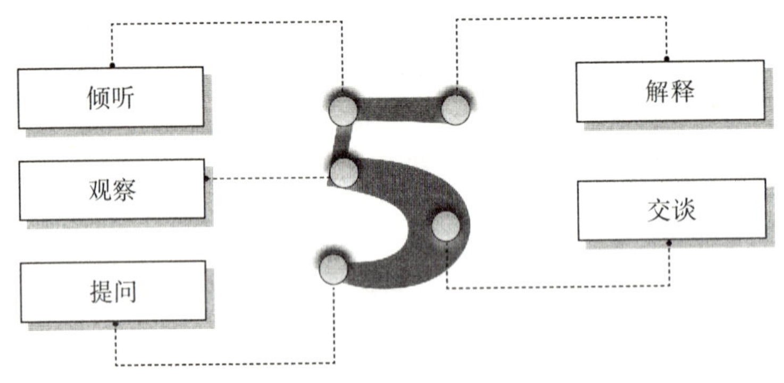

提高沟通能力的技巧

1. 倾听

倾听，这其中包括专心地倾听和适时地确认。在与顾客电话联系或是面对面交流时，一定要专心而认真地听顾客讲话，一定要带有目的地去听，从中发掘顾客有意或无意流露出的对销售有利的信息。

在倾听的过程中适时地插问，一方面表达了对顾客的尊重和重视，另一方面有助于正确理解顾客所要表达的意思，确保导购员掌握信息的正确性和准确性，才能达到很好的沟通效果。

2. 观察

观察的技巧贯穿于整个销售过程中，尤其是在与顾客建立良好关系时，很有价值。在与顾客沟通的过程中，顾客的一个眼神、一个表情、一个不经意的动作，这些肢体语言都是他心理状况的反映，一个优秀的导购员一定要善于把握，并适时地给予回应。

3. 提问

在获取一些基本信息后，提问可以帮助导购员了解顾客的需要、顾客的顾虑以及影响他做出决定的因素。

同时在沟通气氛不是很自然的情况下，可以问一些一般性的问题、顾客感兴趣的问题，暂时脱离正题以缓解气氛，使双方轻松起来。

时机成熟时可以问一些引导性的问题，渐渐步入正题，以激发顾客对产品的兴趣，引起顾客的迫切需求。

比如，如果不及时选购一张符合自己身形的床垫，很可能会使您的腰肌劳损更严重，而且一张符合自己身形的床垫，还可以提高您的睡眠质量，睡眠好了，工作效率也会大大提高，所以，选购一款符合自己身形的床垫是非常重要的事情。

这就是引导性提问最终要发挥的效果，这时作为导购员就需要从顾客那里得到一个结论性的答复，可以问一些结论性的问题，以锁定该销售过程的成果。

在与顾客沟通的整个过程中，要与顾客的思维进度的频率保持基本一致，不可操之过急，在时机不成熟时急于要求签单，很容易造成顾客反感，前功尽弃；也不要错失良机，在该提出签单要求时，又担心遭到拒绝而贻误机会。

4. 解释

解释在销售的推荐和结束阶段尤为重要。

在推荐阶段，为了说服顾客购买，导购员会对自己的公司、产品、服务等做出解释和陈述，以达到成交目的。在沟通过程中，即销售接近尾声时，会涉及许多实质性问题，双方为了各自的利益会产生一些分歧，这就给双方达成最终协议乃至签单造成障碍，这些障碍需要及时合理地磋商和解释来化解。

所要解释的内容不可太杂，只需包括为了达到解释目的的内容。解释要简明，逻辑性强。当需要解释细节时，应避免不痛不痒的细节，该展开的一定要展开，该简洁的一定要简洁，尤其在向顾客推荐新品时，不能吞吞吐吐。

成功解释的关键是使用简单语言，避免太专业的技术术语。只有在顾客明白这些术语时，使用术语解释才是合适的，同时也要适当地使用，避免不必要的差错。

5. 交谈

谈话的表情要自然，语言和气亲切，表达得体。说话时可适当做些手势，但动作不要过大，更不要手舞足蹈。谈话时切忌唾沫四溅。参与别人谈话要先打招呼，别人在进行个别谈话，不要凑前旁听。若有事需与某人说话，应待别人说完。第三者参与谈话，应以握手、点头或微笑表示欢迎。

谈话中遇有急事需要处理或离开，应向对方打招呼，表示歉意。

一般不要涉及疾病、死亡等事情，不谈一些荒诞、离奇、耸人听闻、黄色淫秽的事情。顾客为女性的，一般不要询问她们的年龄、婚否，不直接询问对方履历、工资收入、家庭财产、衣饰价格等涉及隐私的问题；与女性顾客谈话最好不要说对方长得胖、身体壮、保养得好之类的话；对方反映比较反感的问题应表示歉意。

六、自控能力

人都生活在五味罐中，会享有快乐和幸福，但也会遭遇烦恼和不幸。因此，人难免会产生各种心理波动，导购员当然也如此。

正如汽车需要“车闸”来限制速度一样，导购员需要冷静分析各种事物，要有能够忍受委屈痛苦的自控力，以控制自己的情绪。如果烦恼的时候迁怒于顾客，或对顾客大动肝火，与顾客唇枪舌剑，那么即使错误出自顾客，品牌的信誉也会因此而受损。

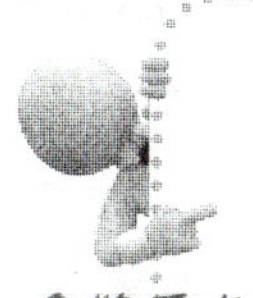

金牌看点

以宽容忍耐之心接受顾客的抱怨，既平息了顾客的怨气，赢得了顾客的赞许，同时又维护了企业的良好形象。

优秀的导购员能始终用理智的力量控制住自己的消极情绪，以愉快乐观的精神状态热情周到地为顾客服务。即使顾客无理取闹，使导购员自尊心受到伤害，他们也不会变得粗野，而是平心静气地寻求解开疙瘩的方法。

金牌在线

如何培养自控力

一位哲人说："一个人的命运就在他的性格中。"一个人一生是否有作为，是否成功，是否幸福，起决定性作用的因素往往是性格，而不是智力。

所谓自控力，简单地说，也就是控制的能力，指一个人为完成某项任务而控制自己的情绪、约束自己言行的能力。它是一种可贵的意志品质，因此，自控力又常常被称为意志力，是一个人在事业上取得成就的重要条件。

具备自控能力的人，通常善于把握自己，无论何时何地都能明确地知道自己应该做什么，凡事都会有条不紊，最终把事情做好。而没有自控力或缺乏自控力的人，往往办不成大事，想到哪里做哪里，因此也浪费了很多宝贵的时间。

在我们身边，缺乏自控力的人比比皆是。这类人通常整天上网冲浪、与网友聊天，沉溺于琐碎的、无关紧要的工作当中，或者找各种借口拖延工作……

我们在各种培训教程及成功励志类书籍中，知道了许多取得成功的方法，但却往往无法做到，关键原因就是我们缺乏自控力。

成功除了需要坚持不懈外，许多其他因素也是至关重要的，比如诚信、冷静、不拖沓等。但是，这些好习惯都离不开良好的自控力。如果缺乏自控力，要养成好习惯只能是空谈。纵观人类历史，我们可以发现，越是成绩突出者，其自控力越强。只有真正能够掌控自己，才能掌控一切，战胜自己才是最完美的胜利。所以说，自控力是世界上最大的力量与财富。

成功学家拿破仑·希尔经过数十年的研究和探索，总结出了成功学的17条准则，这些准则被人们誉为“黄金定律”。其中，成功学准则的第五条就是“要有高度的自控力”。

在美国的一家大型百货公司，拿破仑·希尔曾目睹了一件事，这件事充分说明了自控力的重要性。

在这家百货公司负责受理顾客投诉的柜台前，围着一些投诉的顾客。柜台后是一位年轻的小姐，她正在接待这些愤怒的顾客，只见她满脸微笑，耐心地指导这些顾客前往相关的部门去解决问题，丝毫未流露出憎恶的表情。见此情景，拿破仑·希尔对她的自控力大感惊讶。

站在这位小姐身后的，是另一位年轻女郎。这位年轻女郎在一些纸条上写了一些字，然后把纸条交给站在前面的那位小姐。这些纸条简要地记下了顾客投诉的内容，却省略了顾客原有的尖酸而愤怒的语言。

原来，站在柜台后面、面带微笑地接待这些顾客的小姐是一位聋人。身后的年轻女郎是她的助手，助手通过纸条把所有必要的事实告诉接待小姐。

拿破仑·希尔对这种安排十分感兴趣，于是就去拜访这家百货公司的经理。经理告诉拿破仑·希尔，他之所以挑选一位耳聋的小姐负责公司这项艰难而又重要的工作，是因为他一直找不到其他具有足够自控力的人来完成这项工作。

这个理由让拿破仑·希尔感到十分惊讶。此后，每当他因为自己不喜欢的评论而感到不快时，就立刻想起那名接待小姐自制而镇静的微笑，心情也不知不觉地平静下来。

良好的自控力可以使人们在任何场合、面临任何问题、受到任何影响时，都能始终如一。在我们成功的道路上，最大的困难通常不是缺少机会或资历尚浅，而是缺乏对自己情绪的控制。人的选择包含着一种理性，只有当理由足够充分时，人才会产生自控力。一个充分的理由就完全可以构成一项动机，你可以将其作为行动的依据，然后你会发现，自己的心态发生了改变。而心态带来的变化，会直接影响你的生活。你的人生，也会因此变得更完美。那么，培养自控力的基础是什么呢？

1. 为生活设定目标

人若没有目标，便没有方向感，不知道自己的人生该走向何方，只能走一步算一步，既无激情，又无成就感；人若没有目标，便没有动力，不能前进，最后只能在庸庸碌碌中度过一生。

因此，我们要善于为自己的人生设立明确的目标。有了目标，才有方向、勇气和动力，从而燃起对生活的希望，激发起奋斗的勇气。

◇在心中给自己的人生设立一个总体目标，比如，这辈子我要过什么样的生活？我想要成为什么样的人？

◇设定一些具体的目标，包括将来希望从事什么样的工作、在此之前需要做哪些准备，以及要花几年的时间准备等。

◇将这些目标具体细化到生活中的每一天，从而明确每一天的具体任务。目标要具体可行，还要在自己的能力范围之内。不要设定超出自己能力的目标，否则，目标不但不能实现，还会打击你的积极性。

2. 时刻保持信心

要想锻炼我们的自控能力，就不能离开自信这一基本要素。只有当我们自信能够成功时，我们才会倾向于凭借自己的自控能力去取得最终的成功。大量的科学实验证明：一个人的想法越积极，就越有可能成功；而想法越消极，就越有可能失败。

◇在为实现目标而努力时，脑海中要不断重复铭记："我应该而且必须胜利。"拒绝头脑中冒出来的动摇念头，藐视"我可能会失败"的想法。

◇保持旺盛的思维活力，在精神上反复告诫自己："我应该并将要得到我所要追求的东西。"

3. 乐观地看待世界

很多人经常抱怨生活、抱怨自己的人生、抱怨周围的一切人和事，看不到生活的希望和美好，这是他们的心态使然。心态不好，看事物的眼光和角度就会悲观，看不到积极的一面，只专注于消极的一面。这样的人很难形成良好的自控能力，不能随时控制自己的情绪。

相反，乐观是积极的人格特征之一，可以让人具有积极的情绪，对生活和工作充满希望，并能在一定程度上控制坏情绪的出现。

◇在行动上表现得乐观自信，比如，说话要尽量轻快些，脸上带着微笑，说话多用正面字眼等。

◇常常想一些让自己开心的事情，或比较有成就感的经历等，以唤醒自己的积极情绪。

◇尽量开拓自己的人际关系，多与性格开朗的人交往，这样可以让自己感受到对方的乐观情绪，自己也会变得乐观向上。

环境准备

温馨舒适的购物环境对于消费者来说，是非常具有吸引力的，也是提高销售额的重要影响因素。

店面环境是家具门店给顾客的第一印象，并伴随着顾客购买家具的全过程。环境不同，不仅会使顾客对店面形象的评价不同，也会使顾客对店面的产品和服务产生品质认知上的差异，从而影响到顾客的购买行为。从这个意义上来说，家具店面环境就是一种销售力，是企业利润的重要来源。

在传统理论中，卖场环境包括两个方面：一是硬环境；二是软环境。

一、硬环境

对家具店面来说，硬环境指的是店面的各种设施和装潢。不论装修多好的店面，其环境维护都是一个重要课题。作为导购员，应切忌店面出现下页图所示的十种现象。

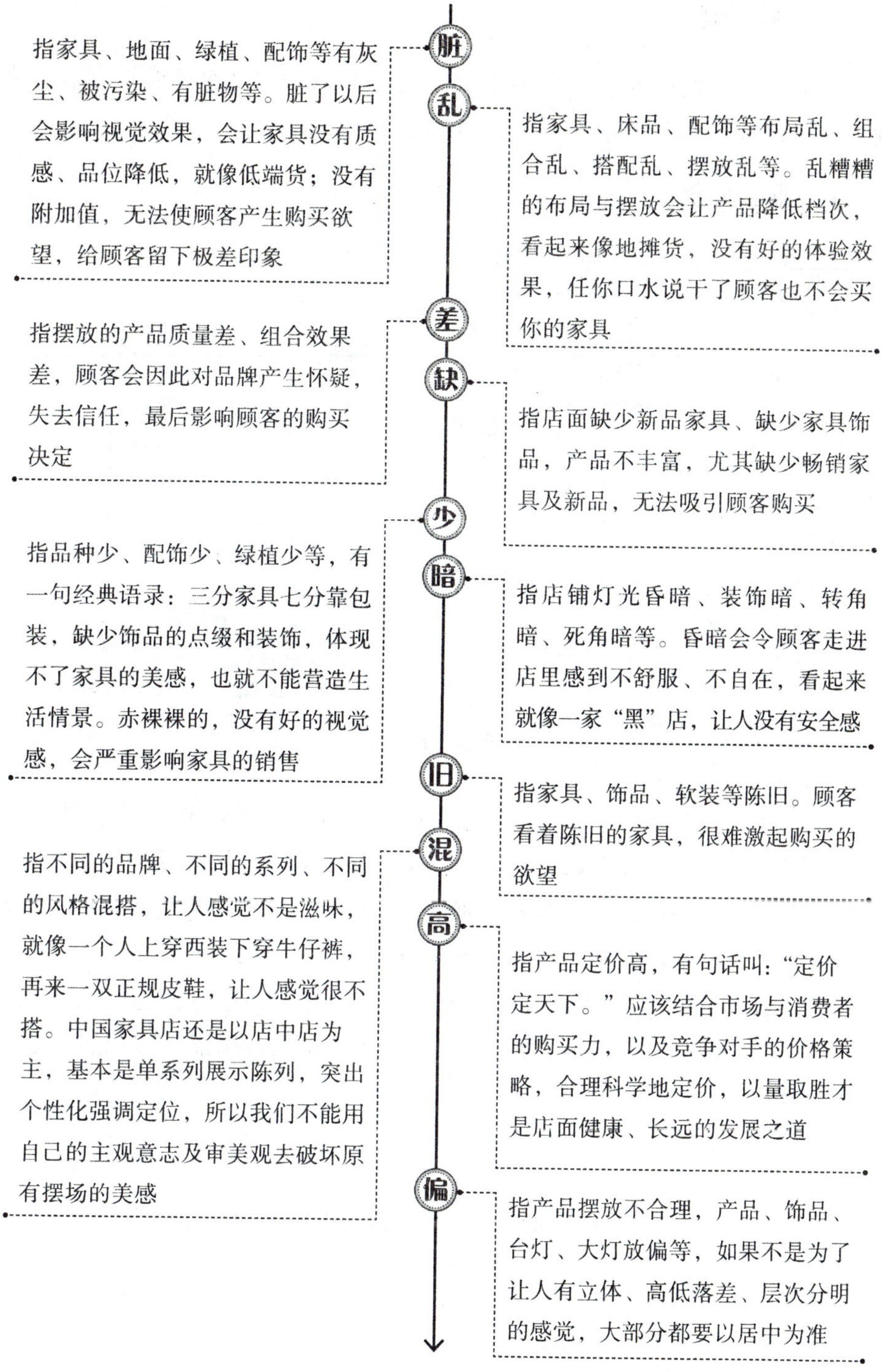

脏：指家具、地面、绿植、配饰等有灰尘、被污染、有脏物等。脏了以后会影响视觉效果，会让家具没有质感、品位降低，就像低端货；没有附加值，无法使顾客产生购买欲望，给顾客留下极差印象

乱：指家具、床品、配饰等布局乱、组合乱、搭配乱、摆放乱等。乱糟糟的布局与摆放会让产品降低档次，看起来像地摊货，没有好的体验效果，任你口水说干了顾客也不会买你的家具

差：指摆放的产品质量差、组合效果差，顾客会因此对品牌产生怀疑，失去信任，最后影响顾客的购买决定

缺：指店面缺少新品家具、缺少家具饰品，产品不丰富，尤其缺少畅销家具及新品，无法吸引顾客购买

少：指品种少、配饰少、绿植少等，有一句经典语录：三分家具七分靠包装，缺少饰品的点缀和装饰，体现不了家具的美感，也就不能营造生活情景。赤裸裸的，没有好的视觉感，会严重影响家具的销售

暗：指店铺灯光昏暗、装饰暗、转角暗、死角暗等。昏暗会令顾客走进店里感到不舒服、不自在，看起来就像一家“黑”店，让人没有安全感

旧：指家具、饰品、软装等陈旧。顾客看着陈旧的家具，很难激起购买的欲望

混：指不同的品牌、不同的系列、不同的风格混搭，让人感觉不是滋味，就像一个人上穿西装下穿牛仔裤，再来一双正规皮鞋，让人感觉很不搭。中国家具店还是以店中店为主，基本是单系列展示陈列，突出个性化强调定位，所以我们不能用自己的主观意志及审美观去破坏原有摆场的美感

高：指产品定价高，有句话叫：“定价定天下。”应该结合市场与消费者的购买力，以及竞争对手的价格策略，合理科学地定价，以量取胜才是店面健康、长远的发展之道

偏：指产品摆放不合理，产品、饰品、台灯、大灯放偏等，如果不是为了让人有立体、高低落差、层次分明的感觉，大部分都要以居中为准

店铺环境“十忌”

二、软环境

对企业的零售终端——店铺来说，软环境指的就是服务质量和服务态度，而这种质量和态度最终是通过导购员的服务体现出来的。

1. 服务质量

服务质量主要包括客观质量与主观质量，具体如下图所示。

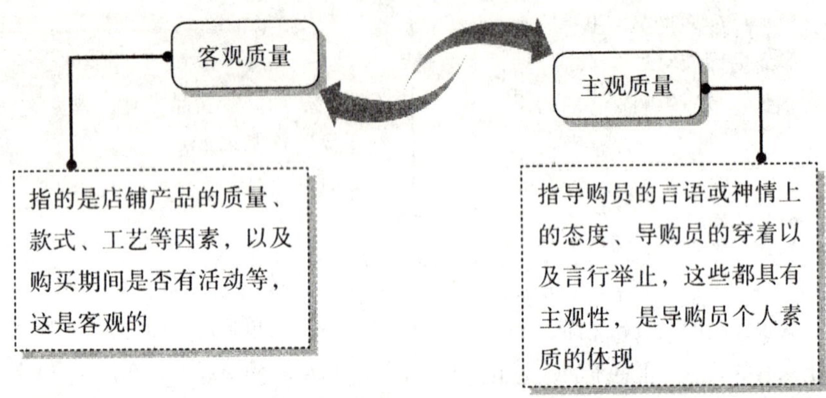

服务质量的含义

顾客如果在可靠性、响应性、安全性、移情性、有形性五个方面都非常满意，那么这个导购员为顾客提供的便是优质服务。优质服务是指顾客感觉以上述五个方面为评价标准的服务质量优于他所预期的服务质量。这样一种心理活动的过程是动态的，对所见所闻的感知是顾客的不断积累。

优质服务是顾客满意的重要来源，导购员对优质服务的追求应当遵循“没有最好，只有更好”这一原则，以此激励自己不断提高导购技能，提升自己的服务质量。

2. 服务态度

导购员要为顾客提供主动热情、耐心周到的服务，具体表现如下页图所示。

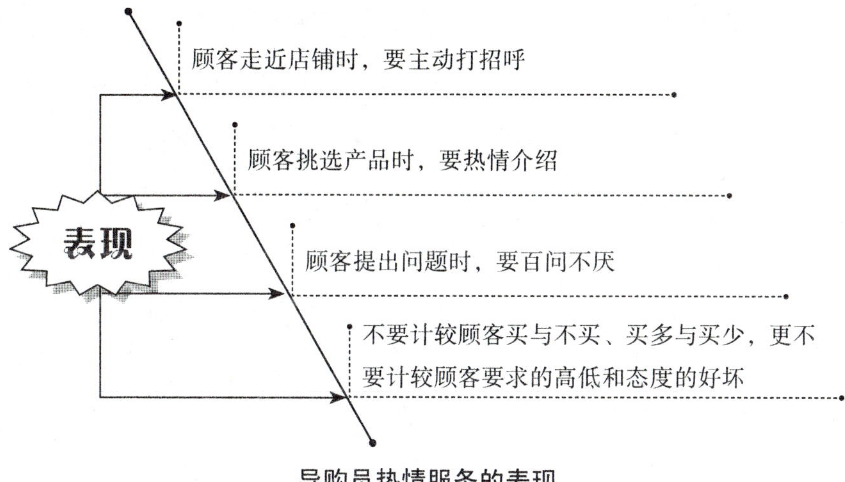

导购员热情服务的表现

此外，还要做到处处为顾客着想，为顾客提供方便。接待顾客时，不要以貌取人，以年龄、性别取人，以职业、地位取人，以国籍取人，要一视同仁地热情接待，是导购员最起码的职业道德。对顾客提出的问题要耐心解答，不允许说“不知道”“你自己看嘛”之类的语言，更不允许因个人情绪，对顾客表现出不耐烦的态度。

第二步

有效邀请

门店里每天都会有顾客进进出出，他们有的带着目的，有的只是随便看看，对于这些潜在顾客，需要导购员及时地邀请并做好接待，通过和他们沟通，进而了解他们的需要，最终达成销售。

*****

邀请01 招呼顾客

导购员要达成销售，就要与顾客建立起沟通的桥梁，招呼顾客就是建立这座桥梁的第一步。

无论对于哪种类型的顾客，打招呼都是导购员开展销售工作的第一个步骤，也是迎接顾客中最关键的步骤。导购员的招呼可以在短时间内缩短和顾客之间的距离，在顾客心里树立起信赖感和留下良好的印象。

一、打招呼的目的

导购员与顾客打招呼，目的是为了告知顾客四个信息，具体如下页图所示。

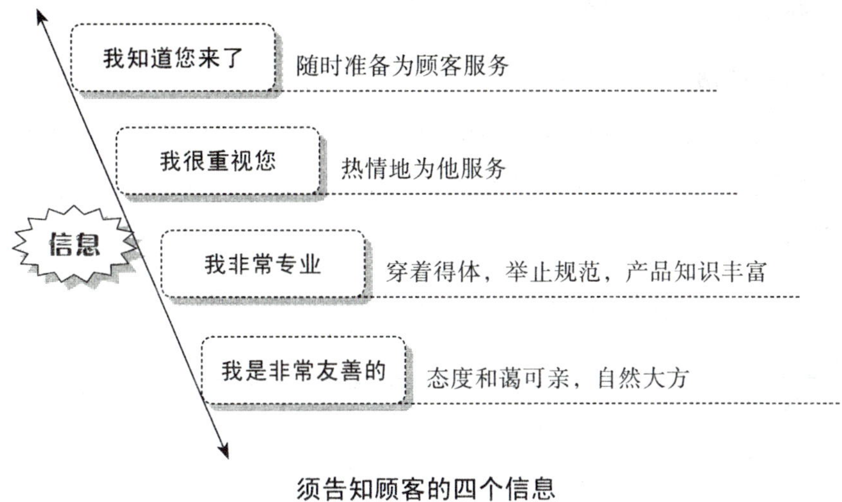

须告知顾客的四个信息

二、打招呼的要点

导购员在与顾客打招呼时，要把握下图所示的要点。

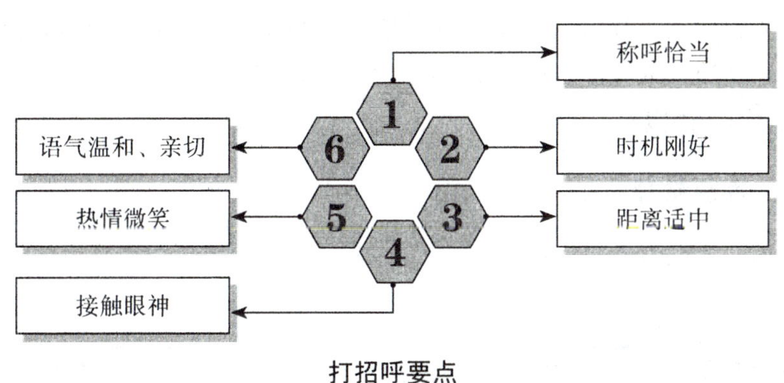

打招呼要点

1. 称呼恰当

根据顾客的年龄、性别、职业和身份特征等给予顾客不同的称呼，能够使顾客觉得更加亲切。

比如，对于老年人，可称呼其“老大爷”“老爷爷”“老奶奶”“大妈”，若对方文化层次较高，则可称呼其“老先生”“夫人”等。对于中年人可称呼其“先生”“太太”等。对于年轻人可称呼其“先生”“小姐”等。若是小孩则可称呼其“小弟”“小妹”“小朋友”“小同学”等。

2. 时机刚好

当顾客出现在导购员视线范围内时，就要引起导购员注意；当顾客离导购员6米时，导购员就要做好迎接准备；当顾客离导购员3米时，导购员就要微笑迎接。

金牌看点

有些顾客并不是导购员一迎接就会进入店面的，这时导购员要有充分的耐心，做到邀请、邀请再邀请，直到把顾客邀请进店面为止。只要顾客进了你的店面，导购员就有成交的机会。

3. 距离适中

顾客进门后，导购员要注意把握好与顾客的距离，这个距离最好保持在1.5 ~ 3米之间，不远也不近。这样既可以让顾客看见导购员的存在，又不会给顾客太大的压力。

4. 接触眼神

导购员在与顾客进行眼神接触时，应注意下图所示的几点。

要点1：直视顾客让顾客知道导购员已关注到他的到来，让顾客有受尊重的感觉

要点2：直视顾客不是要你直愣愣地盯着顾客看，稍稍与顾客的眼睛接触即可

要点3：导购员的视线最好位于顾客眼睛与鼻子之间的位置，千万不要用眼睛上下打量顾客，那只会让顾客反感

与顾客进行眼神接触时的注意要点

5. 热情微笑

微笑是世界的共同语言，就算语言不通，一个微笑就能带给彼此一种会心的感觉。所以，微笑是导购员最好的语言工具，在有些情况下甚至不需要一言一行，只要一个笑容就可以打动顾客。

当顾客靠近的时候，导购员绝对不能面无表情地说："请问找谁？有什么事吗？您稍等……"这样的接待会令顾客觉得很不自在；相反，你一定要面带笑容地说："您好，欢迎光临××家具，请随意挑选！"

接待顾客的第一秘诀就是展现你的亲切笑容。只有发自内心的微笑才是最真诚的笑容，而接待人员要想在任何情况下都能展现这样的笑容，就需要进行刻意的训练。

人的脸上一共有17块肌肉，它们会牵动每一个笑容，只要有一块肌肉失去作用，你的笑容就不能完美展现，所以，要多多练习如何微笑。当然，会很好地控制自己的情绪也是训练中的一项必不可少的内容，只要你做到这两点，你就可以拥有自然而又亲切的笑容了。

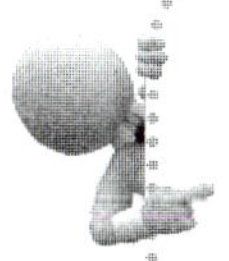

金牌看点

要想拉近你与顾客之间的距离，一定要展现你天使般的笑容，而且这个笑容要像小孩子一样天真无邪，那就一定要做到眉毛笑、眼睛笑、嘴巴笑。

6. 语气温和、亲切

无论顾客的消费档次、态度如何，导购员都应该一视同仁，在打招呼时要保持温和亲切的语气。不过，不同的顾客，其温和、亲切的语气也应有所侧重，具体要求如下图所示。

要求 1

当走进店面的是一个年轻人时，导购员的神态可以表现得活泼、热情

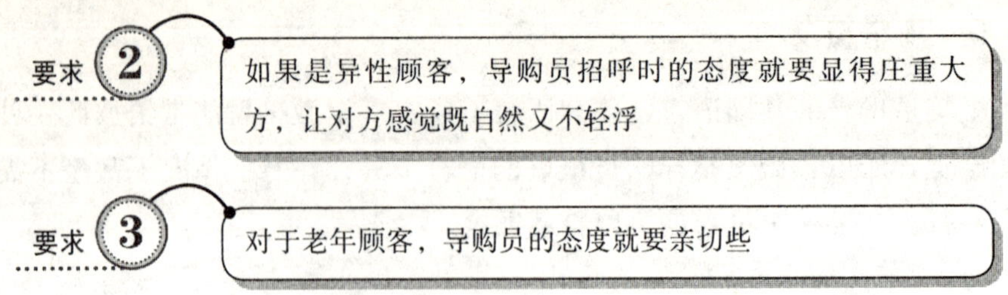

打招呼时要保持温和亲切的语气

三、打招呼场景实例

打招呼这一看似稀松平常的小节之事，却往往能反映出一个人的心态好坏和素养高低。一声招呼，一声问候，给别人送去关照，给别人带来尊重；一声招呼，一声问候，打开封闭的心灵，放飞心中的梦想，给自己带来自信，带来帮助，带来成功。下面分享几个导购员与顾客打招呼的场景实例。

1. 顾客来临

导购员在通常情况下与顾客打招呼时，要让顾客知道导购员已经留意到他的到来，并且对他的光临表示欢迎，此时打招呼的要领如下图所示。

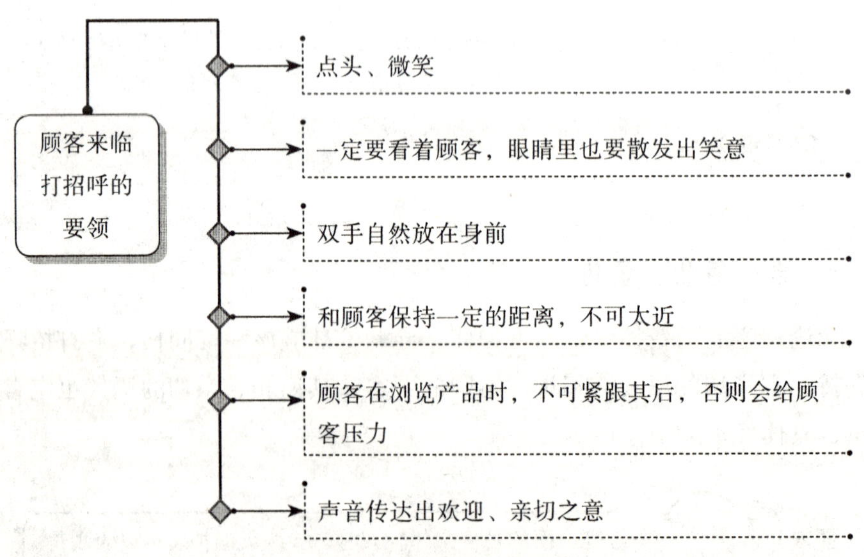

顾客来临打招呼的要领

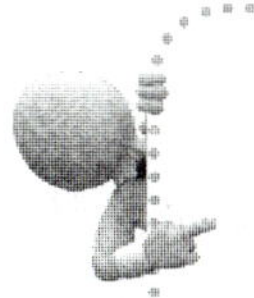

此时，导购员可说："您好，欢迎光临××家具，请随意挑选！"

2. 熟客来临

当来了一位熟客时，导购员要表现出格外欢迎之意，这是因为当顾客知道导购员能够认出他，并且因为他的到来而高兴时，他会觉得非常有面子，自尊心得到极大的满足，这种受重视的感觉会令他对导购员产生好感并心情愉悦。此时打招呼的要领如下图所示。

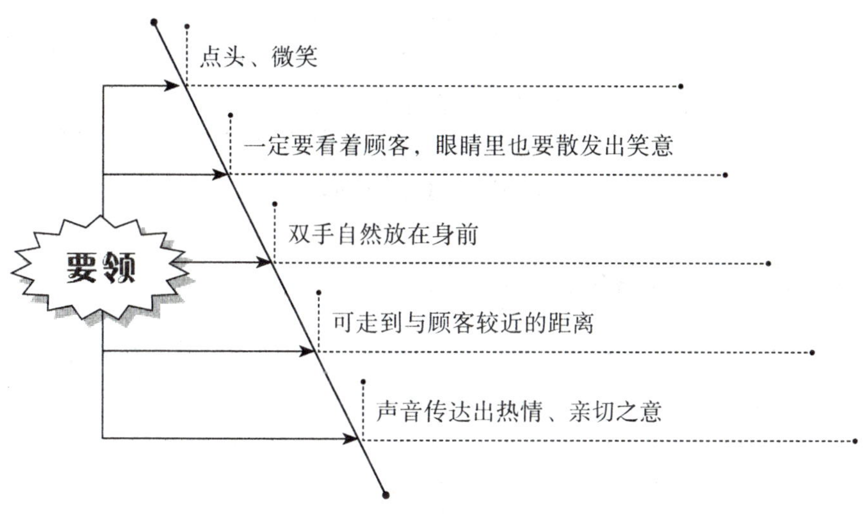

熟客来临打招呼的要领

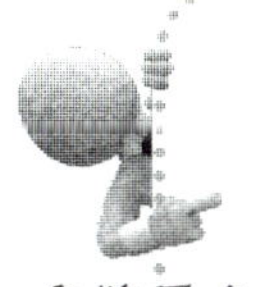

此时，导购员可说："您好，×阿姨！好久不见，您的气色越来越好了！""您好，×姐！有一段时间没看见您了，最近比较忙吧？"

3. 多位顾客来临

当有多位顾客来到时，导购员要让每一位顾客都感觉受到欢迎，千万不能只和一些人打招呼而不理会另外一些人。此时打招呼的要领如下图所示。

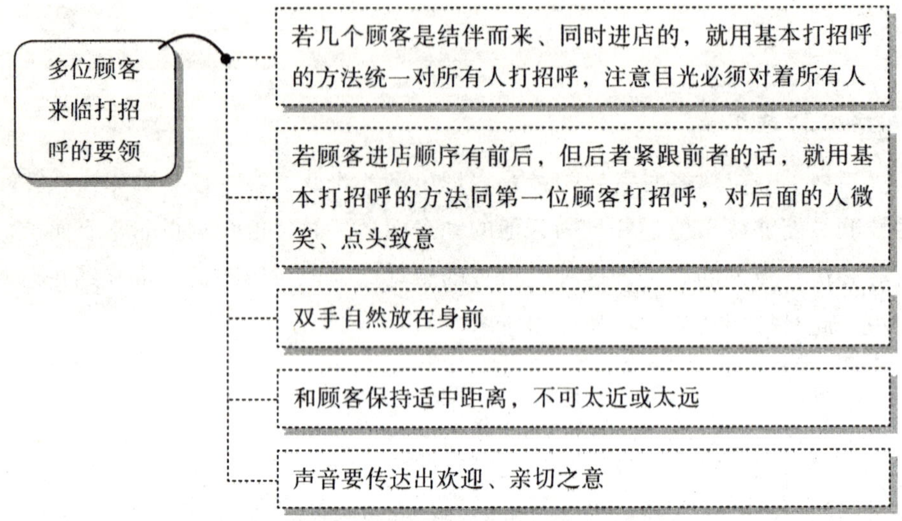

多位顾客来临打招呼的要领

4. 接待途中其他顾客来临

当正在接待顾客时来了其他客人，导购员一定要让其感到你对他的欢迎和重视，千万不能只顾服务先来的顾客而忽略后来的人。此时打招呼的要领如下图所示。

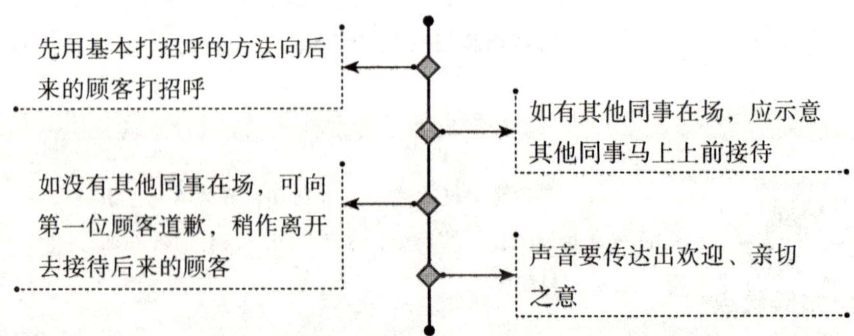

正在接待顾客时来了其他客人的打招呼要领

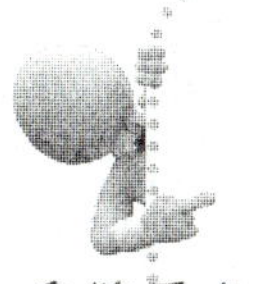

此时，导购员可说："对不起，请您稍等一会儿，我去看看那位小姐有什么需要，马上就回来！""小姐，您先随便看。我在那边，有什么需要可随时叫我。""对不起，让您久等了！"

5. 整理环境时顾客来临

当正在整理门店环境时来了顾客，要让顾客感到受欢迎和被重视，不能只顾埋头做自己的事而对顾客的到来毫不理会。此时打招呼的要领如下图所示。

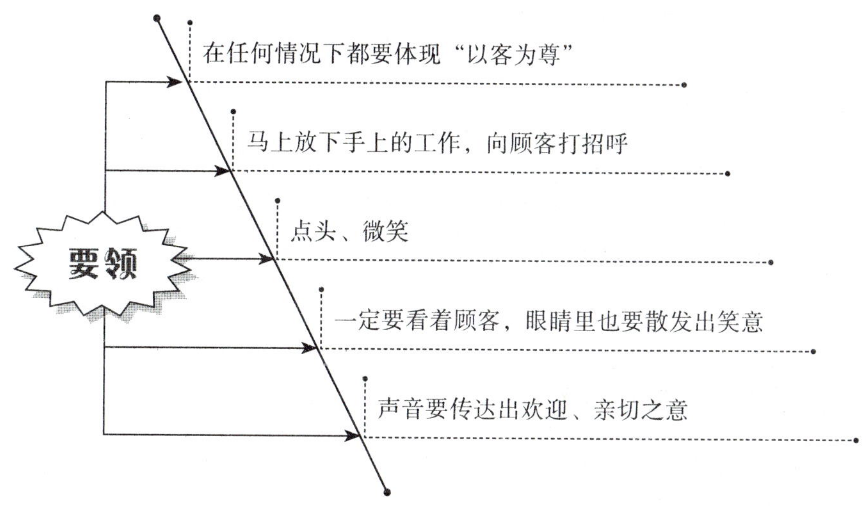

整理环境时来了顾客打招呼的要领

6. 接听电话时顾客来临

当正在接电话时来了顾客，导购员要让电话中的顾客和来店的顾客都感受到你对他的重视，对来店的顾客还要让他知道你对他的欢迎。此时打招呼的要领如下页图所示。

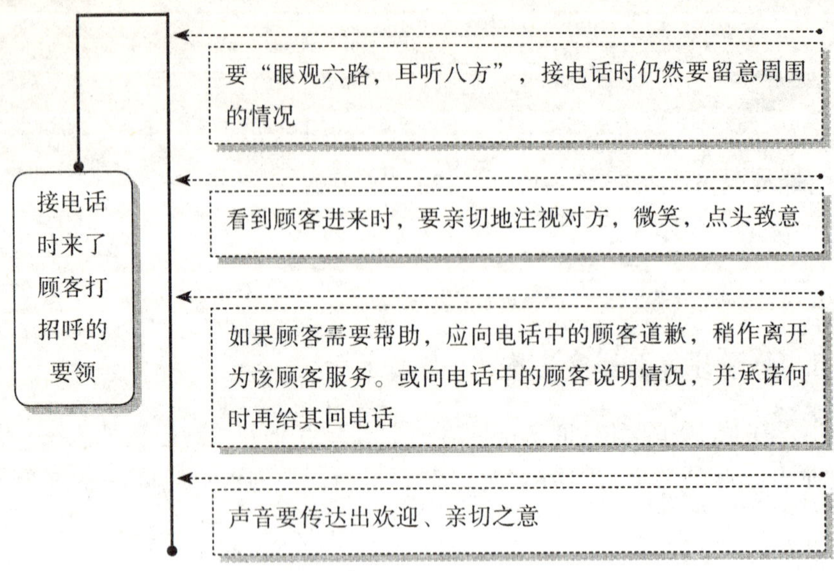

接电话时来了顾客打招呼的要领

此时，导购员可说：“对不起，请您稍等一会儿，这边来了位客人，我去看看马上回来！”“对不起，这边来了位客人，我过半小时给您回电话，好吗？”

7. 节日期间顾客来临

在节日时要营造节日的气氛，让顾客有欢乐和被关怀的感觉。此时打招呼的要领如下图所示。

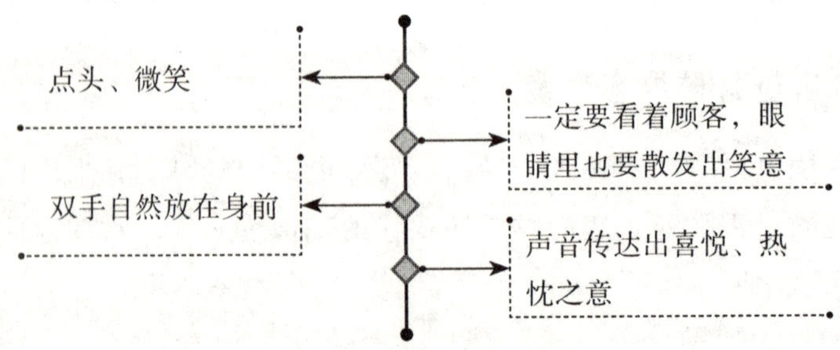

节日时与顾客打招呼的要领

此时，导购员可说："圣诞快乐！请随意挑选！""新年好！欢迎光临××家具！"

8. 天气变化时顾客来临

当天气变化时与顾客打招呼，导购员要让顾客有亲切和被关怀的感觉，此时打招呼的要领如下图所示。

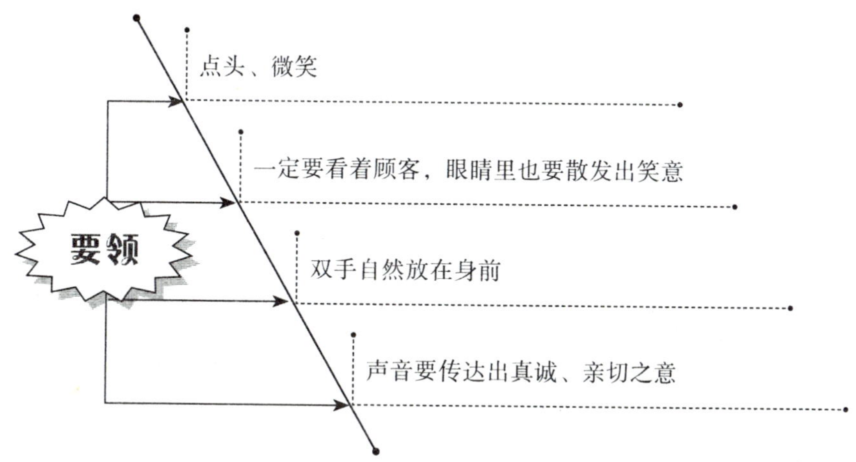

天气变化时与顾客打招呼的要领

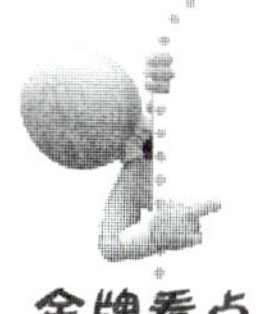

此时，导购员可说："您好，请随意挑选！今天挺冷的啊！""您好，欢迎光临××家具！外面是不是很冷？要注意保暖，多穿点衣服！"

9. 非自己负责范围内有顾客来临

在非自己负责范围内与顾客打招呼时，导购员要让每一位进店的顾客都有被重视的感觉，所以即使是在非自己负责范围内遇到顾客时，也要同顾客打招呼。此时打招呼的要领如下图所示。

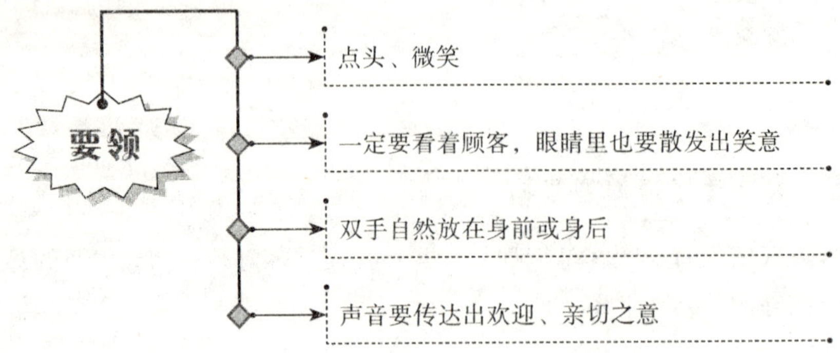

在非自己负责范围内与顾客打招呼的要领

新老顾客接待步骤

对于家具导购员来说，每天在卖场面对各种各样的顾客，既有初次进店的新顾客，也有相识已久的老顾客，那么如何做好新老顾客的接待工作呢？可参考下面的接待步骤。

一、新顾客的接待步骤

顾客进店后，几名导购员争先恐后地拥上去，七嘴八舌地向顾客推荐产品，顾客肯定会吓得逃之夭夭。导购员感叹："哎！不买跑进来干什么？害我们浪费表情。"显然，不是顾客不买，而是被导购员过度的热情给吓跑了。如何接待顾客才能使顾客感觉到亲切、自然呢？

导购员可以参考下图所示的步骤，一步一步地接待顾客。

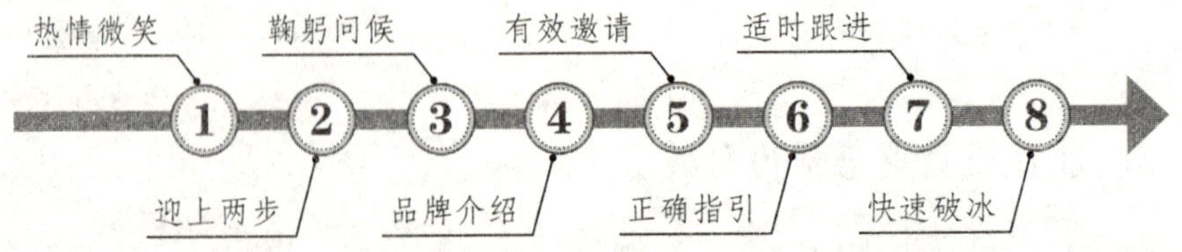

新顾客的接待步骤

二、老顾客的接待步骤

如今，在严峻的市场上，每个企业都想拥有自己的一片天地，拥有一部分固定客源。因为维护好固定客源，也就是老顾客，是一个店面生存的必要保障。

失败的导购员常常是从找到新顾客来取代老顾客的角度考虑问题，成功的导购员则是从保持现有顾客并且扩充新顾客出发，使销售额越来越大，销售业绩也会越来越好。

既然老顾客这么重要，那么做老顾客的接待工作一定要慎重，千万不要因为一时疏忽而怠慢了老顾客。对于导购员来说，可参考下图所示的步骤来做好老顾客的接待工作。

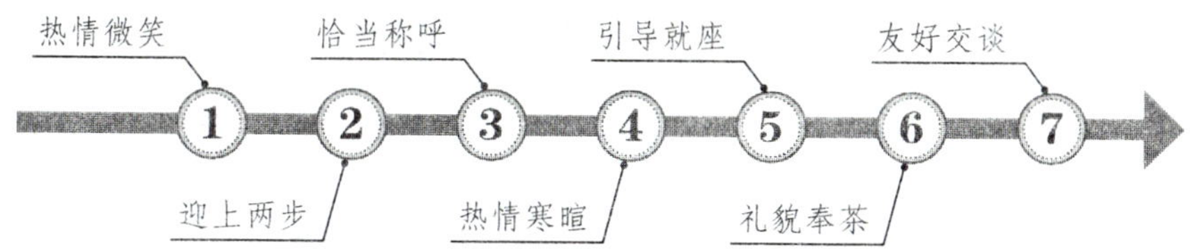

老顾客的接待步骤

导购员职业的特殊性要求他们具有敏锐的观察力，善于从顾客的外表神态、言谈举止上揣摩各种顾客的心理，正确判断顾客的来意和爱好，有针对性地进行接待。

优秀的导购员会在顾客进门开始，就友善地与其打招呼，然后利用进店后短短的15秒，先观察，然后迅速判断出顾客的职业与偏好。

一、从外在表现观察

从外表观察顾客，是指根据顾客的年龄、性别、服饰、职业特征来进行判断。不同的顾客，对产品的需求各不相同。当顾客走近时，导购员应根据不同的人，有针对性地介绍推荐产品。

1. 从年龄观察顾客的需求

不同年龄段的顾客有不同的消费要求，导购员应该对其进行区别对待。

（1）老年顾客。

老年顾客的消费需求和应对要点如下图所示。

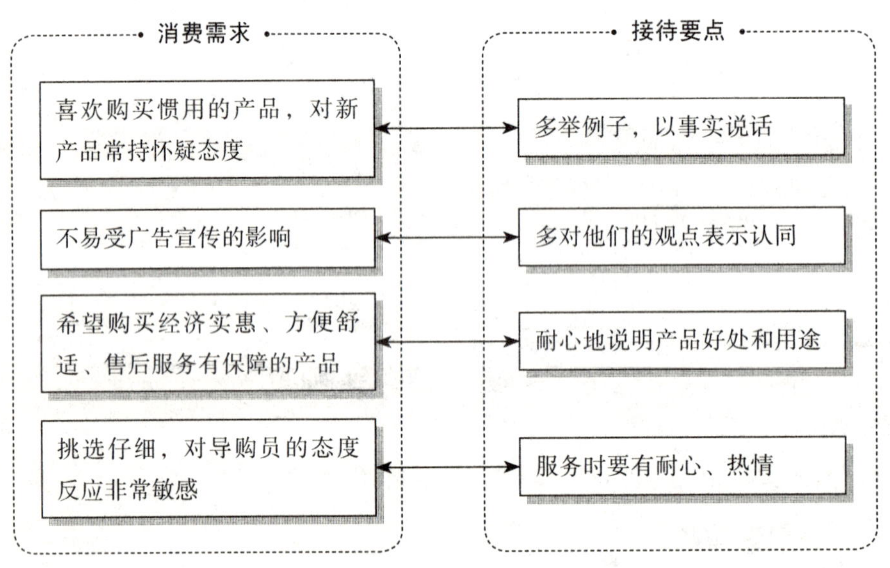

老年顾客的消费需求和应对要点

（2）中年顾客。

中年顾客的消费需求和应对要点如下页图所示。

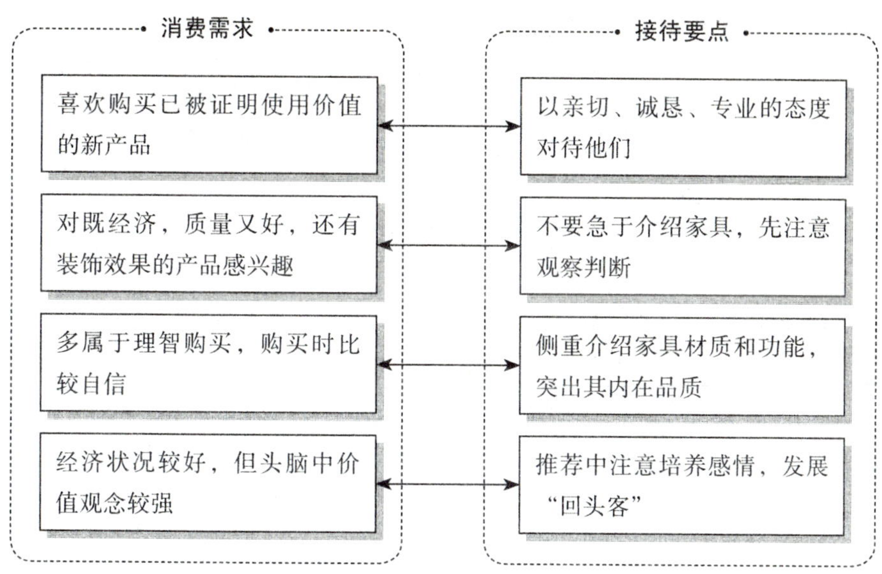

中年顾客的消费需求和应对要点

（3）青年顾客。

青年顾客的消费需求和应对要点如下图所示。

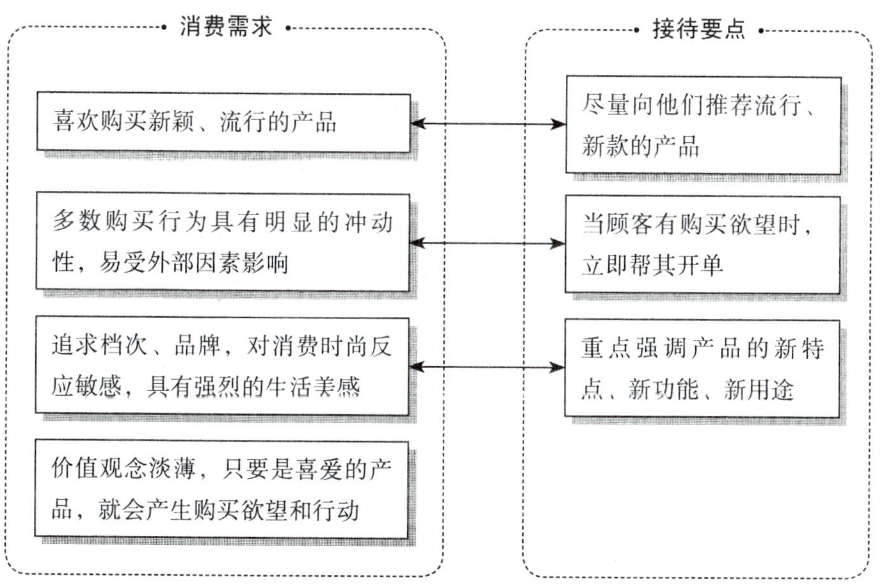

青年顾客的消费需求和应对要点

2. 从性别观察顾客的需求

男性顾客在购物时偏重于理性，而女性顾客在购物时更偏重于感性，导购员在面对不同性别的顾客时也要注意区别对待。

（1）男性顾客。

男性顾客的消费需求及应对要点如下图所示。

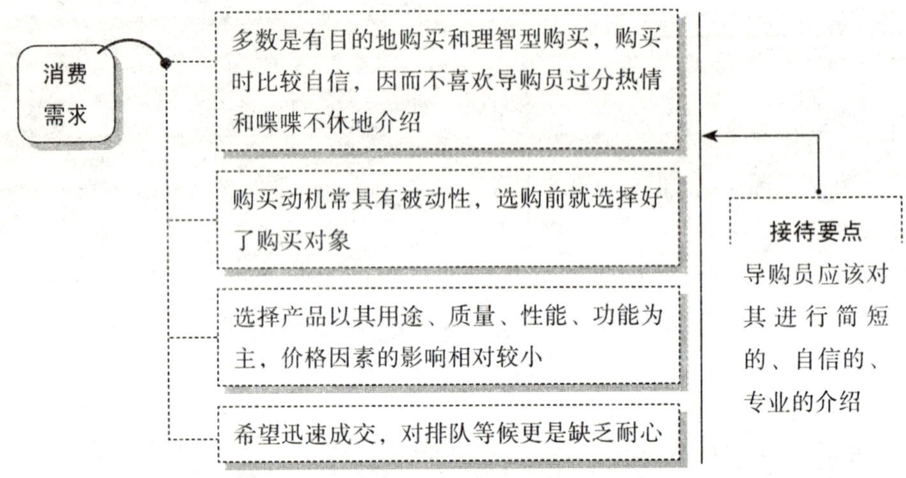

男性顾客的消费需求

（2）女性顾客。

女性顾客的消费需求及应对要点如下图所示。

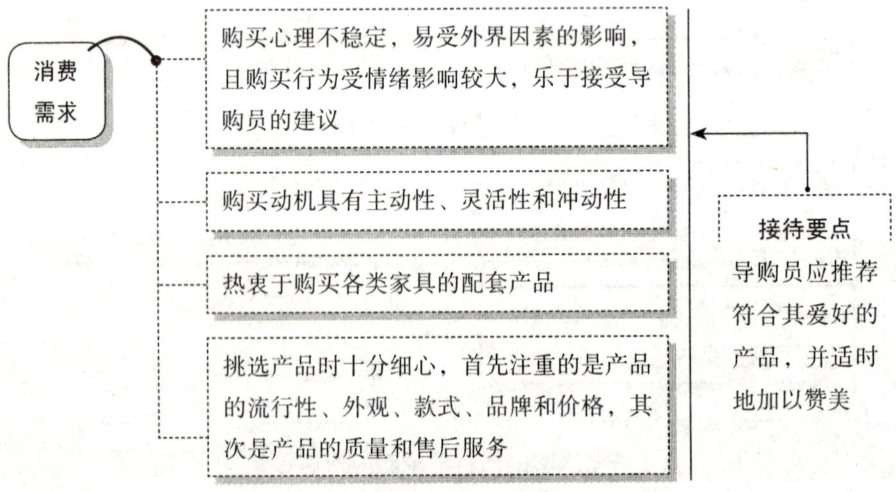

女性顾客的消费需求

3. 从服饰观察顾客的需求

服饰是一个人的仪表中非常重要的一个组成部分。一个人的穿着打扮就是其教养、品位、地位的最真实的写照。

一般来说，穿着服饰质地优良、式样别致、为名牌产品、价格昂贵的，即表明其有较高的购买力水平。而服饰面料普通、式样过时的顾客大多购买力水平较低。

4. 从职业观察顾客的需求

从职业种类看，老板、政府要员、企业高管、名人、白领购买力较强；农村农民、城镇无业者、低收入群体购买力相对较低。

金牌导购员会通过观察顾客的外表，大体上知道这些顾客的购买力，从而有针对性地向顾客介绍、推荐产品，这样往往成交率较高，但是顾客外表不能成为判断顾客购买力的唯一依据。

二、从内在表现观察

从内在表现观察，是指从顾客的视线、言谈、举止上来进行判断。眼睛是心灵的窗户，语言是心理的流露，举止是思索的反应。从顾客的言谈举止、表情流露中能进一步了解顾客的脾气和性格，从而确定顾客的购买需求和购买动机。

1. 从顾客行为观察

顾客购物时的不同行为表现，会表现出他们不同的消费需求。一般来说，顾客在卖场的行为可分为下面的三种类型。

（1）走马观花型。

走马观花型顾客的消费需求和接待要点如下页图所示。

消费需求

一般行走缓慢、谈笑风生、东瞧西看，哪儿有热闹往哪儿去

没有特定的购买目标，遇到感兴趣的产品就有可能购买

接待要点

随时注意其动向，当他看到一款感兴趣的产品时，导购员要重点介绍，争取快速成交

走马观花型顾客的消费需求和应对要点

（2）一见钟情型。

一见钟情型顾客的消费需求和接待要点如下图所示。

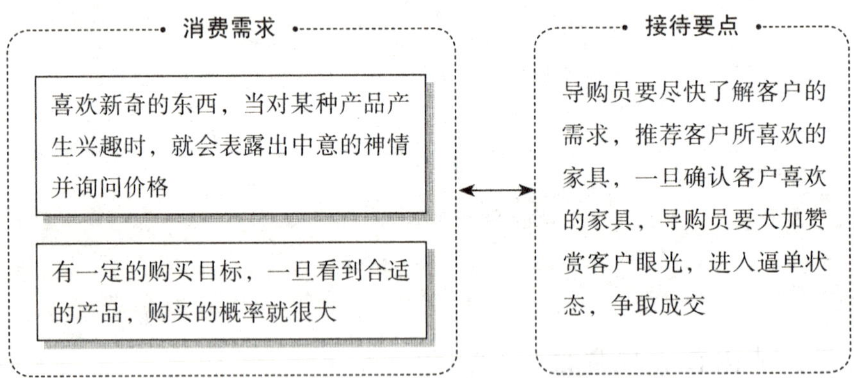

一见钟情型顾客的消费需求和应对要点

（3）胸有成竹型。

胸有成竹型顾客的消费需求和接待要点如下图所示。

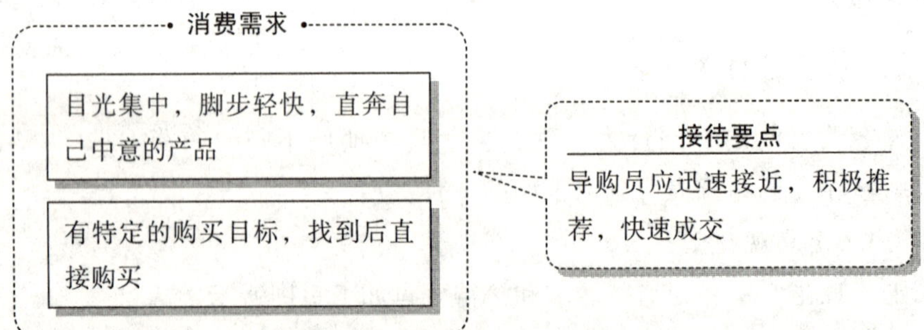

胸有成竹型顾客的消费需求和应对要点

2. 从顾客态度观察

通过观察顾客进店后的态度，也能判断出顾客的消费需求。一般来说，顾客在家具门店所流露出的态度可分下图所示的五种类型。

类型	接待要点
慎重型顾客	这种顾客在选购产品时，总是挑挑这个选选那个，拿不定主意，对这类顾客，我们不能急急忙忙地问："你想买点什么啊？"而应该是拿出2～3种产品，以温和的态度对比介绍，直至顾客满意为止
反感型顾客	这类顾客对于家具导购员介绍的产品总是抱有怀疑和不信任的态度，对于这种类型的顾客，应该适当地给予顾客一定的选购空间，在给顾客介绍产品的时候要切实地站在顾客的角度上为顾客考虑，以扬真诚之长，让顾客更放心
挑剔型顾客	这类顾客对于介绍的产品总是觉得这个不行那个也不好，在接待这种类型的顾客的时候，不要加以反驳，要耐心地去听他讲，仔细地分析他不满意的地方在哪里，然后逐渐地排除他的不满意点
傲慢型顾客	这种类型的顾客，态度比较傲慢，经常会提出抱怨和指责，说话一般比较刺耳。接待这种类型的顾客，要采取镇静、沉着的态度，不要跟顾客争辩是非对错，只要尽力将顾客的目光和注意力引导到产品上即可
谦逊型顾客	这种顾客比较善于思考和观察，他不喜欢说，但是会用敏锐的眼睛观察各个方面，用大脑思考衡量你介绍的产品情况。在接待的时候，一定要注意自己的言谈举止，做到诚恳而又有礼貌

对不同态度顾客的接待要点

三、从相互关系上观察

顾客到家具店买东西，特别是购买数量较多、价格较高的产品时，大多是结伴而来的，在选购时由于各自的个性特征及兴趣、爱好不同，意见往往不一致。接待这样的顾客，导购员要弄清下图所示的情况。

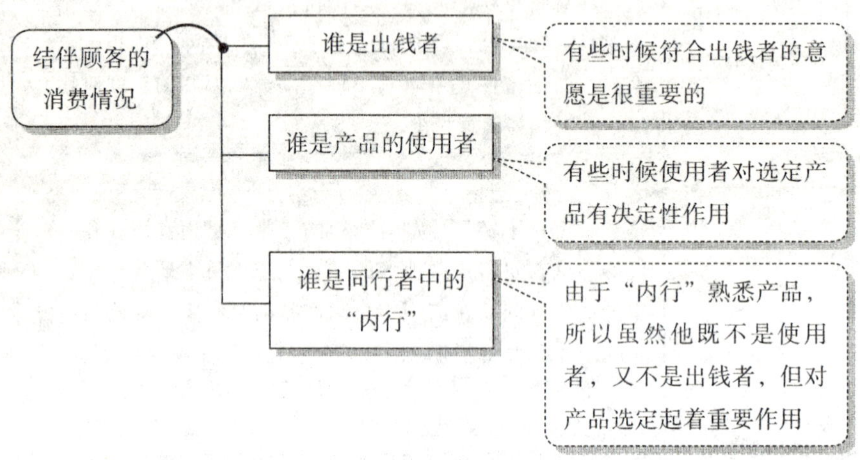

结伴顾客的消费情况

在了解了上述情况以后，导购员还要细心观察、分清主次，找到影响该笔生意的人，然后以该人为中心，帮助他们统一意见，选定产品。

四、观察顾客的注意事项

导购员在接待顾客的过程中，要学会察言观色，留意顾客的衣着谈吐和行为举止，并对顾客进行分析判断。但是在观察的过程中，要注意下图所示的两个问题。

控制好距离

每个人都会设定一个安全的距离以保障自身的安全。安全距离之内的位置只能留给特别亲近的人，如亲人和朋友。如果其他人未经许可随便进入这个范围，就可能使人产生警戒和防备心理

自然大方

观察顾客是为了了解顾客，进而更好地为顾客提供服务。导购员在观察顾客时应该自然大方、表情轻松，不要扭扭捏捏或紧张不安；也不能表现得太过分，从而让顾客感觉到像是受到监视

观察顾客时的注意事项

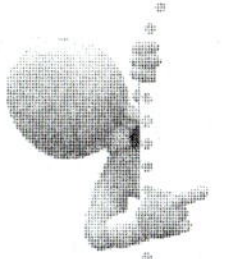

金牌看点

导购员在观察顾客时，一定要注意保持安全距离。最佳的观察顾客的距离是1米以外，3米以内。这样既可以避免顾客产生防备心理，也方便导购员及时反应，为顾客提供服务。

金牌在线

学会察言观色，助你读懂对方心理

言辞能透露一个人的品格，表情眼神能让我们窥测他人内心，衣着、坐姿、手势也会在毫无知觉之中出卖它们的主人。言谈能告诉你一个人的地位、性格、品质乃至流露内心情绪。因此，学会察言观色是琢磨谈话对象心理的重要方法，会让谈话更加顺利。

特别是与不熟悉的人交流时，我们更需要仔细倾听对方的谈话内容和观察对方的表情变化，以此来准确判断对方的心理，说出对方想听的话，满足他的心理需求，这样交流就容易顺利进行。那么，应该怎么观察对方言行，读懂谈话对象的心理呢？

1．厌烦类

当我们在交谈过程中，对方表现出叹气、伸懒腰、打呵欠、东张西望、看时间、表情无奈等行为时，你就应该注意了，因为对方已经对你的谈话表现出厌烦、无趣。这时你该做的是转移话题，谈论对方感兴趣的事物。

2．兴奋类

当我们说到某件事或某种东西时，对方表现出瞳孔放大，目不转睛地看着

你，说明对方对你所说的事物具有较大的兴趣，此时，你可以继续谈论这个话题，从而使对方产生好感。

3．不屑类

对方说话，或者你说话时，对方都不正眼看你，总是朝向一边，眼睛斜视，头抬得老高，以显示你和他的距离，这些表现体现出他对你说的话感到不屑。此时，你可以把位置调换，叫他来说类似的事情，看看他的不屑到底从何而来。

4．自豪骄傲类

一般对方说到自己得意的事情，声音会自然放大，越说越兴奋，手脚的动作幅度会变大，完全投入到其中，因为他曾经可能将某类事情做得特别出色。而对于这种类型你只需要适当赞美一下，就能大大地使对方产生好感。

5．僵硬类

当你所说的内容让他脸上肌肉麻木，面无表情，这往往是充满憎恶与敌意的表现。这时一定要回想一下自己所说的内容，如果找出原因，应该立即道歉，如果没有，则应马上换个话题。

6．欺骗类

当你问对方问题时，对方表现出急促不安，手脚乱动，抹鼻子，瞳孔放大，眼神飘忽，不敢直视，那么对方一定有什么事情隐瞒你，这时你可以慢慢地跟他交流、谈心，从中套出实话来。

在销售实践中，成功地接近顾客不一定带来成功的交易，但成功的交易是以成功地接近顾客为先决条件的。

什么是接近？接近就是导购员向顾客打招呼表示欢迎，或是询问顾客需要何种产品或服务。每一次销售都有一个起点，这个起点就是接近顾客。当顾客进店后，通过一系列的观察，边和顾客寒暄，边接近顾客，这是销售工作中重要的一环。作为导购员，一定要紧紧抓住这一环，否则，到手的顾客也会失去。

一、把握接近顾客的时机

接近的困难在于接近时机选择的困难，接近太早或太迟都不合适。接近太早，顾客会有压迫感或产生警戒心；接近太迟，顾客会感到受到冷落而失去购买兴趣。因此，导购员要把握适当的时机接近顾客。

一般来说，在下列情况下，导购员应主动接近顾客，并与顾客搭话，建立初步信任关系。与顾客搭话的时机及接待要点如下图所示。

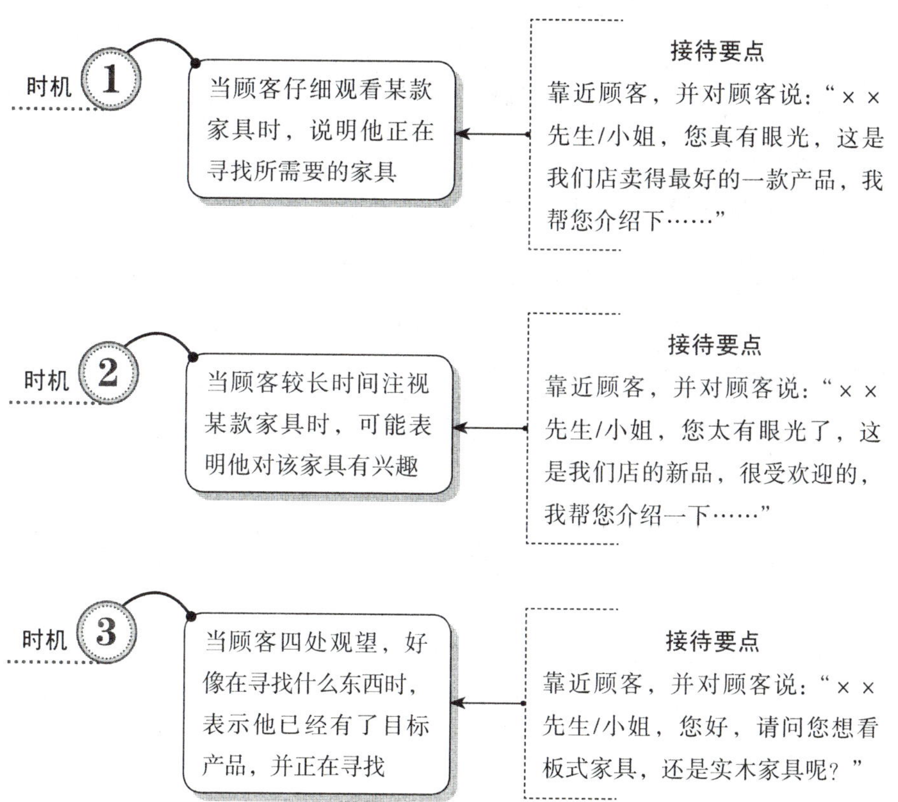

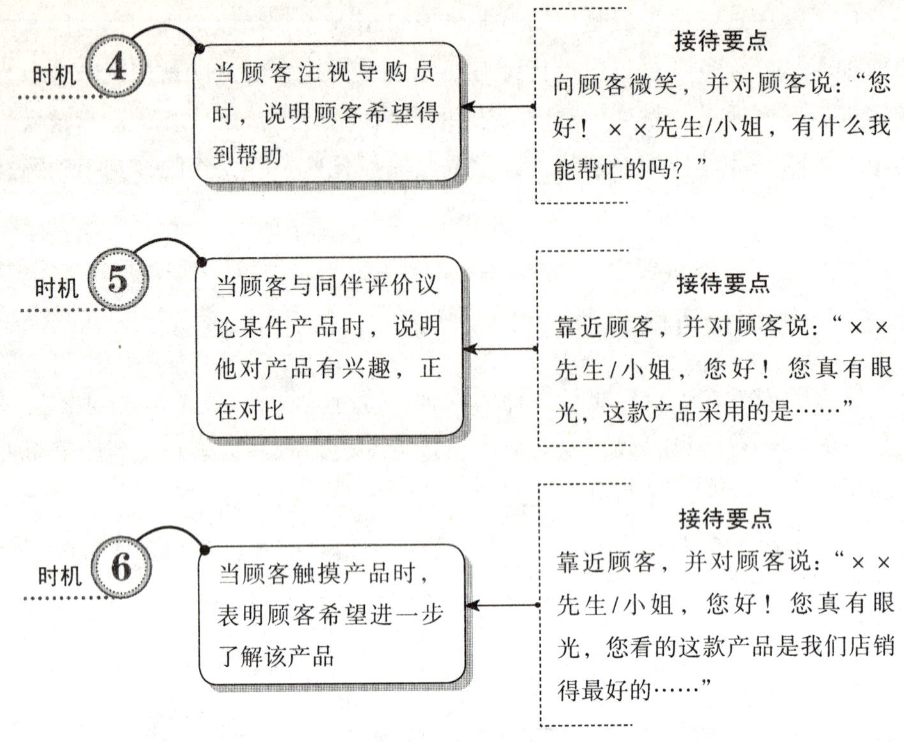

接近顾客搭话的时机

二、接近顾客的方法

顾客到来时，导购员要立即停下手头的工作，马上中断与同伴的谈话，停止一切与销售无关的活动，迅速接近顾客，掌握销售主动权。

接近顾客的方法有下图所示的几种。

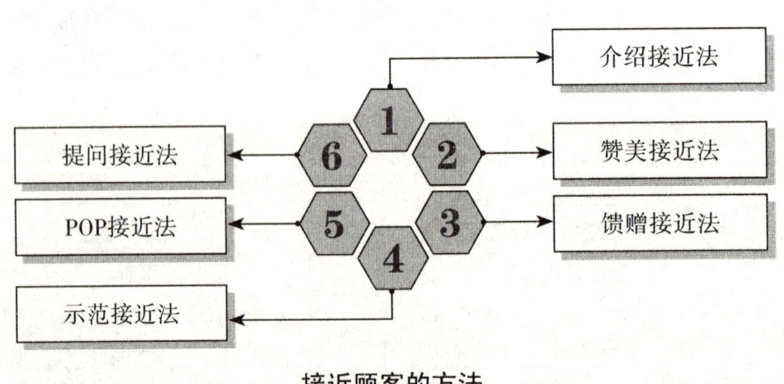

接近顾客的方法

1. 介绍接近法

介绍接近法，是指导购员进行自我介绍，从而接近顾客的方法。可以口头自我介绍，也可以出示能证明自己身份的有关资料。

比如，给顾客送上自己的名片，导购员可以说："××先生/小姐，您好！我是您的家居顾问程轶兰，您叫我小程就好了，请问怎么称呼您呢？"

运用介绍接近法时要注意的是不要征求顾客的意见，以"需不需要我帮您介绍一下""能不能耽误您几分钟"开头，如果对方回答"不需要"或是"不可以"，显然会造成尴尬。

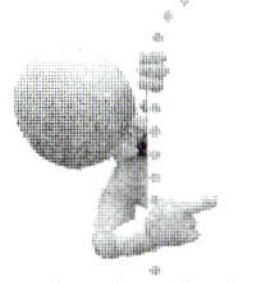

导购员在直接介绍时要注意对方的表情和语言动作，要观察对方是否有兴趣并及时调整策略。

2. 赞美接近法

赞美接近法是指导购员利用顾客的求荣心理来引起对方的注意和兴趣，进而转入洽谈的接近方法。

对于年轻的顾客，可以使用比较直接、热情的赞美语言；对于严肃型的顾客，赞语应自然朴实，点到为止；对于虚荣型的顾客，可以尽量发挥赞美的作用；对于年老的顾客，应多用间接、委婉的赞美语言。

比如，"美女，您的气色真好，一看就知道特别注重睡眠，难怪人家说，美女都是睡出来的。这款床垫，人躺上去非常舒服……"

"先生，看您的穿着和谈吐，就知道您一定是生活品位很高的人，这款床给人最明显的感觉就是清新典雅、低调奢华。来，我给您详细介绍一下……"

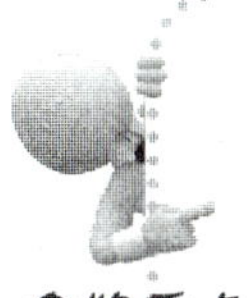

俗语说，良言一句三冬暖。好话谁都爱听，如果赞美得当，顾客一般都会表示友好，并乐意与你交流。

3. 馈赠接近法

馈赠接近法是指导购员利用馈赠小礼品来引起顾客的注意和兴趣，进而转入正式洽谈的接近方法，比如进店有礼等。

利用馈赠接近法，应注意下图所示的问题。

馈赠接近法的注意事项

4. 示范接近法

示范接近法是指示范展示产品的功能，并结合一定的语言介绍，来帮助顾客了解产品，认识产品。

无论采取何种方式接近顾客和介绍产品，导购员都必须注意下图所示的几点。

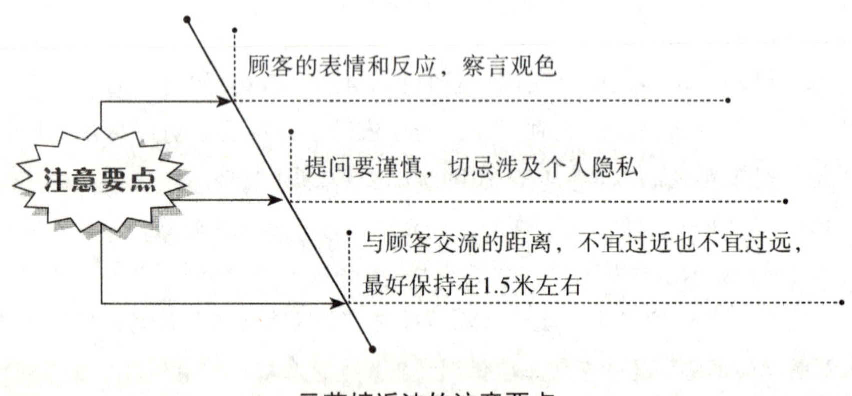

示范接近法的注意要点

5. POP 接近法

POP接近法是指导购员利用向顾客传递POP资料来接近顾客。

比如，导购员一边将宣传资料递给顾客，一边说："您好，请看看这是我们公司刚推出的新款。”

6. 提问接近法

提问接近法，是指当顾客走进店铺时，抓住顾客的视线和兴趣，以简单的提问方式打开话局。

比如：“美女，您的发型真漂亮，在哪里做的呢？”“你以前了解过我们的产品吗？这是我们公司最新的产品……”

三、接近顾客注意事项

让顾客自由地挑选产品并不意味着对顾客不理不睬、不管不问，关键是导购员需要与顾客保持恰当的距离，用目光跟随顾客，观察顾客。一旦发现时机，立马出击。如何接近顾客也是有学问的，导购员应注意下图所示的几点。

事项 1　导购员在接近顾客时，必须从前方走近顾客，这样可以让顾客从视线中看到导购员而不至于产生不安

事项 2　走过去时动作轻柔、缓慢，但是也不要悄无声息地走近顾客并突然出现在顾客面前，这样只会惊吓到顾客。只要像平时走路那样，自然地接近顾客就行了

事项 3　与顾客的距离要适度。据研究显示，人只有在和父母、兄弟、夫妻、小孩或极亲密的朋友在一起时，才愿意保持近距离而不会感到不安。所以，导购员在面对顾客时不要和他太过贴近，否则会令他感到不舒服

事项 4　导购员在接近顾客后，就要立刻面带微笑开口与顾客说话。千万不要走到顾客旁边一言不发，这样顾客会以为导购员在监视他，因此而感到不满

事项 5

在开口与顾客谈话时，导购员必须不时地与顾客有目光接触，但不能一直死死地紧盯着顾客看，这样会让他产生不安和压力

接近顾客注意事项

第三步

探询需求

很多家居顾问见到客户，一通寒暄后，马上就像产品介绍机一样，眉飞色舞地介绍公司、产品、服务如何好，价格如何便宜，来证明自己对产品有多熟悉；或是跟着客户走等着问问题，这样的做法通常都会以失败而告终。正确做法应该是先想方设法把客户的嘴撬开，了解客户的思想，并产生共鸣，再全面了解客户的深层次需求，最后再拿出你的灵丹妙药——产品，来满足客户的需求。

* * * * *

探询01 分析顾客需求

金牌亮招

分析顾客需求绝不是一件轻而易举的事情。导购员必须研究目标顾客的消费层次、购买动机以及购买行为。

消费是指满足人们物质文化需要的行为，是人们生存和发展的必要条件。需求是指人们对特定事物的欲望或要求。

人们的消费需求分为生理需求和心理需求两大方面。生理需求也称本能需求或天然需求，是人自身发展过程中，为了维持生命、保持人体的生理平衡而形成的需求。如穿服装为了保暖或保护身体。而心理需求是为了提高物质和精神生活水平而产生的高级需求，它受历史条件、社会制度、民族和风俗习惯等的制约，反映了人的社会性，是人类社会发展的结果。

分析顾客需求是为顾客推荐合适的产品、提供满意服务的基础和前提，是顺利完成导购工作的重要环节。

一、分析顾客的消费层次

通过对顾客消费层次的分析与判断，可以在一定程度上透过消费水平来进一步了解顾客的消费习惯，为后续工作打下基础。对于导购员来说，可以从下图所示的几个方面来分析顾客的消费层次。

方法 1

根据顾客的奢侈品判断层次

导购员可以从顾客所拥有的奢侈品来判断，包括名车、名表、名包、名烟。一般来说，拥有这些奢侈品的人具有相当的经济实力、文化程度、社会地位或者时尚敏锐度，影响力较大，能接受高端的产品

方法 2

根据年龄判断层次

年轻人比较注重时尚，因此可以推荐新品，强调外观；中年人比较注重品质，因此可以推荐中高端产品，强调公司的技术实力；老年人比较注重实用，因此可以推荐特价产品，强调产品的性价比

方法 3

根据顾客对产品的关注度判断层次

如果店里产品是明码标价的，顾客进店后先让顾客自己看一会儿。观察顾客在什么价位段的产品前停留时间最长，由此判断他所能承受的价位，推荐适合他的产品

方法 4

根据顾客皮肤、发式判断层次

假如顾客皮肤保养得非常好、发式时尚，尤其是中年女性，可以判断出对方的经济收入较高，应推荐中高端产品

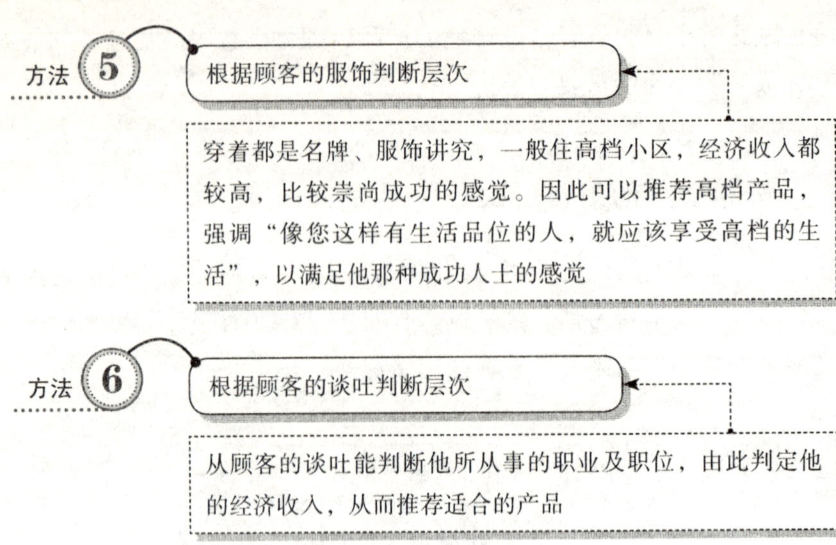

分析顾客消费层次的方法

二、分析顾客的购买动机

购买动机是为了满足一定需求而引起人们购买行为的意愿或意念，是推动人们购买活动的内部动力，也是消费者购买行为的直接出发点。

由于顾客的需求是多种多样的，其购买动机自然也是多种多样的。总的来说，可分为下图所示的几种。

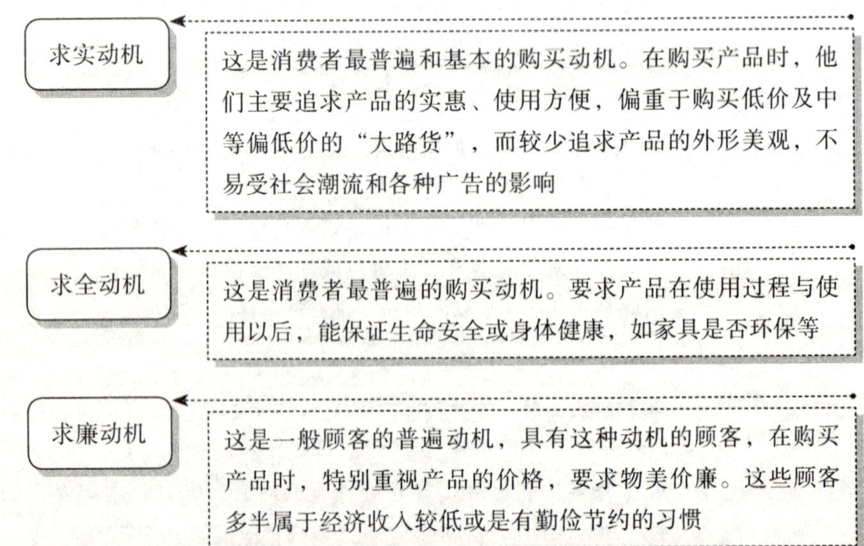

求新动机

这是以追求产品的时尚和新颖为特点的购买动机。具有这种动机的顾客特别重视产品的款式新颖、格调清新和社会上流行的式样，他们对产品的实用程度及价格高低不大注重。这类顾客多半是经济条件较好的青年男女

求美动机

这是以重视产品的欣赏价值和艺术价值为主要特点的购买动机。这些顾客在购买产品时，重视产品的造型、色彩和艺术美，重视家具对家庭的美化作用

求名动机

这是以追求名牌产品、特色产品为主要特征的购买动机。这些顾客在购买产品时，很注意产品的品牌、产地、名声等

求奇动机

这是以重视产品的与众不同之处为主要特征的购买动机。这种购买者对产品奇特的样式，别具一格的造型等特别感兴趣，也容易受刺激性强的促销措施诱惑，触发冲动性购买

顾客的购买动机

金牌在线

影响购买动机的因素

影响消费者购买行为的主要因素有消费者的自身因素、社会因素、企业和产品因素等。分析影响消费者购买行为的因素，对于正确把握消费者行为，具有极其重要的意义。

一、消费者自身因素

消费者购买行为首先受其自身因素的影响，这些因素主要包括：

（1）消费者的经济状况，即消费者的收入、存款与资产等。

消费者的经济状况会强烈影响消费者的消费水平和消费范围，并决定着消费者的需求层次和购买能力。消费者经济状况较好，就可能产生较高层次的需求，

购买较高档次的产品，享受较为高级的消费。相反，消费者经济状况较差，通常就只能优先满足衣食住行等基本生活需求。

（2）消费者的职业和地位。

不同职业的消费者，对于产品的需求与爱好往往不尽相同。一个从事教师职业的消费者，一般会较多地购买书报杂志等文化产品；而对于时装模特来说，漂亮的服饰和高雅的化妆品则更为需要。消费者的地位不同也影响着其对产品的选择。身在高位的消费者，将会购买能够显示其身份与地位的较高级的产品。

（3）消费者的年龄与性别。

消费者对产品的需求会随着年龄的增长而变化，在生命周期的不同阶段，相应地需要各种不同的产品。如在幼年期，需要婴儿食品、玩具等；而在老年期，则更多地需要保健和延年益寿的产品。不同性别的消费者，其购买行为也有很大差异。烟酒类产品较多为男性消费者购买，而女性消费者则喜欢购买时装、首饰和化妆品等。

（4）消费者的性格与自我观念。

性格是指一个人特有的心理素质，通常用刚强或懦弱、热情或孤僻、外向或内向、创新或保守等去描述。不同性格的消费者具有不同的购买行为。刚强的消费者在购买过程中表现出大胆自信，而懦弱的消费者在挑选产品时往往缩手缩脚。

二、社会因素

人是生活在社会之中的，因而消费者的购买行为将受到诸多社会因素的影响。

（1）社会文化因素对消费者购买行为的影响。

文化通常是指人类在长期生活实践中建立起来的价值观念，道德观念以及其他行为准则和生活习俗。若不研究、不了解消费者所处的文化背景，往往会导致营销活动的失败。

任何文化都包含着一些较小的群体或所谓的亚文化群体，它们以特定的认同感和影响力将各类成员联系在一起，使之持有特定的价值观念、生活格调与行为方式。这种亚文化群体有许多不同类型，其中影响购买行为最显著的主要有：一是民族亚文化群体。如我国除了占人口多数的汉族外，还有几十个民族，它们在食品、服饰、娱乐等方面仍保留着各自民族的许多传统情趣和喜好。二是宗教亚文化群体。以我国来说，就同时存在着伊斯兰教、佛教、天主教等。它们特有的信仰、偏好和禁忌在购买行为和购买种类上表现出许多特征。三是地理亚文化群体。如我国华南地区与西北地区，或沿海地区与内地偏远地区，都有不同的生活方式和时尚，从而对购买的产品也有很大的不同。

（2）社会相关群体对消费者购买行为的影响。

相关群体是指对消费者的态度和购买行为具有直接或间接影响的组织、团体和人群等。消费者作为社会的一员，在日常生活中要经常与家庭、学校、工作单位、左邻右舍、社会团体等发生各种各样的联系。

家庭是消费者最基本的相关群体，因而家庭成员对消费者购买行为的影响显然最强烈。现在大多数市场营销人员都很注意研究家庭不同的成员，如丈夫、妻子、子女在产品购买中所起的作用和影响。一般来说，夫妻购买的参与程度大都因产品的不同而有所区别。家庭主妇通常是家中的采购者，特别是购买食物、家常衣着和日用杂品方面的物品，传统上更主要是由妻子承担。但随着知识女性事业心的增强，男子参与家庭和家务劳动风气的逐步兴起，现在生产基本生活消费品的企业如果仍然认为妇女是他们的产品唯一的或主要的购买者，那将在市场营销决策上造成很大的失误。在家庭的购买活动中，其决策并不总是由丈夫或妻子单方面做出的，实际上有些价值昂贵或是不常购买的产品，往往是由夫妻双方包括已长大的孩子共同做出购买决定的。

亲戚、朋友、同学、同事、邻居等也是影响消费者购买行为的重要相关群体。这些相关群体是消费者经常接触，关系较为密切的一些人。由于经常在一起学习、工作、聊天等，使消费者在购买产品时，往往受到这些人对产品的评价的影响，有时甚至是决定性的影响。

影响消费者购买行为的主要因素，除消费者自身因素、社会因素之外，还有企业和产品因素，如产品的质量、价格、包装、商标和企业的促销工作等。

三、分析顾客的购买行为

所谓顾客的购买行为，是指顾客为满足自己的生活需要，在一定的购买动机驱使下，所进行的购买产品的活动过程。

顾客千差万别的购买行为，是以其千姿百态的心理活动作为基础的。顾客在购买活动中所发生的心理变化，是主观与客观的统一，是顾客对客观事物和本身需要的综合反映。这种复杂而微妙的心理活动，直接支配着顾客的购买行为，影响着实际购买的全过程，做出各有差异的购买行为。

1. 从购买目标的选定分析

顾客购买行为是复杂的，其购买行为的产生是受到其内在因素和外在因素的相互促进交互影响的。导购员可以根据顾客购买目标的选定来分析顾客的购买行为，一般来说，有下图所示的几种类型。

全确定型	此类购买行为，是指在购买产品前，已有明确的购买目标，对产品名称、商标、型号、规格、样式、颜色，以至于价格的幅度等都有明确的要求
半确定型	此类购买行为，是指顾客在购买产品前，已有大致的购买目标，但具体要求还不甚明确，最后购买决定是经过选择比较而完成的
不确定型	这类购买行为，是指顾客在购买产品时没有明确的或坚定的购买目标

顾客的购买目标

行为分析说明：

（1）全确定型的顾客进店后，一般都有目的地选择，并主动地提出需购产品，以及对产品的各项要求，可以毫不迟疑地买下产品，其购买目标在购买行动与语言表达等方面都能鲜明地反映出来。

（2）半确定型的顾客，在进店后，一般不能明确、清晰地提出所需产品的各项要求，实现购买目标需要经过较长的比较、评定才能完成。

（3）不确定型的顾客进店主要是参观，一般是漫无目标地观看家具，或随便了解一些产品销售情况，碰到感兴趣与合适的产品也会购买，否则不买产品就离去。

2. 从购买态度与要求分析

态度通常指个人对事物所持有的喜欢与否的评价、情感上的感受和行动倾向。优秀的导购员会通过顾客的购买态度与要求来分析其购买行为。

一般来说，顾客的购买态度有下图所示的几种情形。

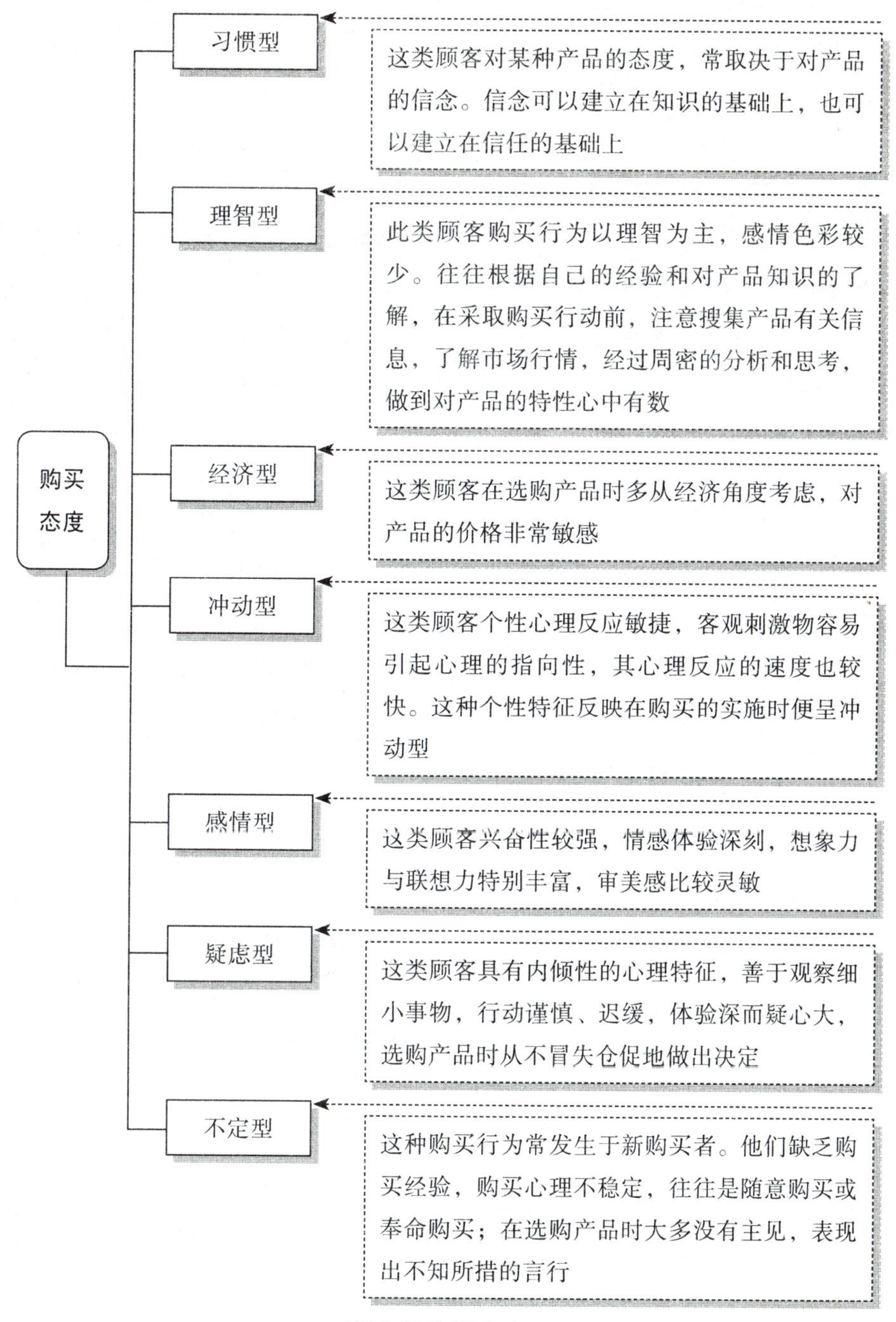

顾客的购买态度

行为分析说明：

（1）习惯型顾客，往往根据过去的购买经验和使用习惯进行购买，很少受时尚风气的影响。

（2）理智型的顾客在购买过程中，主观性较强，不愿别人介入。受广告宣传以及导购员的介绍影响甚少，往往是自己对产品做一番细致的检查、比较，反复地权衡各种利弊因素后，才做购买决策。在做决定时，一般也不太爱动声色。

（3）经济型的顾客在选购产品时，无论高档产品，还是中低档产品，首选的都是价格，他们对"大甩卖""清仓""血本销售"等低价促销最感兴趣。一般来说，这类顾客的选择与自身的经济状况有关。

（4）冲动型的顾客以直观感觉为主，新产品、时尚产品对其吸引力较大。他们一般在接触到第一件合适的产品时就想买下，而不愿进行反复选择、比较，因而能快速地做出购买决定。

（5）感情型的顾客，在购买产品时容易受感情的影响，也容易受销售宣传的诱导，往往以产品品质是否符合其感情的需要来确定是否购买。

（6）疑虑型的顾客，可能因犹豫不决而中断购买，购买时常常"三思而后行"，购后还会疑心是否上当受骗。

（7）不定型的顾客，一般都渴望能了解产品介绍，并很容易受外界的影响。

3. 从顾客的情感反应分析

顾客往往和他们的需要和欲望言行不一致，导购员可以通过细心地观察顾客在购物现场的情感反应来了解他们的内心世界，从而分析其购买行为。一般来说，可将顾客的情感分为下图所示的几种类型。

沉着型

这类顾客在购买活动中往往沉默寡言，情感不外露，举动不明显，购买态度慎重，不愿谈与商品无关的话题，也不爱听幽默或玩笑式的语句

健谈型

这类顾客在购买商品时，能很快地与人们接近，愿意交换商品意见，并富有幽默感，爱开玩笑，有时甚至谈得忘乎所以，而忘掉选购商品

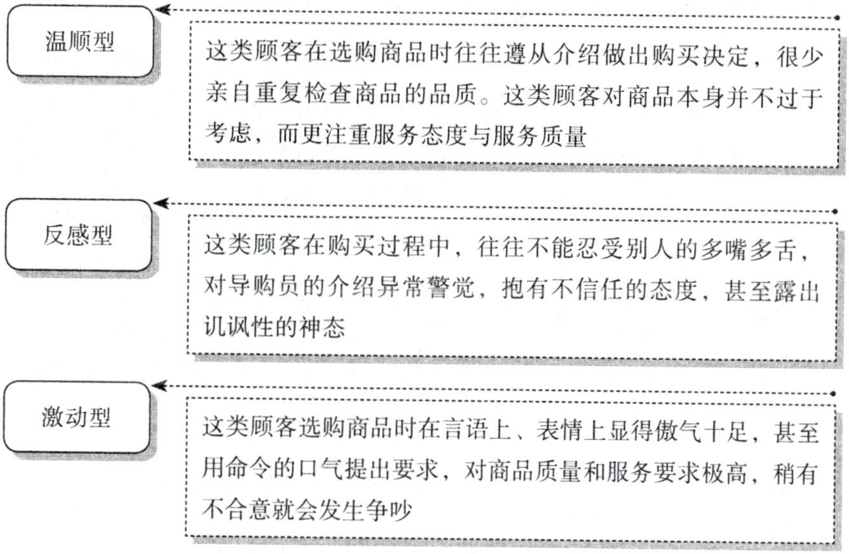

温顺型

这类顾客在选购商品时往往遵从介绍做出购买决定，很少亲自重复检查商品的品质。这类顾客对商品本身并不过于考虑，而更注重服务态度与服务质量

反感型

这类顾客在购买过程中，往往不能忍受别人的多嘴多舌，对导购员的介绍异常警觉，抱有不信任的态度，甚至露出讥讽性的神态

激动型

这类顾客选购商品时在言语上、表情上显得傲气十足，甚至用命令的口气提出要求，对商品质量和服务要求极高，稍有不合意就会发生争吵

顾客的情感类型

其实，在现实生活中顾客的购买行为远比上述分析复杂得多。即使在同类购买行为里，由于顾客的性别、年龄、职业，经济条件和心理素质等方面的不同，以及购买环境、购买方式、产品类别、供求状况、服务质量等方面的不同，都会出现购买行为的差异现象，导购员应根据现场情况，适时做出分析。

四、分析顾客的购买决策

仅仅了解影响消费者行为的主要因素和消费者的行为模式，对于导购员而言还是不够的，还需要了解目标购买者是谁？他们做什么样的决策？谁参与决策？购买者决策过程的主要步骤是什么？

1. 购买决策过程的参与者

消费通常是以家庭为单位进行的，但购买决策者一般是家庭中的某一个或某几个成员。究竟谁是决策者，要依不同产品而定。有些产品在家庭中的决策者、使用者和实际购买者，往往是不一致的，导购员必须了解谁是决策者，谁是影响者，谁参与购买过程，从而有针对性地开展促销活动，才能取得最佳效果。

不同的购买决策可能由不同的人员参加。同一购买决策也可能由不同的人参加，即使同一购买决策只有同一人参加，该购买决策人在参与购买决策过程的不同阶段也充当着不同的角色。也就是说，人们在购买决策过程中可能扮演不同的角色。或者说，在购买决策过程的不同阶段，有扮演不同角色并相应地完成不同功能的参与者，具体如下图所示。

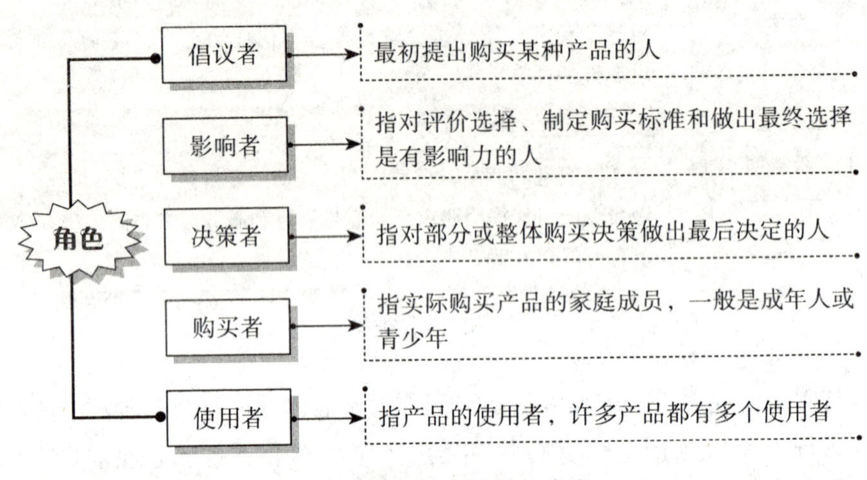

购买决策参与者扮演的角色

2. 购买决策内容

消费者的购买决策，是指消费者要对购买对象、购买目的、购买组织、购买时机、购买地点、购买方式等做出选择，具体如下图所示。

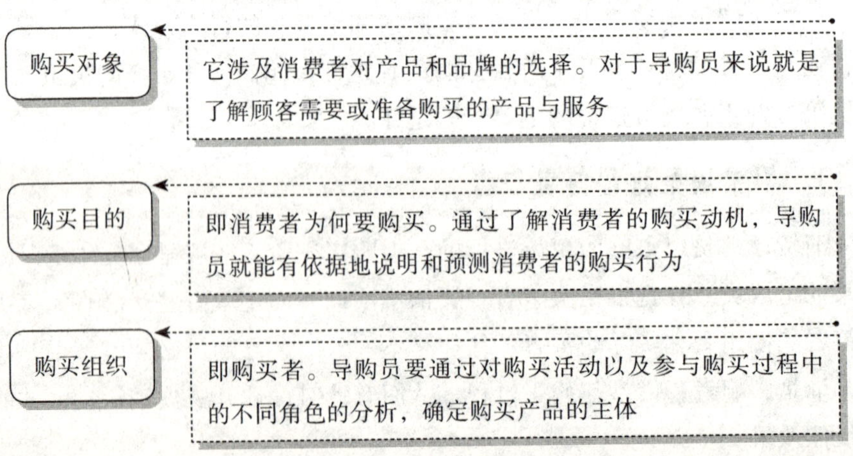

购买时机

消费者的购买习惯，往往有时间上的特定性。而且产品由于性质不同，购买时间也不一样

购买地点

这包括两方面的情况，即在何处做出购买决定，在何处购买。家具、家电等往往先在家中做出购买决定，然后在信誉较好的商场购买

购买方式

消费者的购买方式有习惯型、理智型、经济型、冲动型、情感型等几种。导购员要认真研究，根据消费者的购买方式的不同特点来确定自己的营销策略

消费者购买决策的内容

3. 购买决策过程

消费者的购买决策过程，是指消费者购买行为或购买活动的具体步骤、程度、阶段，它一般由五个环环相扣的阶段组成，具体如下图所示。

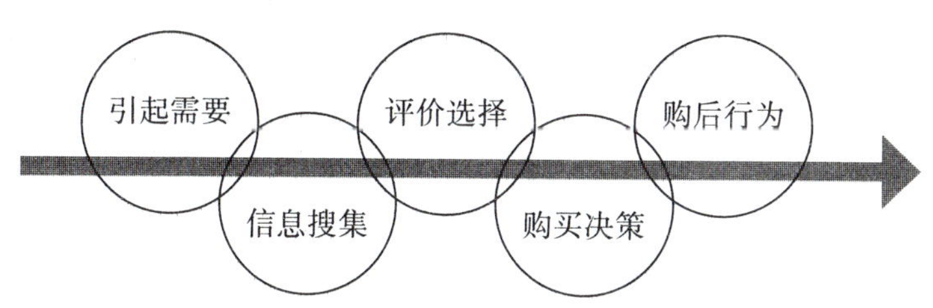

消费者的购买决策过程

（1）引起需要。

人的需要可以由两种刺激引起，具体如下页图所示。

引起需要的两种刺激方式

市场营销的创新和开发等实际上就是为了发现和满足顾客潜在需求。一般来说，消费者对消费的渴求与确认，是内部刺激与外部刺激共同引起的。当外界因素刺激这种缺少感而使消费者心理紧张起来时，便形成消费需要。导购员应通过强有力的市场营销组合策略，帮助消费者确认需要。

消费者对某种产品的需要强度，会随着时间的推移而变化，导购员应尽可能地强化消费者的需求，以便他们尽快地进入第二阶段。

（2）信息搜集。

在确认需要之后，消费者往往需要进一步了解产品的相关信息，了解市场行情，以作为购买决策的依据。消费者信息来源的主要途径如下图所示。

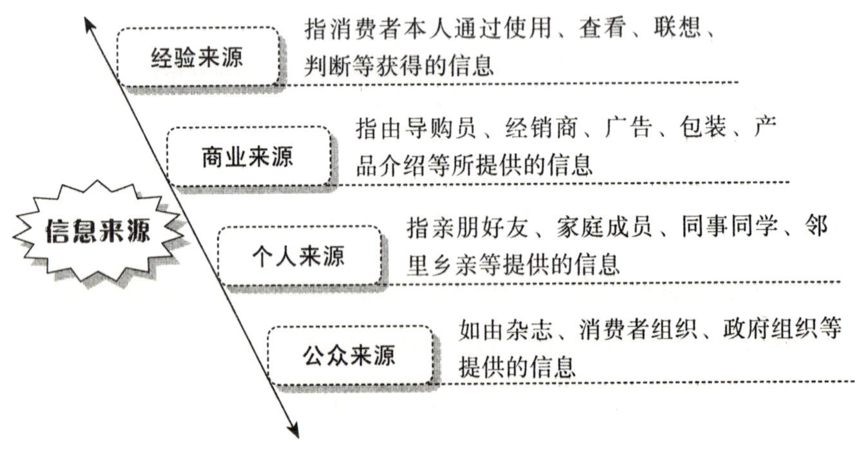

消费者信息来源的主要途径

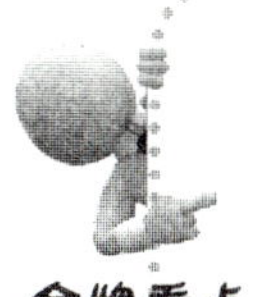

消费者所获得的信息越丰富，就越有利于其做出购买决策。因此，导购员要善于利用一切信息、传播媒介来建立产品与消费者之间的联系，扩大产品和企业的知名度。

（3）评价选择。

消费者搜集信息后，会经过分析、整理，对各种产品的质量、效用、款式、价格、品牌、售后服务等进行比较和评价，来选定自己满意的产品。对于消费者的评价选择过程，有几点值得关注，具体如下图所示。

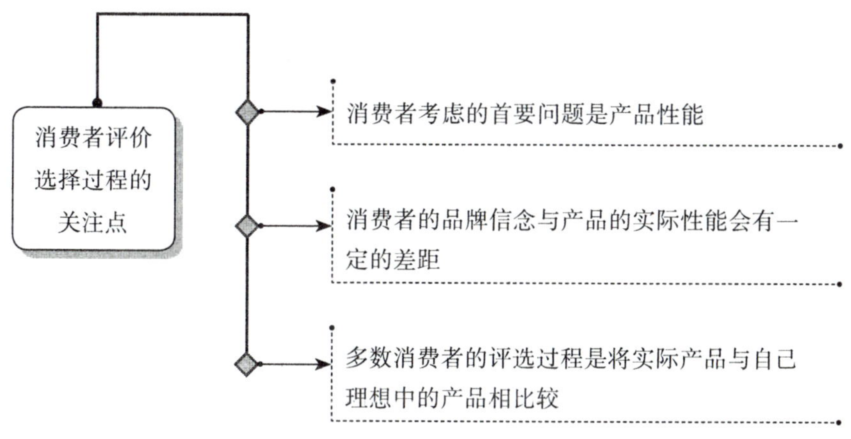

消费者评价选择过程的关注点

（4）购买决策。

购买决策是消费者购买行为最关键的阶段，是顾客最担心的阶段，也是导购员一切营销努力的希望所在。

做出购买决定和实现购买，是决策过程的中心环节。消费者对产品信息进行比较和评选后，已形成购买意图，然而从购买意图到决定购买之间，还要受两个因素的影响。

第一个因素，是他人的态度。

比如，某人已准备购买某品牌的沙发，但他的家人或亲友持反对态度，就会影响其购买意图。反对态度越强烈，或持反对态度者与购买者的关系越密切，购买者改变购买意图的可能性就越大。

第二个因素，是意外的情况。购买意图是在预期家庭收入、预期价格和预期获益（从购买的产品中）的基础上形成的。如果发生了意外的情况——失业、意外急需、涨价或亲友带来该产品令人失望的信息，则很可能使购买者改变购买意图。

（5）购后行为。

消费者的购后行为有两个，具体如下图所示。

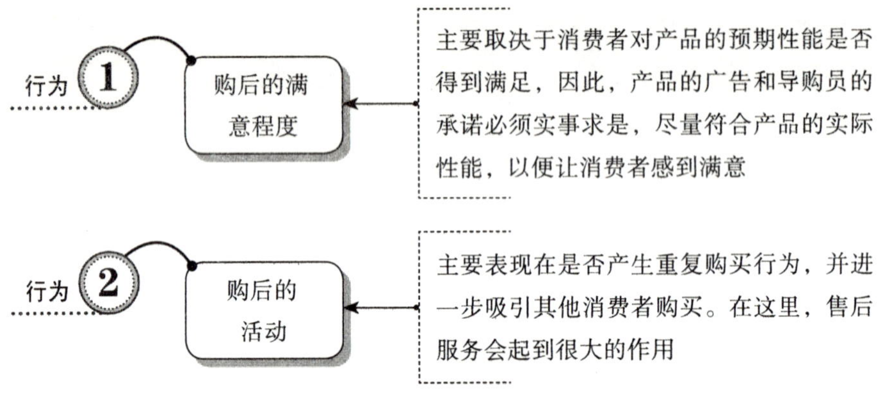

消费者的购后行为

综上所述，消费者购买过程的五个阶段或步骤是环环相连、循序渐进的。整个购买过程都要受到消费者心理、企业营销策略以及其他各种相关因素的影响。导购员的任务就在于认识每一个阶段的购买者的行为特点，采取行之有效的措施，引导消费者的购买行为，不仅要促成消费者即时交易，而且还要赢得顾客的重复购买和长期购买。

倾听顾客需求

积极倾听对方的谈话，可以满足他被关注、被重视以及受到尊重的需求。因此，要想建立信赖感，导购员需要做一名好的倾听者。

用心倾听虽然会耗费导购员的时间和精力，但它是投资，是会有回报的。虽然花掉了时间去倾听顾客说话，但是了解了顾客的需求和意见之后，就能根据顾客的需求和意见，有针对性地介绍产品，促进销售。

顾客的满意或不满意、赞同或不赞同，都会通过其语言或身体语言反映出来。“会听”的导购员通常从聆听中可以迅速判断出顾客的类型、顾客真正的需求。

比如，顾客说：“这套桌椅质量确实不错，就是样子和颜色我不是很满意！”

“不会听”的导购员：介绍顾客看其他样式和颜色的产品。顾客看了一圈后，淡然离开。

“会听”的导购员：立即判断出顾客的真正意图——可能是觉得价格高了。如果看出顾客确实想购买，就会继续说：“目前这款式和颜色是最流行的，如果您现在就购买，价格上我们可以再商量。”顾客会很高兴地与导购员商量价格，而后满意而归。

很显然，只有“会听”的导购员才能听出顾客的弦外之音，最终达成销售。

一、倾听的重要性

倾听是拉近导购员与顾客关系的技巧，作为一名金牌导购员，要善于倾听顾客的声音，通过倾听，有效了解顾客的喜好、需求、愿望及不满，与顾客建立良好的关系，使顾客真实感受到你的良好服务。

倾听的重要性如下图所示。

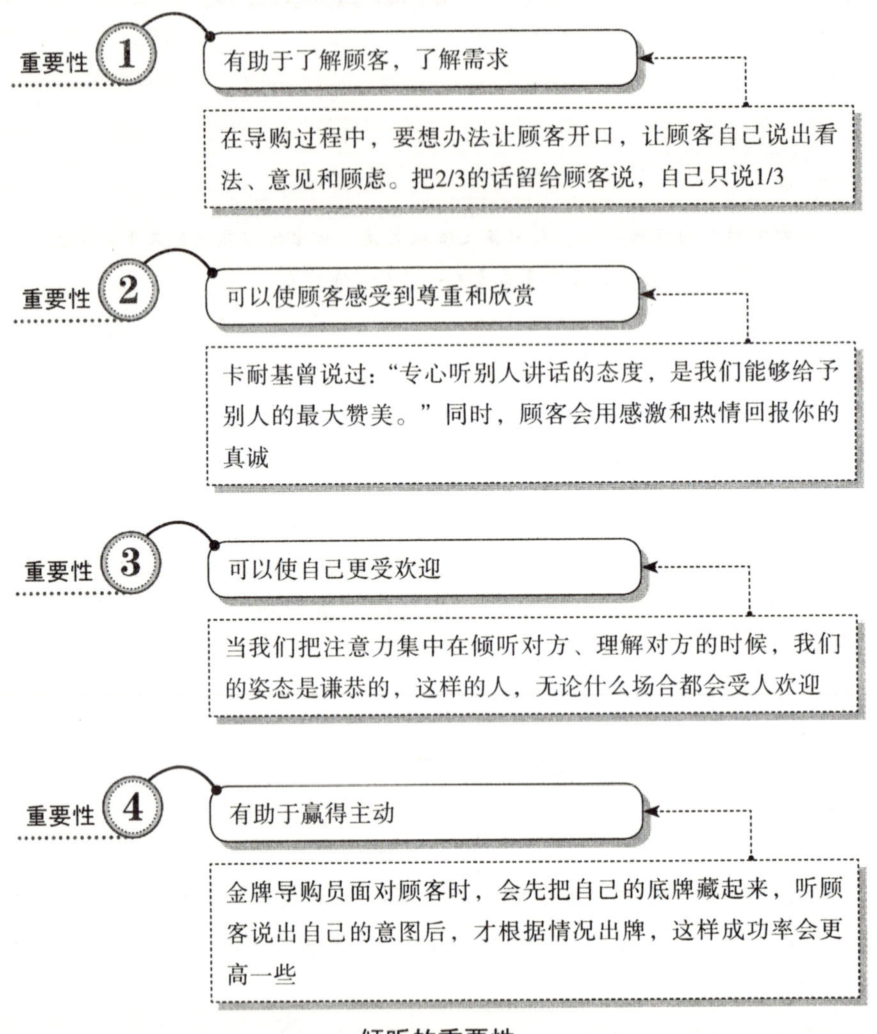

倾听的重要性

二、倾听的原则

认真倾听比喋喋不休地倾诉更容易接近顾客，了解其真实的需求。倾听能表达对顾客的关怀，使他愿意把你当朋友，从而方便你为他提供周到的服务。作为导购员，在倾听时，可遵循下图所示的三大原则。

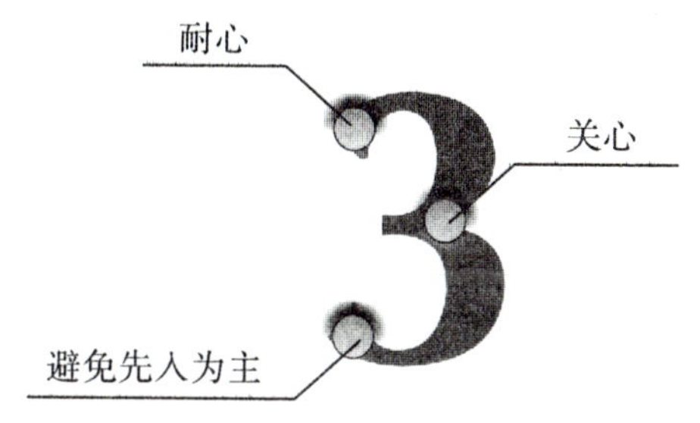

倾听的三大原则

1. 耐心

在销售过程中，要以诚恳、专注的态度倾听顾客的陈述，给顾客充分的表达时间，尤其是在介绍完相关知识后，要耐心地倾听顾客的意见和想法。

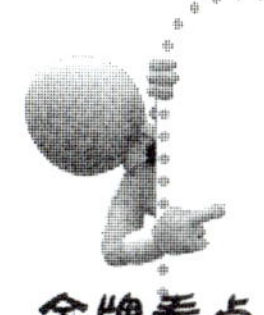

顾客通常不会将自己的想法多讲几遍，也不会反复强调重点，有时候甚至还会自然或不自然地隐藏起自己的真实需求，这就需要导购员在倾听时保持足够的耐心和细心。

通常，顾客所说的话都带有一定的目的，有时候，一些无关需求的话题，导购员也许会认为无关紧要，可对顾客来说却意义非凡。此时，如果导购员表现出厌烦或不专心，那么很可能会使顾客生气，甚至会影响其购买的欲望。

2. 关心

以关心的态度倾听，像是一块共鸣板，让顾客能够试探你的意见和情感，不要用自己的价值观去指责或评判顾客的想法，要与他们保持共同理解的态度。在与顾客谈话的过程中，不要马上问出许多问题，因为不停地提问，会使顾客觉得在受“拷问”。让顾客畅所欲言，不论是称赞、抱怨、驳斥，还是警告、责难、辱骂，导购员都要仔细倾听，并做出适当的反应，以表示关心和重视，具体要求如下图所示。

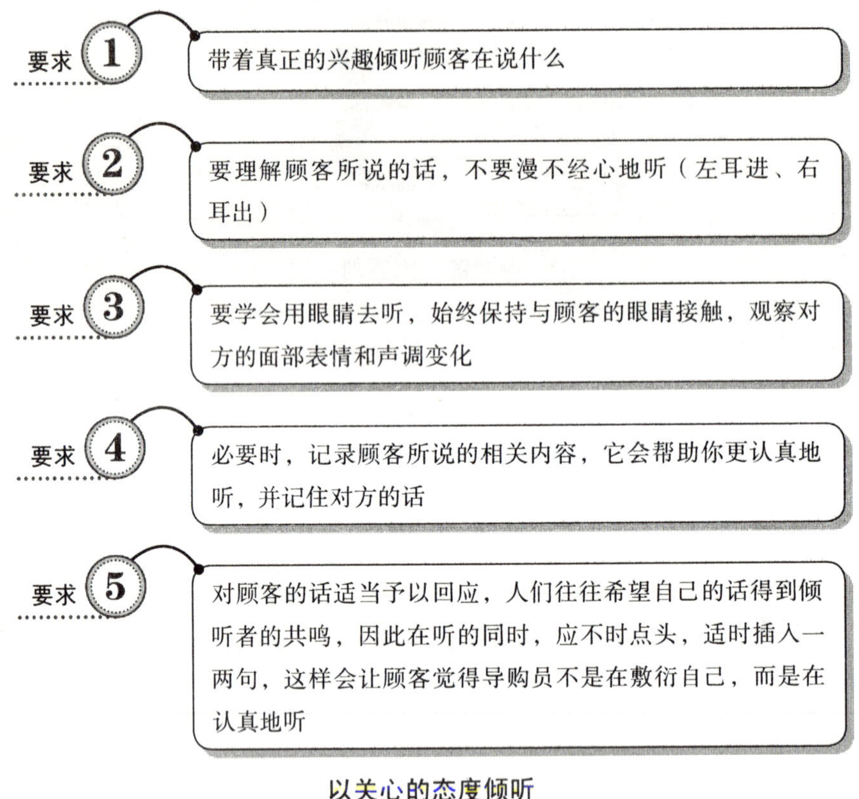

以关心的态度倾听

3. 避免先入为主

一天中午，顾客走进一家企业，点了一份汤，过了一会儿，服务员给他端来了。服务员刚走开，顾客说：“对不起，这汤我没法喝！”服务员没有多问，又重新给他上了一碗。顾客还是说：“对不起，这汤我没法喝！”服务员无奈，只好喊来了经理。经理毕恭毕敬地说：“先生你好，这汤是本店最拿手的料理，深受顾客好评，难道您……”顾客说：“我是想说，没有勺子，我怎么喝？”

不要一开始就假设你知道顾客的意思，而打断他们的话，除非你想让他们离你而去。倾听顾客说话时，要保持耳朵的通畅，闭上嘴巴，全心全意地倾听他们所讲的每一句话。

要通过顾客的谈话来鉴定他们最关心的话题，然后根据他们的需求提出合理化建议，只有这样，才能收到事半功倍的效果。否则，就会形成先入为主的观念，认为自己真的了解顾客的需求，而不认真去听。

听完顾客的话后，应征询顾客的意见，有重点地复述他们讲过的内容以确认自己所理解的意思和顾客的意思是否一致。如，“您的意思是……”“我没听错的话，您需要……”

在还没有发现什么对于顾客来说最重要之前，导购员不要贸然提供信息，因为那无异于是在告诉顾客你不是在关心他们的需要或问题所在，并且该信息很快就会被遗忘。只有让顾客完全感到你确实了解他们的需求后，你的信息才会被视为无价之宝。

金牌看点

真正优秀的导购员，倾听顾客的讲话时，不仅在听顾客所说的话，而且还能设身处地地理解顾客的感受，听取顾客的意见，协助顾客分析和解决问题。

三、倾听的步骤

对于导购员来说，善听才能善言。倾听可以获得顾客的友谊和信任，倾听能激发顾客的谈话欲，有助于了解顾客的真实需求。

导购员在销售过程中，可按下图所示的五个步骤实现有效倾听。

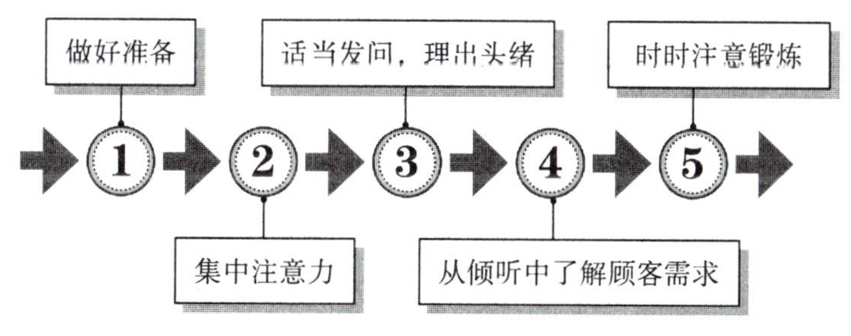

倾听的步骤

1. 做好准备

做好倾听的准备，包括下图所示的内容。

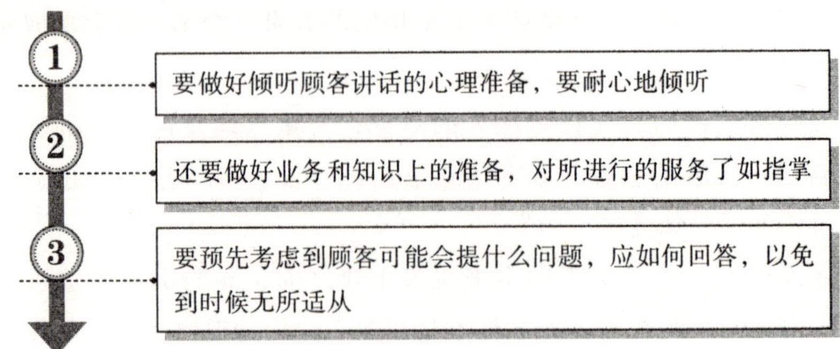

倾听的准备

2. 集中注意力

听人说话也是一门学问，在倾听顾客谈话时，应集中注意力，避免外界的干扰，安静、专心地倾听。不要心存偏见，只听自己想听的或是根据自己的价值观来判断顾客的想法。

当顾客说话速度太快，或所讲内容与事实不符时，导购员也不能心不在焉，更不能流露出不耐烦的表情。一旦顾客发觉你并未专心地听他谈话，你将会失去顾客的信任，从而也将导致销售的失败。

3. 适当发问，理出头绪

顾客在说话时，原则上导购员要有耐性，不管想听不想听都不要打断对方，同时为了表示对顾客谈话的注意，可以适时地发问，这比一味地点头称是或者面无表情地站在一边更为有效。

导购员应仔细思考顾客说过的每一句话，提出问题以确定顾客该说的或想说的都已经说完了。

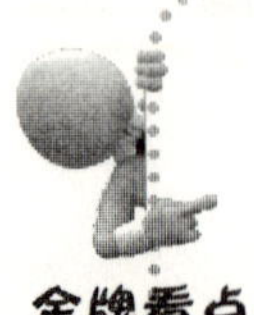

金牌看点

金牌导购员不怕承认自己无知，也不怕顾客发问，因为这样做能使谈话更具体、生动，又可帮助顾客理出头绪。

4. 从倾听中了解顾客需求

倾听能发现说服顾客的关键所在，导购员在与顾客沟通时，应用心地听，学会用三种“耳朵”来听顾客说话：听听他们说出来的，听听他们不想说出来的，听听他们想说又说不出来的。

顾客的内心常有意见、需要、问题、疑难等，他们不想把真正的想法告诉你，此时导购员就要找出话题，让顾客不停地说下去，这样不但可以避免因片言只语而产生误解，也可以从顾客的谈话内容、声调、表情、身体的动作中，观察、揣摩出其真正的需求。

5. 时时注意锻炼

导购员要掌握好倾听的艺术，就要时时注意练习，在日常工作和生活中认真学习，把每一次与家人、朋友或服务对象的交谈，都当成是一次锻炼听力的机会。

不要因为事情无关紧要，就掉以轻心，要认真对待每一次谈话，养成倾听的习惯，这样才能更好地掌握倾听技巧。慢慢你会发现，你的倾听水平得到了很大的提高。

四、倾听的技巧

倾听是需要技巧的。好的倾听技巧应当是尽可能地多听，努力发现对方对某一问题了解的程度和看法；利用各种语言和非语言的方式表示你在认真听，如点头或简单应答；不急于表达自己的观点，不轻易对对方的话做出评论，具体如下图所示。

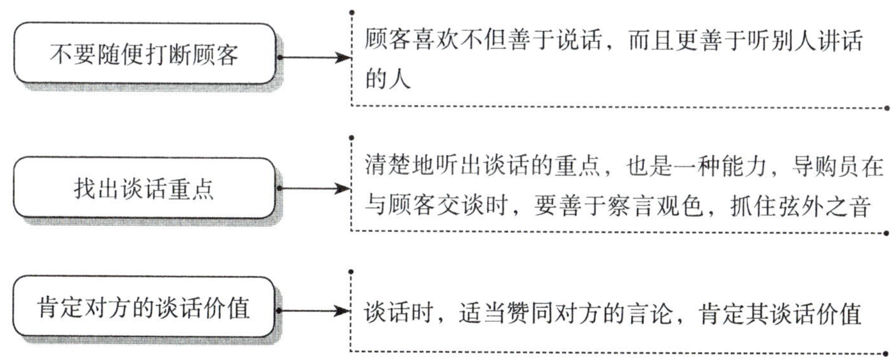

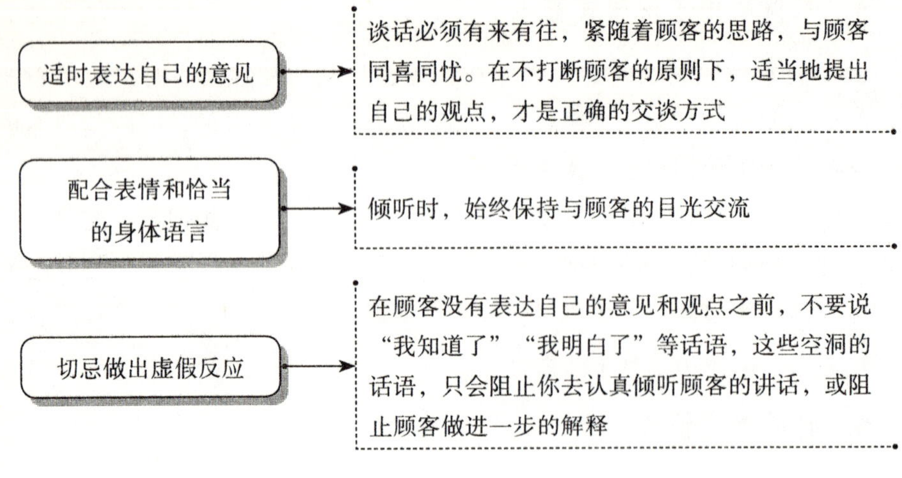

倾听的技巧

金牌在线

导购员如何学会倾听

导购员要学会倾听顾客，从顾客的角度来看，导购员听顾客说得越多，就越是能够得到顾客的喜欢。因为导购员的倾听对顾客来说，不仅仅是一种礼貌，更是一种尊重，并且导购员的倾听让顾客有了倾诉和发泄不满的渠道。所以，导购员所要做的就是让顾客没有压力地说出他的想法。

那么，在倾听的过程中，导购员到底应该着重听些什么呢？

1．问题点

导购员是做什么的？有的人说是把产品卖给顾客，有的人说是为顾客提供解决方案，还有的人说是为顾客服务，不论答案是什么，归根到底，销售之所以成功，是因为产品或服务可以帮助顾客解决问题。在实际的销售对话中，顾客的问题各式各样，真假难辨，无法预料。而导购员的任务是听出顾客真正的问题所在，而最核心、最令顾客头疼的问题，顾客自己是不会坦白的，这一点导购员应该清楚，所以要配合提问来引导顾客说出来。

2．兴奋点

顾客的购买行为一般有两个出发点：逃离痛苦和追求快乐。问题点就是让顾客感到痛苦的“痛点”，兴奋点就是让顾客感觉快乐的理由。做导购就是既让顾客感觉痛苦，同时又让顾客感觉快乐的过程。典型的导购流程通常是先让顾客思考他所面临的问题的严重性，然后再展望解决问题后的快乐与满足感，而销售的产品正是解决难题、收获快乐的最佳载体与方案。找兴奋点，关键是听容易让顾客感到敏感的条件和情绪性字眼，同时还要注意每个特定阶段顾客的肢体语言配合。

3．情绪性字眼

当顾客感觉到痛苦或兴奋时，通常在对话中会通过一些字、词表现出来，如“太好了”“真棒”“怎么可能”“非常不满意”等，这些字眼都表现了顾客的潜意识导向，表明了他们的深层看法，导购员在倾听时要格外注意。

一般而言，在成交的那一刻，顾客做决定总是感性的。所以每当顾客在对话中流露出有利于成交的信号时，导购员要抓住机会，及时促成。另外，在销售沟通过程中，顾客通常也会通过肢体语言来表达情绪。

常见的积极的身体语言有：歪头、手脸接触、屈身前倾、手指成尖塔形、拇指外突、双手抱在脑后；消极的身体语言有：假装拈绒毛、拉扯衣领、缓慢眨眼、腿搭在椅子上、缓慢搓手掌。

顾客在销售时总是习惯“言不由衷”，因此导购员要懂得通过无意识的肢体语言来把握顾客的心理动态。

在倾听的过程中，导购员要分清主次，着重把握顾客语言中的问题点、兴奋点、情绪性字眼，这样才能更好地了解顾客的所思所想。

了解顾客需求

只有了解顾客的需求，才能有针对性地介绍产品，投顾客所好，销售才能成功。如果介绍的产品信息是顾客不需要的，会导致顾客对导购员的不信任甚至是抵触。

如果不知道顾客要什么，就不可能满足其需求，那么，如何从顾客口里探询出顾客的需求呢？导购员要先观察顾客的特点，然后因人而异地对问题做一番包装，用顾客易于接受的方式提出。过程虽然相同，但是“会说话”和“不会说话”的结果是大不一样的。

一、学会问问题

据传在某国的一个教堂，有一天，一位教士在做礼拜时，忽然熬不住烟瘾，就去问神父：“我祈祷时可以抽烟吗？”结果遭到了神父的斥责。后来又有一位教士，同样在祈祷时犯了烟瘾，却换了一种口气问神父：“我吸烟时可以祈祷吗？”神父会心一笑，答应了他的请求。

同样的情况，需要解决同样的问题，由于不同的问法，而得到不同的结果。

如果导购员善于提问的话，就可以使顾客在不知不觉中透露出很多信息。尽管顾客没有直接告诉导购员自己的需求，但是通过正确地提问，导购员就可以完全掌握或部分掌握顾客的想法。

顾客：“你看我又来了！”（这位顾客在上周来过，且比较喜欢某款家具。通过听顾客讲话可以知道，她是一位容易交往的人。）

导购员：“罗姐，很高兴又见到您！”

顾客：“我老公等一会儿过来，我先在这里等他一下。”

导购员：“来，请到这边坐一下！罗姐这几天在忙着收拾新房子吧？”

顾客：“对啊，很忙的。”

导购员：“很快就要搬家了，如果今天看好了家具就定下来，是吗？”

顾客：“如果今天定不下来，过几天也要定，不能再拖了。”

导购员：“罗姐，您也看过我们的产品两次了，我真的想知道您和您老公的看法。”

顾客：“说实话，我自己很喜欢你们的产品，我老公对你们的产品和另外一家的产品都比较喜欢，他还在考虑到底应该选哪家。”

导购员：“嗯，我的理解就是您和您老公两个人都比较满意我们的家具，是吧？”（确认顾客的语言，是积极倾听的一种表现。）

顾客：“我们都喜欢你们的产品，不过我老公对另一家也很感兴趣。”

导购员：“另一家是指哪一个品牌？我猜想，您老公会尊重您的选择。”（试探他们夫妻一般由谁做主。）

顾客：“他喜欢那个叫××的品牌，不过如果我坚持的话，我老公会支持我的想法，但要看你们的价格是不是很适合。”

导购员：“很羡慕您有这么好的一个老公！”

顾客：“人家也这样说，我老公这人比较有魄力，这次说买房就买了！”（因为老公刚刚买了新房，这位罗姐非常高兴。）

导购员：“哦，看您多幸福啊！您老公一定很体贴您！”（这位顾客很有可能要求她老公选择这种产品，现在导购员应当与这位女士培养良好的感情，拉近双方的距离，因此，应继续谈论她感兴趣的话题：她的老公。）

这位导购员说的每一句话，都是围绕着这位顾客的兴奋点进行的。她在谈话中充分运用了确认顾客讲话、向顾客提问及赞美等技巧。

一般来说，向顾客提问可用两种方式，一种是开放式，另一种是封闭式。

1. 开放式

开放式提问是指在广泛的领域内带出广泛答复的问句，通常无法采用“是”或“否”等简单的措辞做出答复。

比如：

您觉得好的沙发应该具有哪些特点？

您给谁买床？

您家里是什么装修风格？

您需要多大的床？

您喜欢什么颜色？

您需要几张套床？

您打算什么时候要货？

您的预算是多少钱？

您是从事什么职业的啊？

您的房子装修到什么程度了啊?

您家地板用的是什么牌子?

开放式提问询问内容通常包括“5W1H”，也就是What（什么事）、When（什么时候）、Where（什么地方）、Who（谁）、Why（为什么）和How（怎么办）。开放式提问可达成下图所示的效果。

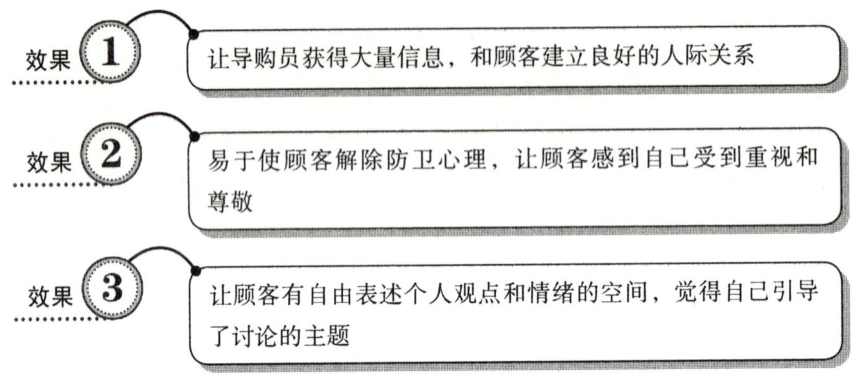

开放式提问达成的效果

开放式提问，是为引导对方自由开口而选定的话题。这种提问方式具有下图所示的优缺点。

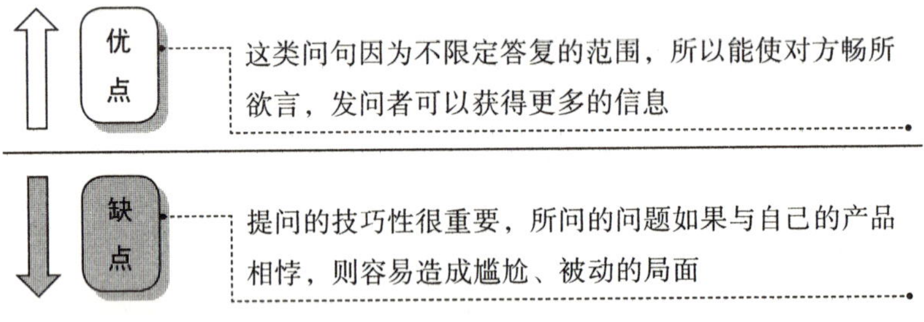

开放式提问的优缺点

开放式提问与封闭式提问的区别在于顾客回答的范畴大小，采用开放式提问，顾客回答的范畴较宽，一般是请顾客谈想法、提建议、找问题等，目的是展开话题。开放式提问有下页图所示的几种情况。

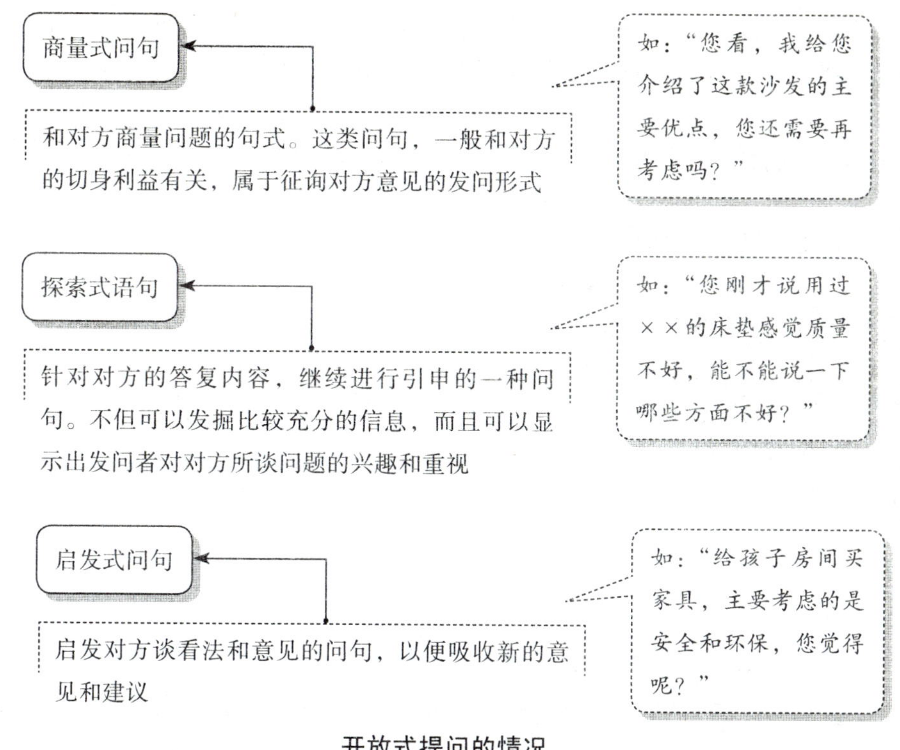

开放式提问的情况

2. 封闭式

封闭式提问指事先设计好的备选答案，受访者问题的回答被限制在备选答案中，即他们主要是从备选答案中挑选自己认同的答案。其答案通常是“是”或“否”，或者是在问题限定的范围内作答。

比如，您今天想了解床垫还是套床？

您是搬新家还是添补家具？

您是给自己买床还是给家人买床？

您喜欢白色还是红色？

您家里的装修风格是中式还是欧式？

您喜欢睡软一点的还是硬一点的床？

您是打算现在买还是先看看？

您的预算是1万元以上还是1万元以下？

封闭式提问是把需求确定到某一点上和确认、澄清事实的最佳途径。当导购员需要获得具体或是特定的信息，或者需要控制讨论问题的方向时一般就可以使用这种提问方式。它是弄清问题和确认事实的最佳方法，具有下图所示的优缺点。

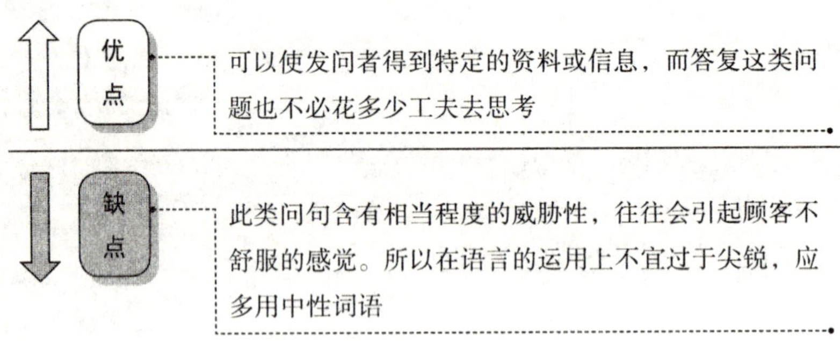

封闭式提问的优缺点

封闭式提问，顾客回答的范畴比较窄，答案比较明确、简单，一般是为了缩小话题范畴，搜集比较明确的需求信息等。常用的词汇有“能不能”“对吗”“是不是”“会不会”“多久”等。封闭式提问可分为下图所示的几种情况。

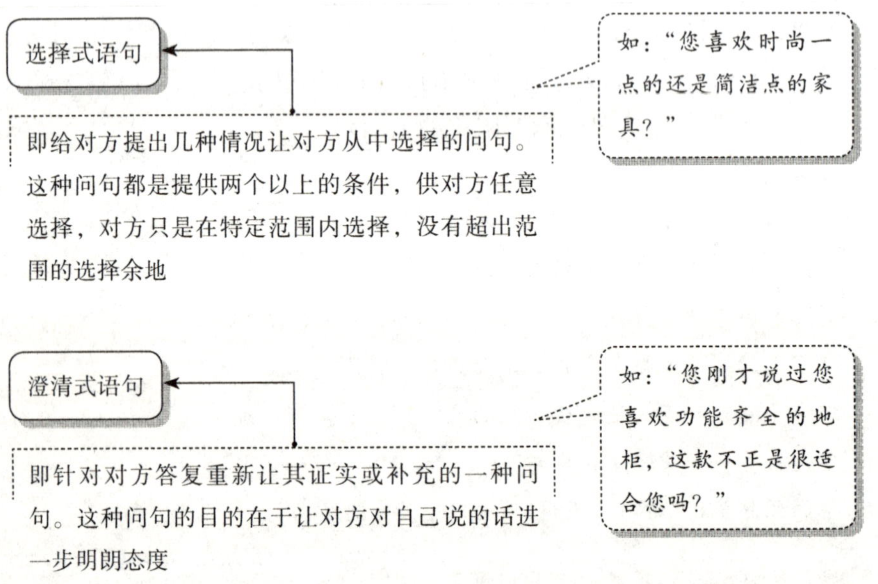

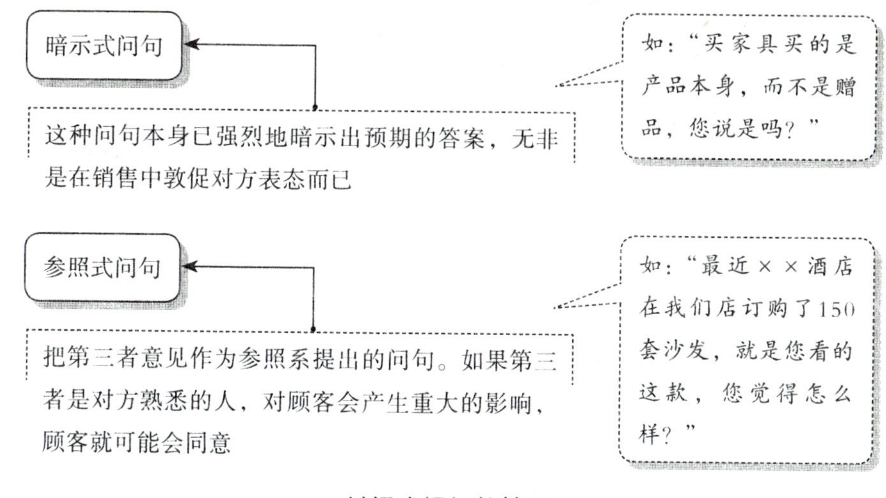

封闭式提问的情况

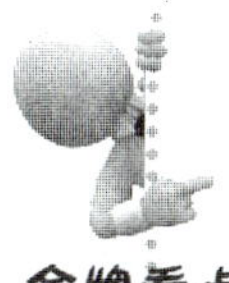

在销售过程中，不但要介绍产品的优势，同时更重要的是要"问"出顾客真正的需求，才好"对症下药"，成功销售产品。

提问问题时，应该由广泛的问题逐步缩小到特定的问题，避免含糊不清的措辞，以及使用威胁性、教训性、讽刺性的语句，避免盘问式或审问式的语句。

二、问顾客问题的原则

销售就是发问，导购员在销售的过程中，如何向顾客发问？在和顾客沟通时，应如何发问？这就需要导购员掌握一定的提问技巧，遵循一定的原则。

1. 问简单的问题

在家具销售的前期，问话的目的是探询顾客的需求，了解了顾客的需求，才能展开对顾客进行产品推荐和说服。

张先生需要为母亲买一张床，遂走进了一家家具城。

导购员："先生，来看床啊！"

张先生："是啊。"

导购员："您买床是自己用还是家人用啊？"

张先生："我母亲从老家过来，想给她买张床。"

导购员："噢，您是买床给老人家啊，那我给您推荐一款。老人的腰椎好不好？"

张先生："有些腰椎病。"

导购员："噢，老年人的腰椎功能会随着年龄的增长而退化，对腰椎间盘老化的老年人来说，睡硬板床更好，可消除负重和体重对椎间盘的压力，使症状缓解……"

导购员边说边领着张先生看了一款硬板床，并让张先生躺在上面试了试，张先生觉得不错，价格也合理，就立即开票买单了。

故事中的导购员，就是问到了"给老人买床"这个重要兴奋点后，再展开有针对性、有说服力的介绍，最终成交的。

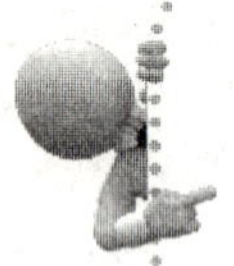

想要顾客说出自己的需求，就需要问出一些简单的问题，不问那些敏感、复杂的问题。这样也便于回答，利于拉进和顾客的距离。

2. 问 YES 的问题

在和顾客沟通的过程中，导购员可以问些YES的问题，这样顾客会觉得你提出的问题是为她着想，利于沟通，很快便能拉近距离，取得顾客的信任。

比如：

"如果不合适，买了用不了几次，反而是浪费，您说是吧？"

"买的家具，要和您家里的装修风格相搭，您说是吧？"

"买家具，质量非常重要，您说是吧？"

"买品牌的家具，售后服务比较令人放心，您说是吧？"

“结婚是一辈子的大事，买高档组合家具也可能就这一次，而且要用一辈子，多投资点也是值得的！您说是吗？”

3. 问二选一的问题

在顾客对产品产生了浓厚的兴趣，而有可能购买的情况下，导购员最好是问一些二选一的问题。忌讳的就是节外生枝，又给顾客推荐另外的家具，产品看多了，顾客看花了眼，就更无法下定决心了。

比如：

“是选择布艺的还是皮质的？”

“您客房的床是要1.8米的还是1.5米的？”

4. 不连续发问

连续发问就像“查户口”，很快就会引起顾客的反感，原则上不要连续发问超过两个问题，问了问题后应等顾客回答，再根据顾客的回答，做有针对性的推荐和应对。

三、询问要有耐心

并不是所有的顾客都有明确的目标，有时导购员也需要反复地询问，才能发现或是让顾客自己发现到底想买的是什么。所以，在探询顾客的需求时耐心是非常重要的。

导购员在向顾客提问时要记住：用循序渐进的问话方式可以引导顾客发现他们的需求。在问话的过程中，导购员也能和顾客逐渐建立信任关系。

导购员：“您喜欢什么颜色的呢？”

顾客：“我也说不清楚。”

导购员：“这款沙发有米色、灰色、大红色，也有纯白色，您比较喜欢哪一种颜色呢？”

顾客：“我好像比较喜欢浅一点的颜色。”

导购员：“那您可以告诉我您家里的装修风格吗？”

顾客："我家是欧式装修风格。"

导购员："如果是欧式装修风格，建议您选择……"

顾客："那太好了，我也觉得这个颜色好。"

由此可见，只要导购员耐心地、循序渐进地再多问几个问题，就能找到顾客的真正需求，从而更好地为顾客服务，让顾客满意。

四、成功跨越雷区

导购员在探询顾客需求时，也要注意提问的艺术，有些问题是根本不能问的，有些问题是不能直接问的。这些不该问的、不能直接问的问题就是问题雷区。请千万注意，不要踩到下图所示的两个雷区，否则将会失去顾客。

提问的雷区

1. 别问让对话无法延续的问题

前面提到的封闭式提问有一个最大的缺点，就是很容易把话说"死"，把对话变成"死话"。

比如，导购员问顾客："您喜欢红色还是黑色？"如果顾客两个都不喜欢的话，那他该怎么回答？如果心情好，他也许会告诉你，他都不喜欢；如果心情不好，他会扭头就走。

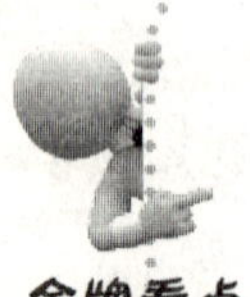

导购员在问话时一定要注意多说"活话"，少问"死话"，即最好多用开放式提问，如果要用封闭式提问也要注意技巧，这样才能使对话一直延续下去。

2. 与消费预算有关的问题要小心询问

在一些情况下，导购员总想了解顾客购物的预算，以免自己向顾客展示了价格高于其预算的产品，浪费彼此的时间。可是，如果直接问与预算有关的问题，比如，“您想买什么价位的沙发呢？”会让顾客觉得你在怀疑他的经济实力。这样的话不但不能探寻到顾客的需求，严重时还会使顾客直接中断购买货品的欲望。因此，这也是导购员要小心和谨慎对待的问题。

金牌在线

在家具销售中必问的七大问题

1．“您的房子住在哪个小区？”——地点

通过顾客对这个问题的回答，大致了解顾客的经济实力。精明的导购员甚至能做到顾客一说是什么小区，他大概就可以判断出户型，说出顾客家中的布局，对顾客提出有针对性的建议，快速取得顾客的信赖。

2．“您的房子装修得怎么样了？”——时间

了解顾客的装修进展，立刻就可以判断出顾客购买家具的迫切程度，从而采取针对性更强的销售策略。

如果顾客的装修还没有开始，那说明顾客更多的是来搜集一些品牌信息的；如果顾客的装修已经快完成了，地板、橱柜都已经安装好，那么家具选购也就是今天定下来的事情了，所以导购员采取的销售策略也就不一样了。

导购员应该更积极地探求顾客的需要，针对顾客的要求，介绍顾客需要的产品，为顾客节省选择的时间，把主要精力放在产品介绍与促成交易上面。

3．“您家具消费的预算是多少/您装修的预算是多少？”——金额

这个问题很关键，导购员通过各种方式，试探出顾客的经济承受能力之后，可以为其推荐更合适的家具，减少顾客对价格的异议。

同样是买床，便宜的、复合板式的，只需要1600~2000元，就可以买到床加床垫，没准还能送两个床头柜；如果要买张实木的床，最便宜的都要2000多元，而且只是床，没有床垫。如果你要买一张带气动的榉木床，那最便宜的也要2500~2700元，而且什么都不送。

问清楚顾客想出多少钱，买什么东西，我们就可以有的放矢，介绍顾客所能承受的产品，降低顾客对价格的抵触，更快地促成交易。

4．“您的卧室/客厅等有多大/颜色/风格等？”——面积等

类似这种关于面积、房型、装修风格、色彩搭配等问题，对于导购员如何推荐更具针对性的产品来说非常关键，这种能探明顾客需求的问题导购员问得越多，就越能准确地找到合适顾客的家具，其成功率就会越高。

5．“您是第一次来看家具吗？”——次数

顾客是第一次逛家居卖场，还是已经走过很多家了；顾客是第一次来我们卖场，还是第二次来，差异是很大的。顾客第一次来多是以收集信息为主，第二次很可能就是以购买为主，所以我们更应该把握好第二次来的顾客。

第二次来的顾客，一般对家居已经有了一个大概的了解，他会有相对明确的目标。销售员不需要花太多的时间去探求顾客的需要，可以快速进入产品介绍环节。

6．“以前您使用过/听说过朋友/亲戚等用过我们的家具吗？”——是否使用过

如果顾客以前用过，或者其朋友、亲戚用过，导购员只需要在推荐中对他们比较满意的地方进行重点介绍，成功概率与成交速度就将大大提升与加快。

7．“有看中的产品吗？”——是否有目标

如果顾客已经有看中的产品，那么下面就不需要做太多无用功了，可以直奔主题。应突出产品能够带给顾客的好处，赞美顾客的选择，反复强调我们的服务优势，鼓励顾客去试、去体验，不停地描述产品能够给顾客和家人的生活带来的便利和好处，然后不断地尝试促成交易。

把握顾客心理

顾客的心理对成交的数量甚至是交易的成败，都有至关重要的影响。因

此，金牌导购员都懂得分析顾客的心理。可以这么说，掌握了顾客心理，就好比掌握了销售成交的钥匙。

对于门店的销售业绩来说，一名优秀的导购员无疑是强有力的助推器。要做好一名家具导购员，不仅要学会做人，更要学会做事，掌握一定的技巧是基本，更多的是要掌握一定的心理分析技巧，以便准确地确定顾客的消费需求。

导购员在日常工作中，会遇到形形色色的顾客，这就需要导购员能根据顾客的言谈、举止来把握他们的心理，分析他们的想法，判断他们的性格，从而准确拿出对策，以达到销售的目的。

一、顾客的一般心理消费特征

在家具的销售过程中，有的导购员从销售流程来看，是无懈可击的，但是却无法实现成交，其中很大的一个原因，就在于导购员没有琢磨好顾客的想法。如何把握顾客的消费心理，成了导购员的一门“必修课”。消费者的心理，大致可以分为下图所示的三种。

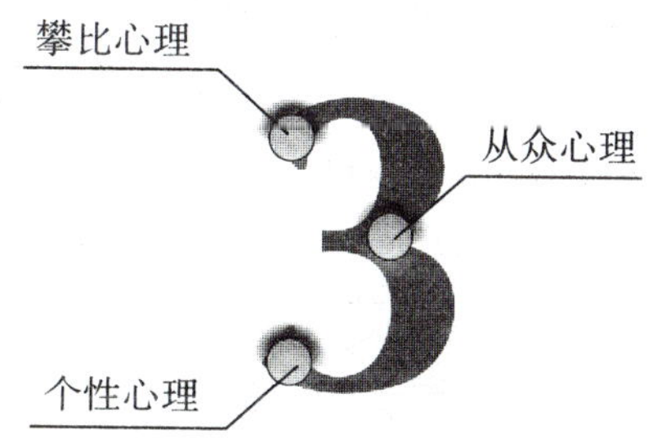

消费者的三大心理特征

1. 攀比心理

消费者的攀比心理是基于消费者对自己所向往的阶层、身份以及地位的认同，从而选择该阶层人群作为参照而表现出来的消费行为。消费者的攀比心理在于“有”，你有我也有。

2. 从众心理

从众指个人的观念与行为由于受到群体的引导或因此而形成压力，而趋向于与多数人相一致的现象。消费者在很多购买决策上，会表现出从众倾向。

比如，购物时喜欢到人多的商店；在品牌选择时，偏向于那些市场占有率高的品牌。

3. 个性心理

个性心理，也称为求异心理。就是与众不同、标新立异、创新思变。随着生活品质的提升，个性心理在消费者身上所起的作用越来越重要，定制的或者是限量的产品受到热烈追捧。

二、家具购买特点

导购员的最终目的是将家具卖给顾客，但在这之前，导购员需要对自己的顾客有一个全方位的认识，不仅要了解他们的购买行为，更要了解他们购买家具的心态，这样才能在销售的过程中更好地把握时机，把家具销售出去。

家具不同于普通消费品，顾客购买家具是一个非常复杂的心理过程，一系列的行为往往是逐渐展开的：引起需要—收集资料—购前比较—预算估计—决定购买，这些环节环环相扣，呈现出下图所示的四种家具购买特点。

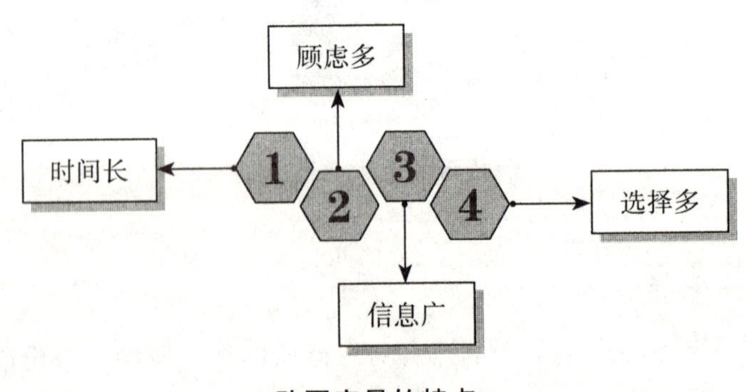

购买家具的特点

1. 时间长

对多数家庭来说，购买家具是一件大事，购买哪种品牌、什么材质、何等价位等决策，都需要较长时间进行斟酌和反复选择。正是因为这样，需要购买家具的顾客常常要付出较多的时间和精力去逛家具商场。

据统计，有63%的消费者在购买家具前会逛3～4次家具商场，23%的消费者购买前会逛5次以上家具商场。有的消费者在购买家具前甚至要用1个月的时间来做最后的决定。

2. 顾虑多

因家具是大件耐用品，使用年限一般在10年以上，不便频繁更换，所以顾客一般在家具的选择上都会“煞费苦心”，有的在家具颜色上一看再看，有的在款式上犹豫不决，有的对选择什么样的材质无法与家人达成一致，还有的在开支预算方面难以定夺。总之，其受重视程度远大于购买食品等快速消费品。

3. 信息广

消费者获得家具信息的途径有很多，比如：家具卖场、广告宣传、口碑传播、走亲访友都可以让消费者了解到有关家具的信息。有些信息会深深地印在消费者的头脑中，不会轻易改变，甚至直接影响和支配其购买行为。

4. 选择多

家具选择与社会发展、生活水平、文化层次、顾客年龄等方面都有十分密切的关系，受这些因素的影响，顾客在选购家具时，会从许多方面考虑自己的喜好，比如：款式、材质、色彩、价格、环保、品牌、工艺、结构、功能、舒适性、实用性、流行程度等，可选择的范围很大。

三、家具购买者的心态

了解了顾客的购买行为特点并不能马上准确把握顾客的购买心理，我们还需要进一步了解顾客购买家具的心态。那顾客在购买家具的时候都有怎样的心态呢？具体有如下页图所示的“三怕”心态。

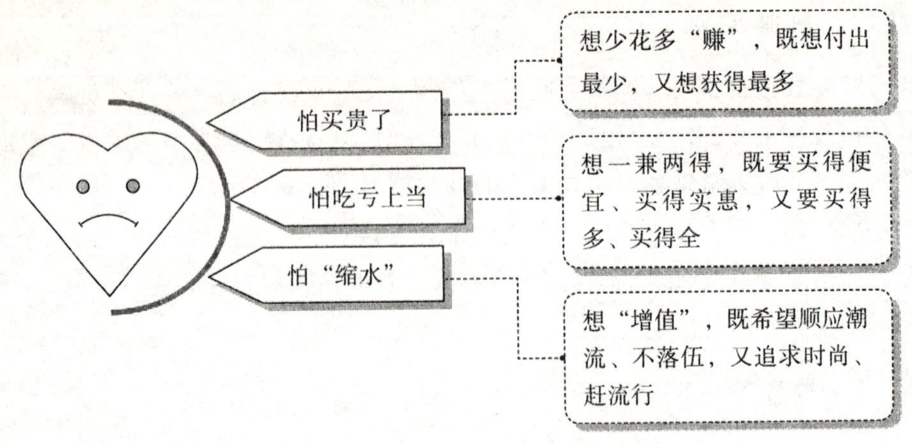

家具购买者的“三怕”心态

总之，渴望买得“物超所值”是所有顾客的普遍心态。金牌导购员就是要顺应顾客的心理活动轨迹，设法加大顾客“得”的砝码，进而采取积极有效的沟通技巧和销售技巧去坚定顾客的购买信心，并最终促成交易。

四、在购买过程中的心理分析

家具导购员要掌握顾客在购买家具过程中的八个阶段心理的变化，努力做一个对顾客有帮助、让顾客愉快购物的导购员。

要做这样的导购员，不但要具备产品知识，还要了解顾客的心理，这样才能掌握待客要领。那么什么样的待客方式才能使顾客真正感到高兴呢？

一般来说，当顾客站在产品前时会有以下的反应。

噢，这是什么？（注意）

这个应该不错！（兴趣）

应该很搭配吧！（联想）

真想要！（欲望）

虽然想要，但其他也许还有好一点的。（比较）

喂，就决定买这个吧！（信任）

请给我这个。（购买）

真好，买到好东西了！（满足）

上述反应正好体现了顾客在购买家具过程中的八个心理变化。

1. 注视留意

当顾客想买或随意浏览时，若出现了感兴趣的某款家具，他就会驻足观看。在浏览的过程中，顾客往往会注意到店内的环境设施、家具陈列、电视演示以及各种宣传资料、POP的摆放等。

从购买过程来看，这是第一阶段，也是最重要的阶段。

如果顾客在浏览过程中没有发现感兴趣的产品，而导购员又不能引起客户的注意，那么购买过程就会中断；倘若能引起顾客的注意，就意味着成功了一大半。

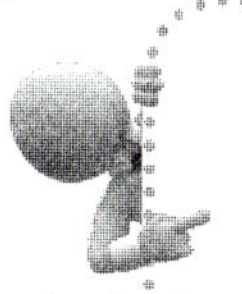

金牌看点

当有顾客进入门店时，导购员应立即主动地向顾客打招呼，同时结合询问来了解和观察顾客的购买意图。

2. 引起兴趣

当顾客驻足于产品前或是观看其他产品演示时，可能会对产品的价格、外观、款式、颜色、使用方法、功能等中的某一点产生兴趣和好奇感，同时可能会向导购员问一些他关心的问题。

顾客的兴趣来源于两方面，具体如下图所示。

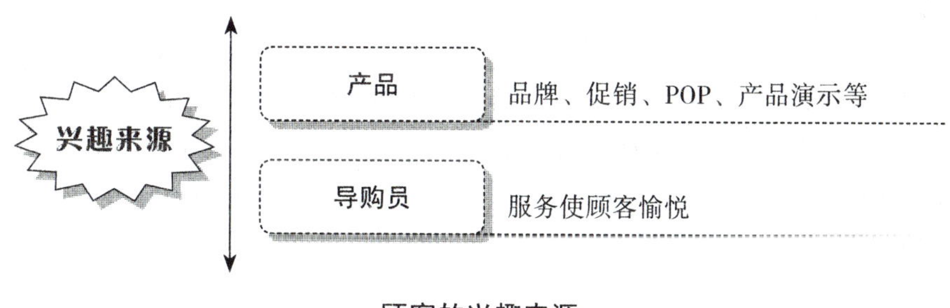

顾客的兴趣来源

3. 引起联想

顾客对产品产生了兴趣时，可能会触摸产品或者从各个不同的角度端详产品，由相关的产品宣传资料中联想到此产品将给自己带来哪些益处？能解决哪些困难？自己能从中得到哪些享受？

顾客经常会把感兴趣的产品和自己的日常生活联系在一起。

联想阶段十分重要，因为它直接关系到顾客对产品表示满意或不满意、喜欢或不喜欢的最初印象和感情的阶段——喜欢阶段。在这个阶段，顾客的联想力肯定是非常丰富而又飘忽不定的。

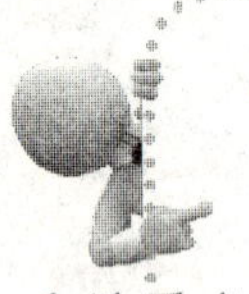

金牌看点

在顾客选购产品时，导购员应灵活使用各种方法和手段（如公司的POP、宣传资料、销售道具）适度地帮助顾客提高他的联想力——这也是成功销售的秘诀之一。

4. 产生欲望

产生联想之后的顾客，接着会因喜欢而产生一种将这种产品占为已有的欲望和冲动。

当顾客询问某种产品，并仔细地加以打量时，就已经表现出他非常感兴趣，想买了。

因此，导购员要抓住时机，通过细心观察，揣摩顾客的心理，进一步介绍其关心的问题，增强顾客的购买欲望。

5. 比较权衡

上述的欲望仅仅是顾客准备购买的欲望，尚未达到一定要买的强烈欲望。顾客可能会做进一步的选择；也可能会到其他店去比较同类产品；还可能从店中走出去，过一会儿（也可能是几天）又回到本店，再次注视这种产品。

此时，顾客的脑海中会浮现出很多曾经看过或了解过的同类产品，在彼此间做更详细、更综合的比较分析（比较的内容包括家具的品牌、款式、颜色、性能、用途、价格、质量等）。

比较权衡是购买过程中买卖双方将要达到成交的阶段，即顾客通过比较之后有了更全面的认识，将要决定购买与否的关键阶段。

也许有些顾客在比较之后就不喜欢这种款式了，也许有些顾客会出现购买决定，还有些顾客在这时会犹豫不决，拿不定主意，此时就是导购员表现的最佳时机——适时地提供一些有价值的建议，供其参考，帮助顾客下定决心。

6. 建立信任

在脑海中进行了各种比较和思想斗争之后的顾客往往要征求（询问）导购员的一些意见，一旦得到满意的回答，大部分顾客会对这种家具产生信任感。影响信任感的三个因素如下图所示。

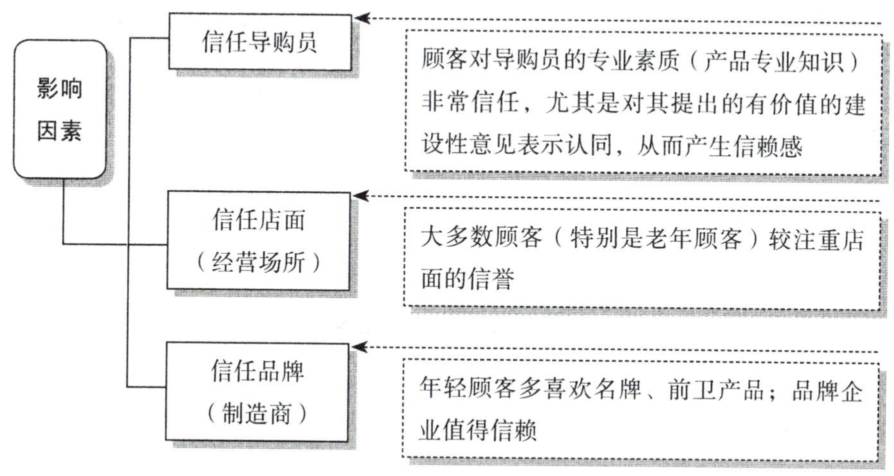

影响顾客信任感的因素

在顾客即将产生信任感的阶段，导购员的接待技巧、服务用语、服务态度、专业知识就显得非常重要了，因为这些知识与销售服务技巧直接关系到导购员能否当好顾客的参谋，使其产生信任感。

7. 决定行动

决定行动，即顾客决定购买家具并付诸行动。当顾客发出购买的信号时，导购员就要自然地停止产品介绍，转入建议购买的攻势中。机会稍纵即逝，要好好把握。导购员可参考下图所示的顾客购买信号，来及时帮助顾客下定最后的决心。

语言上的购买信号	行为上的购买信号
· 反复关心某一优点或缺点时 · 询问有无赠品时 · 征询同伴的意见时 · 讨价还价，要求打折时 · 关心售后服务时	· 面露兴奋神情时 · 再发问，若有所思时 · 同时索取几个相同产品来比较、挑选时 · 不停地抚摸、爱不释手时 · 关注导购员的动作与谈话时 · 不断点头时 · 翻阅产品说明和有关资料时 · 离开后又转回来时 · 查看产品有无瑕疵时 · 不断地观察和盘算时

顾客流露的购买信号

8. 获得满足

顾客做出购买决定还不是购买过程的终点。

因为在顾客付款的过程中还可能发生一些不愉快的事情。在交款、开票、送客时导购员如有不周到之处，就会引起顾客的不满甚至发生当场退货事件。因此，导购员要自始至终保持诚恳、耐心的待客原则，直至将顾客送走为止。顾客所获得的满足感有两种，具体如下图所示。

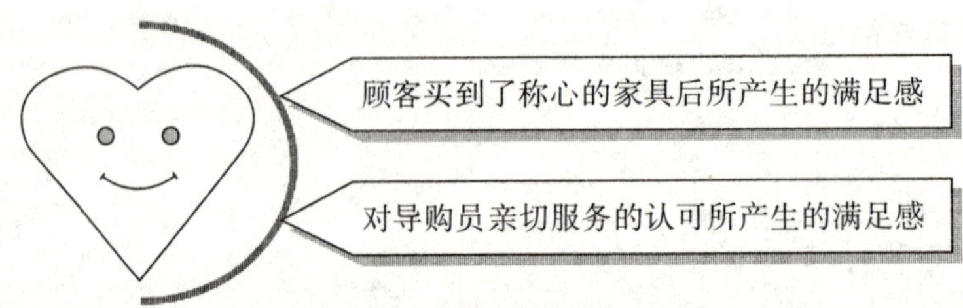

顾客获得的满足感

另外，产品在使用过程中的满足感也至关重要。这种满足感需要一定的时间才能体现出来，通过自己使用或家人对其购买的产品的看法产生。

五、购买不同产品的心理

由于不同的产品其功能不同，顾客在购买过程中，对每一种产品都有不同的看法。特别是购买家具，顾客就更有对于不同细节的考虑了，具体如下。

1. 购买客厅家具的心理

客厅是家庭待客、活动的主要场所，因此客厅家具的选择尤为重要。客厅家具主要包括沙发、茶几、地柜、酒柜等。沙发在客厅中起到画龙点睛的作用，最能彰显主人的个性和品位。一般来说，顾客在选购沙发时会考虑下图所示的几个因素。

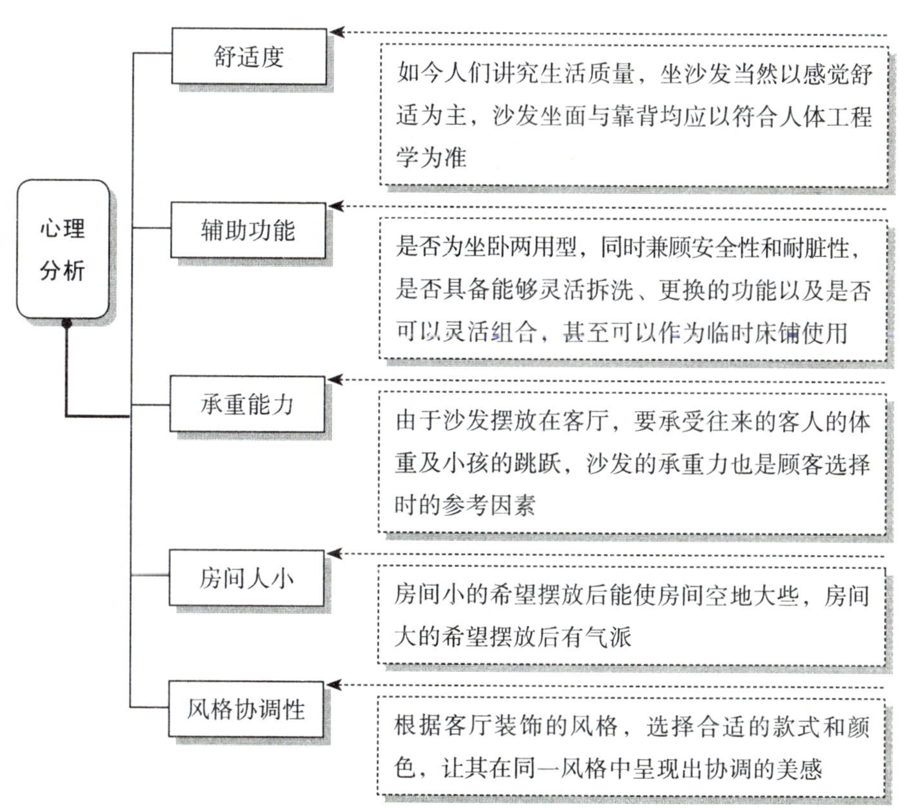

顾客选购沙发时的心理分析

2. 购买厨房家具的心理

在市场上可以看到各式各样的成套橱柜，价格也相差很大，那么，顾客在选择厨房家具时主要关心哪些方面呢？具体如下图所示。

要求工艺精细	封边后外表整洁、牢固、橱柜耐用。五金配件和橱柜柜身、柜门的结合程度如何，在使用时开拉是否方便，是否无噪声，是否能经得起多次开关而不变形损坏，这些都是顾客关注的地方
要求设计高度适中	人们在日常使用橱柜时是否方便，工作动线是否快捷，高度是否适中，这些都是顾客关心的地方
要求使用起来方便	如何有效地利用时间，在最短的距离中实现整个工作流程等。此外，有些顾客还希望能将一些家电也设计到橱柜中，让整个厨房的空间得到有效利用，并且看起来和谐美观
要求采用环保材质	环保材料对人身体的危害小，是人们的首选。体现在所用板材、台面和封边的胶黏剂上
要求有更好的服务	细致全面的服务，也是顾客选购橱柜的重要条件。这个服务不但包括售前的上门量房设计，售中的上门仔细安装，还包括售后的服务
要求色彩搭配合理	顾客选择厨房家具的色彩，主要应从家具色彩的色相、明度和厨房家具的环境，使用对象的家庭人口、成员结构、文化素质等几个方面来考虑

顾客购买厨房家具时的心理分析

厨房家具色彩对心理的影响

厨房家具色彩的色相和明度可以左右使用对象的食欲和情绪，而厨房的使用对象的家庭人口、成员结构、文化素质又决定了他对厨房家具色彩的喜好程度，因此对于家具色彩的选择顾客一般会从以上几个方面来考虑。

顾客对厨房家具色彩的色相要求能够表现出干净、刺激食欲和能够使人愉悦的特征。厨房家具色彩的色相是指厨房家具的颜色倾向于什么颜色。通常，能够表现出干净的色相主要有灰度较小、明度较高的色彩，如白、乳白、淡黄等，而能够刺激食欲的色彩主要是与好吃的食品较接近，或在日常生活中能够强烈刺激食欲的色彩，如橙红、橙黄、棕褐等。能够使人愉悦的色彩就复杂多了，不同的人在不同的生活环境中对色彩的喜好有很大的不同，但并不是所有的人都会在厨房操作，所以我们只要弄清厨房的主要操作人的喜好就可以确定相关的色彩。

3. 购买餐厅家具的心理

餐厅是一家人用于进餐的空间，也是家人最常聚集的地方。舒适的进餐环境以独立的餐厅为佳，但由于空间的关系，很多人将餐厅与厨房连成一体，中间的隔断用于制作餐柜和吊橱，这也是一种不错的设计方案。

餐厅家具主要包括餐桌、餐椅、餐柜等，顾客在选购餐厅家具时的心理分析如下。

（1）注重形式与尺度。

餐桌的形式主要如下图所示。

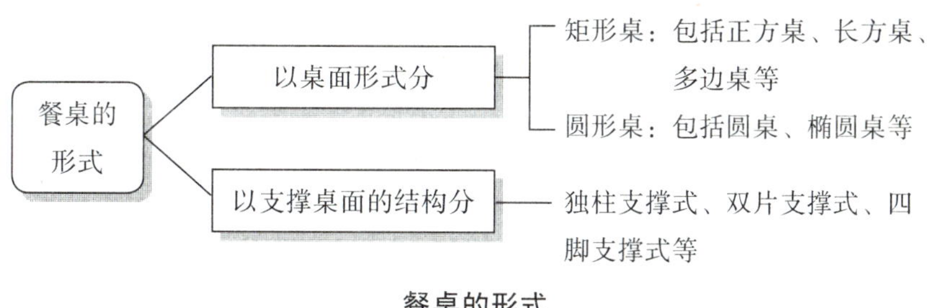

餐桌的形式

对于餐桌的形式，顾客会根据自己的喜好及要求进行选择。

顾客一般要求餐椅不设扶手，这样在用餐时会有随便自在的感觉。但在较正式的场合或显示主座时也会使用带扶手的餐椅，以展现庄重的气氛或使人感觉坐得舒适一些。

（2）讲究餐椅的座高。

顾客通常要求餐椅保持在420～440毫米之间，椅子至桌面的高度差应保持在280～320毫米之间。此外椅的座前宽应不小于380毫米，座深在340～420毫米之间，椅背总高在850～1000毫米之间为宜。

（3）餐柜造型要优美。

顾客对餐柜的要求多为采用两个单体上下组合式设计，上端采用玻璃门结构，以展现餐具与饮酒器具优美的造型，其深度通常在260～350毫米之间。下端为低柜，较上端稍深一些，以400～450毫米为宜。

（4）餐柜设计要合理。

餐柜高度与宽度没有一定的尺寸限制，只要与整体空间比例协调即可。要求餐柜的设计要精致细腻，功能划分合理得体，同时上端的玻璃门应尽可能地使用8毫米厚的玻璃搁板，并在每扇透视门与顶板的相应位置设置聚光石英筒灯。这样，通过造型灯光与材料的完善配合，一个气氛热烈、充满情趣的餐区场景就会展现在眼前。

4. 购买卧室家具的心理

在人们追求健康睡眠，注重生活质量，关爱生命健康的今天，根据自己工作、学习、生活特点，选择一套适合自己使用的卧室家具显得尤为重要。顾客在选购卧室家具时的心理分析如下图所示。

关注环保大于关注价格

近两年来，人们对环保型卧室家具的要求成为长时期的消费热点。给顾客讲解时要讲清使用的板材、胶黏剂等是否环保材料，甲醛、苯等的释放量是否达到了国家规定的标准，有哪些检测报告可以证明等

关注床具的舒适度

床垫的质量、床底架的结构决定了床的舒适度，成为顾客的选购标准

关心是否搬运方便

随着生活方式的改变，人们会不断调整卧室家具的布局，因此是否方便拆卸成为人们的关注因素。尤其是大件的家具，要主动讲清楚如何搬运，如何拆装等

关心储物是否方便

因北方四季明显，换季被褥需要超大空间进行储存，因此气动式开启的箱式结构受到北方人的欢迎

关心床的色彩与造型

一般顾客在购买床时，会考虑卧室光线，自己的年龄、喜好，家装门框的颜色等一系列因素，做到协调一致为宜

顾客购买卧室家具时的心理分析

5. 购买儿童家具的心理

随着近年来人们居住条件的日益改善，孩子已经有了属于自己的房间。对于家中这唯一的“小皇帝”，家长们总是希望他们生活得更舒适。因此，在儿童居室的布置上父母往往投入很大。

儿童家具首先要有供休息的床，一般以木板床或不太软的弹簧床为准；另外，要有专供儿童使用的储藏柜、玩具箱和书柜，用以盛放孩子的东西；除此之外，居室中应设置写字台（书桌）和椅子，以提高孩子的学习兴趣。

一般来说，顾客在选购儿童家具时的心理分析如下图所示。

分析 1

由于孩子缺乏自我保护意识，因此选购的儿童家具应能避免意外伤害的发生。比如：最好不要使用大面积的玻璃和镜子；家具的边角和把手应该不留棱角和锐利的边

分析 2

儿童居室的家具设置，应该符合儿童不断成长的需要。在生理方面，孩子身体在不断生长，家具的尺寸也应随之变化，因此，可调整高度、长度的儿童家具，非常受家长的欢迎

分析 3

"无污染、易清理"是儿童家具的核心。家长在为儿童挑选家具时，会尽量挑选天然材料，而且加工的工序越少越好卖。家长会根据孩子的喜好来装饰儿童居室，首先听取孩子的意见，然后再加入自己的爱好

顾客购买儿童家具时的心理分析

6. 购买书房家具的心理

对于居住面积大的家庭来说，可以有专门的书房；面积小的家庭也可以一屋两用。书房家具主要有书柜、电脑桌或写字台、座椅三种。一般来说，顾客在选购书房家具时，对这三种家具的造型、色彩都追求一致配套，希望能营造出一种和谐的学习、工作氛围，具体心理分析如下。

对色彩的要求

一般来说，学习、工作时，心态要保持沉静平稳，色彩较深的写字台和书柜可帮人进入状态。当然有一部分消费者追求个性风格，喜欢选择另类色彩，觉得有助于激发想象力和创造力。同时消费者在选择色彩时都要考虑整体色泽和其他家具和谐配套的问题

对座椅的选择

因为坐在写字台前学习、工作时，常常要从书柜中找一些相关书籍。带轮子的转椅和可移动的轻便藤椅可以给用户带来方便。根据人体工程学设计的转椅能有效承托背部曲线，应为消费者的首选

注重强度与结构

书柜内的横隔板应有足够的厚度，以防日久天长被书压弯变形。有的消费者会要求量身定做写字台、书柜，以达到自己的要求

顾客购买书房家具时的心理分析

7. 购买办公家具的心理

选择合适的办公家具，满足办公的各种需要，成为人们最关心的问题。顾客在选购办公家具时的心理分析如下图所示。

要求布局紧凑

一般的办公家具包括工作台、工作椅、书架、资料柜等。电脑、打印机、扫描仪等办公设备及大量的书籍和文件，需要一个合理的安置空间，因此选择合适的办公组合家具，打造有效的工作空间，达到提高工作效率、感觉舒适的目的尤为重要

要求尺寸适宜

顾客根据不同的工作性质选择不同的办公家具，需要接待大量顾客的办公室顾客会选择大的接待客人的沙发和会客的桌子；独立工作的办公室则一般会选择大的办公桌

要求气氛统一

办公室的家具选择还要处理好家居气氛与办公气氛的矛盾，尽可能将两者协调起来形成统一的基调，再结合办公特点在家具式样的选择和墙面颜色处理上做一些调整，使办公空间庄重大方，避免过于私人化的色彩

顾客购买办公家具时的心理分析

8. 购买酒店家具的心理

酒店家具主要包括餐饮系列、大堂系列、客房系列，顾客在选购酒店家具时的心理分析如下图所示。

分析 1

家具的款式和色彩要求温馨舒适，给顾客一种宾至如归的感觉

分析 2

款式是否时尚潮流，颜色与酒店装修是否搭配协调，整体效果是否理想

分析 3　规格大小与酒店面积是否适合，原则上以不影响人的行动为准

分析 4　家具的材质是否防火、防潮。酒店的安全尤为重要

分析 5　家具是否做工精细、牢固，油漆和处理工艺是否到位

分析 6　价格是否合适

顾客购买办公家具时的心理分析

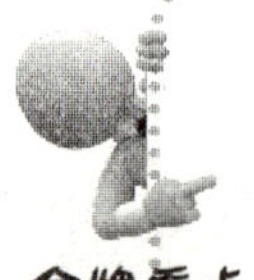

目前消费者越来越看重家具在健康与质量方面的作用，曾经的以低价打拼市场的做法也渐渐不能保证销售的稳定。而且随着生活水平的提高，人们对购买家具日趋理性，另外家具具有的某些特殊功能也成为关注的热点。

第四步 推介产品

当你探询到了顾客的消费需求，而顾客也需要对产品进一步了解的时候，一定要在最短的时间内出现在顾客面前，给顾客介绍产品，对顾客说他们想听的话，而不是说自己想说的话，要让顾客买得放心，买得舒心。

* * * * *

准备相关知识

如果介绍的产品及信息是顾客不需要的，顾客可能会对导购员产生不信任甚至抵触情绪，从而使导购员无法实现销售目标。

要知道顾客所需要的是什么，然后针对其需求，说些他们想听的建议和利益，而不是硬向顾客销售你想卖出去的产品。

导购员向顾客销售产品前，必须对该产品的相关知识做充分的了解，否则的话，在顾客问起来时一问三不知，那再好的产品顾客也不会有购买的欲望。

一、掌握产品的基本知识

导购员对产品基本知识的了解包括产品的名称、价格、品牌、型号、款式、生产过程、质量、性能、用途、售后服务、使用与保养方式及注意事项等。

二、分析产品的特性及优缺点

导购员要对自己所推荐的产品做好特性及优缺点的分析。具体要求如下图所示。

分析产品的特性

产品的特性是指产品的实际情况，包括产品的原材料、产地、设计、颜色、规格、性能、构造等。导购员要学会将产品与竞争品、本品牌与其他品牌的特性进行比较、分类，从而找出其异同点的方法

分析产品的优缺点

通过分析产品的特性，导购员应找到产品的优缺点。对于产品的优点，导购员需要考虑采用什么样的方法对其进行说明和介绍；而对于产品的缺点，导购员则应该考虑如何给顾客一个合理的解释

分析产品的特性及优缺点

三、提炼产品的独特卖点

导购员向顾客介绍产品的时间是有限的，如果在短时间内无法让顾客对产品产生兴趣，就可能无法实现销售。因此，导购员必须为产品提炼出独特的卖点，以此吸引顾客的注意。产品的独特卖点是本产品有别于其他产品的独特优势，而且这种优势必须要能够带给顾客很好的使用价值。

1. 提炼卖点的步骤

导购员在日常的销售过程中可以通过如下页图所示的流程，总结并提炼出产品独特的卖点，将其整理成介绍产品时的常用语，反复练习并不断改进提高。

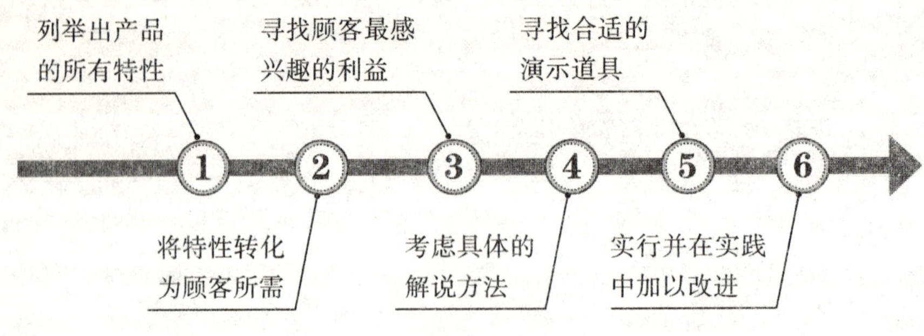

提炼卖点步骤

2. 提炼卖点的方法

每一家企业都会有几十款产品，每一款产品都有自己的独特点，但在卖场基本不可能同时展示，能展示出来的都是比较有特色的产品，也是销量在全国排名前几位的产品。既然销量好、有特色，那就足以说明这些产品有着与众不同的特点，这些特点就是产品的卖点。

导购员可以按照下图所示的途径去提炼产品的卖点。

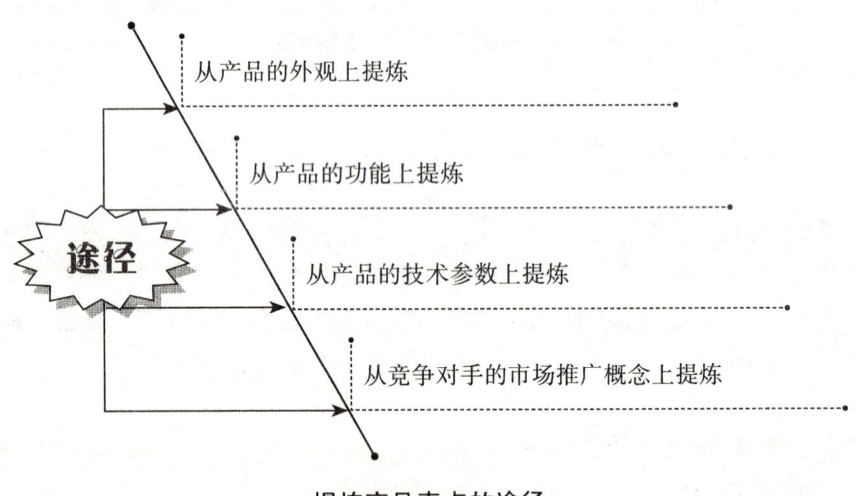

提炼产品卖点的途径

（1）从产品的外观上提炼。

从产品的外观上提炼卖点，主要是从产品外观的设计风格、形状、款式、色调和材质等方面入手，提炼产品的独特卖点。

（2）从产品的功能上提炼。

产品的功能是顾客购买产品的重要原因。提炼产品的功能卖点时，应该注意“同中求异”与“异中求同”的原则。具体要求如下图所示。

原则 1
对于销售的主力产品或利润产品，在提炼功能卖点时主要侧重“异”字，使自己产品的功能卖点别具一格

原则 2
对于作为进攻或干扰竞争对手销售的产品，在提炼卖点时则应侧重“异中求同”，从而使提炼出的功能卖点起到干扰竞争对手销售的作用

产品功能卖点提炼原则

（3）从产品的技术参数上提炼。

独有的技术参数是产品的亮点，对技术参数的提炼要注意把技术参数与顾客的心理利益点结合起来，讲解时用语要通俗易懂，富有引导力，能让顾客产生共鸣。

（4）从竞争对手的市场推广概念上提炼。

当各品牌产品的功能设置、技术参数指标、产品性能、外观包装、市场推广手段等严重同质化时，顾客在终端选购产品时会显得迷茫，不知所措。此时产品卖点的提炼，主要表现在对品牌、产品定位、顾客消费的心理诉求进行综合性的概念提炼。

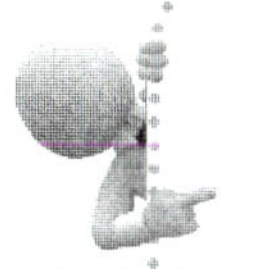

金牌看点

为使产品的卖点能吸引到顾客，与竞争品牌进行概念区别，导购员应该大量收集竞争对手市场推广的新概念、新手段，进行系统分析，结合自己的产品特性进行卖点提炼。

3. 提炼卖点的注意问题

产品就像人一样，都有着自己的性格，作为导购员需要做的就是将顾客感兴趣的产品或自己主力推荐的产品的特点呈现给顾客，让顾客从更深的层次去了解产品，最终接受产品，这样才能将产品进行升华，否则就只能沦为“买材料”，这样卖产品即难卖又卖不出价值。因此，导购员在提炼产品卖点时应注意下图所示的问题。

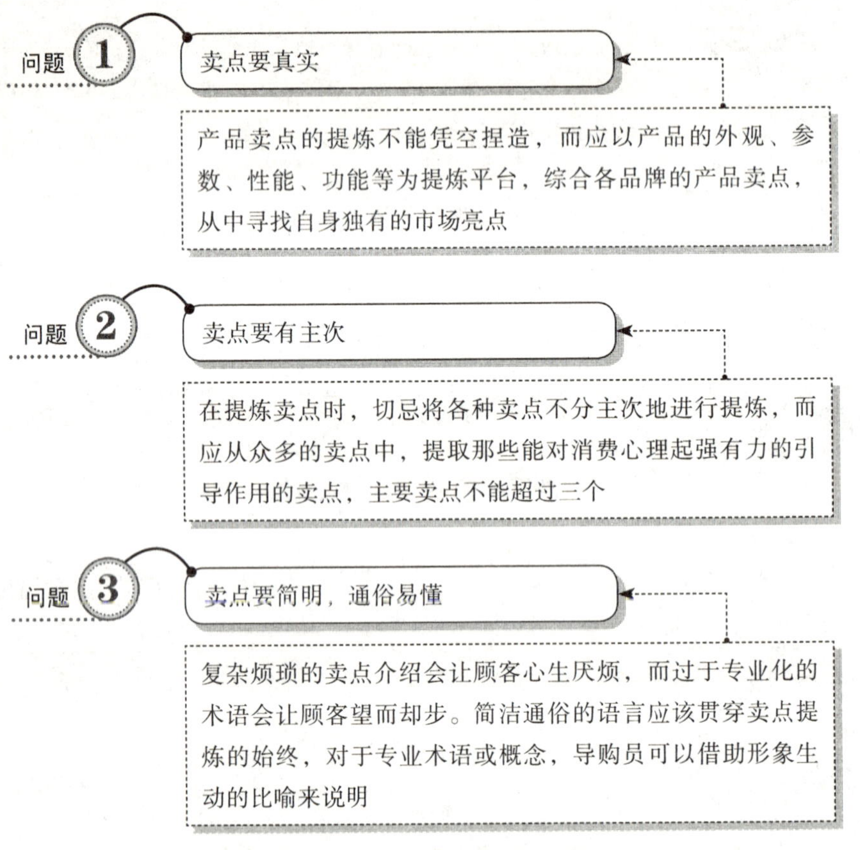

提炼卖点应注意的问题

4. 常见的产品卖点

根据顾客对产品主要需求的不同，产品卖点可以分为六种，具体内容如下页图所示。

卖点	内容
卓越的品质	产品质量是顾客最关心的问题，因此卓越的品质是最具有说服力的卖点，如“划不出伤痕”的亮光漆、高密度的板材等
显著的功效	产品的功效也是顾客关心的问题，如果产品既有稳定的品质，又有显著的功效，那么就很容易得到顾客的认可，如家具底部设置防滑脚垫或软垫，能防止搬移时伤及地板，起到缓冲及消噪声的作用
著名的品牌	著名的品牌能够给顾客带来更多的附加价值，并使顾客产生一种心理上的满足感或荣誉感，如××品牌是中国著名品牌、国家免检产品，荣获消费者信得过产品奖等
优越的性价比	性价比就是性能与价格之比。顾客都愿意花最少的钱，买到最好的东西，因此性价比高的产品自然容易受到顾客的青睐
产品的特殊利益	产品的特殊利益是指产品能满足顾客本身特殊要求的产品特性。追求个性化是现在很多人的普遍心理，因而产品的特殊利益也能够吸引一些顾客，如使衣柜拉手高度高于1.1米，有效降低儿童碰撞发生的危险及意外，家具的边角设计成圆润的光滑面，减少磕碰的伤害等
完善的售后服务	随着人们消费观念的日趋理性化，售后服务已经变成产品的一部分，售后服务将直接影响到消费者的购买行为，如提供免费安装、免费维修、定期保养、使用咨询等售后服务，可以引来更多的顾客

常见产品卖点及其内容

四、收集说明资料

收集各种产品的说明资料，利用数据或事实等来进行说明，使顾客更加信服。

1. 收集说明资料的方法

导购员在平时要注意收集各种说明资料，销售过程中经常用到的说明资料及收集途径如下表所示。

收集说明资料的途径

序号	说明资料类别	收集方法
1	顾客使用产品后的赞美留言或顾客使用产品后的好评事例	（1）向顾客服务部门或销售部索取 （2）在店内放置留言册，请对产品满意的顾客写下赞美留言 （3）保持与顾客的紧密联系，把顾客的好评情况记录下来
2	专业部门、认证部门颁发的认证书、质检证书	向企业相关部门索取，然后对原件进行复制，利用复制的证书向顾客展示
3	宣传图片、图标、统计表	可以通过产品海报、杂志上的资料以及一些年度销售表和市场调查表收集
4	图书、报纸、杂志等出版物上对产品或有关方面的正确报道（媒体报道）	通过收集图书、报纸、杂志等出版物上的一些相关报道，这些资料不一定是关于产品的，只要是与产品的材料、功能等相关的就可以。比如，如果家具是环保产品，那么就可以收集现在家具普遍不环保的报道
5	权威人士的证明	可以通过公司相关部门获得相关专家的题词或名人的评价等

2. 运用说明资料的注意事项

为了更好地发挥说明资料的作用，导购员运用这些资料时应该注意下页图所示的问题。

运用说明资料的注意事项

- 导购员在收集资料时要确保资料的真实性，不可掺假、造假
- 导购员对所有收集的资料要充分熟悉，最好做到能够流利地表达
- 导购员应该根据顾客对产品的兴趣所在，有选择地出示说明资料
- 向顾客出示说明资料时，导购员应该一份一份地将资料交给顾客，同时对资料中的重点进行说明
- 在利用资料向顾客讲解时，要保持与顾客的目光接触，从而达到随时了解顾客态度的目的
- 在使用过程中，导购员要注意资料的保存与保护，避免出现资料丢失与损坏的现象，并且要防止竞争对手窃取资料

运用说明资料的注意事项

引发顾客兴趣

产品是销售人员所销售的实体。清楚并有技巧地将产品的种种特性介绍给准顾客，引起顾客的兴趣，是销售过程中不可缺少的一个步骤。

当顾客开始注意到你的产品后，下一步要做的就是紧紧抓住顾客，让他们产生兴趣，强化兴趣，为进一步刺激其购买欲打下基础。引起顾客兴趣，是整个销售过程中的重要一环，导购员应在此环节上动脑筋、下功夫。

导购员要让顾客对你感兴趣，信任甚至喜欢你。只有让顾客产生了这样的感觉，他才会接受你的产品，你才会有机会更加接近顾客的心理，挖掘到顾客的需求和潜在需求。

吸引顾客，并不是让顾客马上购买产品，而是引起他们的兴趣，让顾客可以听导购员的介绍，增加销售的机会。

一、设计精彩的开场白

开场白指的是在与顾客开始交谈的30秒到1分钟的时间内，导购员对目标顾客所讲的话，差不多就是前几句话。衡量一套开场白是否极具吸引力，就是看其能否引起顾客的兴趣，使其能听导购员继续讲下去，同时又可避开其条件反射产生的反感心理。

街道边的公交车站牌前，一位卖报人走过来对着等车的人高喊："卖报！卖报！一块钱一份！"与此同时，另一位卖报人也走了过来，也对着等车的人高喊："卖报！卖报！本·拉登发表新讲话，称将发动大规模恐怖袭击！中国足球再遭惨败，主教练面临'下课'危机！最新台风明天登陆本省，中心风力可达12级！"

对比一下，两位卖同样报纸的卖报人，最终的结果会有什么样的差别？很显然，后面那位卖报人的开场白极具吸引力，他通过极具诱惑力的语言，成功地吊起了等车人的胃口，引发了他们的兴趣，自然会比前一位卖报人获得更好的销售业绩。

精彩的开场白是成功的一半，极具吸引力的开场白才会恰到好处地引起顾客的兴趣。很多导购员往往在接待顾客时不知道如何开场，并且开场白不具任何吸引力，因此只能眼睁睁地看着顾客离开。可见，极具吸引力的开场白非常重要。那么如何设计极具吸引力的开场白呢？那就必须掌握一些技巧和话术。

1. 新品、新货、新款开场白的话术

在各行各业中，购买产品的顾客越来越看重产品的款式是否最新的、最

流行的，一般最新款的产品会成为家具门店销售中最大的卖点之一。

对于店内的新品、新货、新款，导购员可参考下表所示的话术技巧进行销售。

新品、新货、新款开场白的话术

序号	话术	目的
1	“先生/小姐，这是刚到的最新款，我来给您介绍……”	开门见山
2	“先生/小姐，这款是我们刚上的新货，款式优雅、与众不同，请试一下，看是否合适！”	引导顾客体验
3	“先生/小姐，这款是今年最流行的板式家具，摆放在客厅里显得非常大气……”	突出新款的特点
4	“先生/小姐，您眼光真好，这款家具是最新推出的古典欧式家具，非常适合您这样的高端人士，您不妨感受一下。”	直接讲出产品的款式
5	“这款家具是我们品牌应用最新的环保科技研发的，专为防渗、防污而设计的。”	引起顾客的兴趣

2. 促销开场白的话术

门店开展的促销活动，不仅要让顾客看到，还要让顾客听到，促销活动要能让顾客入耳才能让他们动心。

许多顾客并不是“品牌控”，他们对促销更感兴趣，面对这类顾客的时候，导购员要马上把店里正在开展的促销活动信息告诉顾客，顾客会觉得有便宜占，马上会产生兴趣。这时，导购员可参考下表所示的话术技巧。

促销开场白的话术

序号	话术	目的
1	“哇！小姐，我们店里正好在做促销，现在买是最划算的时候！”	突出重音，引起兴趣

续表

序号	话术	目的
2	“您好，欢迎光临××品牌，现在全场货品8.8折，凡购满1000元即可送……”	指明活动范围
3	“您好，先生，您运气真好，现在正在做买沙发送抱枕的活动。”	直接点明礼品
4	“您好，先生，您真是太幸运了，现在优惠大酬宾，全场5折。”	突出折扣的幅度
5	“您好，小姐，今天是我们店庆活动的最后一天，到了明天，就恢复原价了。”	告之机会的重要性

3. 唯一性开场白的话术

物以稀为贵，对于顾客喜欢的产品，都要表现出机会难得的效果，促使顾客立即下定决心购买。面对这种情况，导购员可参考下表所示的话术技巧。

促销开场白的话术

序号	话术	目的
1	“我们促销的时间只有这两天，过了就没有优惠了，所以现在买是最划算的时候……不然您得多花好几十甚至上百元，那些钱拿来多买个包包或者配饰多好……”	制造促销时间的唯一性，强调机会难得
2	“小姐，我们的这款家具是法国设计师设计的最新款式，为了保证款式的唯一性，这款是国内限量生产、限量发售的款式，在我们店这个款已经不多了……”	制造货品款式的唯一性，强调机会难得

4. 制造热销开场白的话术

当客人表现出对某款家具重点关注时，我们应该趁热打铁，渲染热销的气氛。这时，导购员可参考下页表所示的话术技巧。

制造热销开场白的话术

序号	话术	目的
1	“这款系列产品迄今在全球的销量已逾8000套，其中您看的这款突破2000套。”	用数据引起顾客的注意
2	“这款床垫一上市就卖得特别好，已经销售5万多张了，成为单品销售量冠军，现在库存已经不多了！我正准备自己也买一张呢。”	直接说明产品好卖
3	“这是我们品牌今年上市的最新款家具，在其他店里已经没货了，我们店就剩最后几套了……”	用库存不多突出畅销

5. 突出功能卖点开场白的话术

在产品竞争同质化严重的今天，产品在设计、功能上的差异性是最具竞争力的卖点，这种卖点的独特性，可以成为好的开场介绍方法之一。这时，导购员可参考下表所示的话术技巧。

突出功能卖点开场白的话术

序号	话术	目的
1	“您看，这个防滑挂裤架是多棱设计，保证衣物不易脱落，更不会划伤衣物面料。”	突出产品的功能
2	“这款衣柜的表面经过倒角处理，四面都圆滑，无尖锐突出部分，确保人体接触最大的舒适感。”	突出产品设计人性化
3	“这款床头柜拥有独特的精致的实木拉手，外表光亮、精巧简洁。”	突出材质特色
4	“这款床是通过国际级的产品性能测试的，包括稳定性测试、疲劳测试、冲击测试等。”	突出产品的安全性

6. 赞美顾客开场白的话术

每个人都有希望别人赞美的心理，而且很容易注意到得体的赞美。因此，适当地赞美顾客是引起顾客注意的有效方法。赞美的内容有很多，如外表、衣着、气质、谈吐、工作、地位、能力、性格、品位等。只要恰到好处，对方的任何方面都可以成为赞美的内容。

金牌在线

吸引顾客的开场白

导购员与准顾客交谈之前，需要适当的开场白。开场白的好坏，几乎可以决定这一次交谈的成败。换言之，好的开场，就是导购员成功的一半。销售高手常用以下几种创造性的开场白。

1．金钱

几乎所有的人都对钱感兴趣，省钱和赚钱的方法很容易引起顾客的兴趣。

如:“张经理，我是来告诉您让贵公司节省一半办公费用的方法的。”

“王厂长，我们的机器比您目前的机器的速度更快、耗电更少、更精确，能降低您的生产成本。”

“陈厂长，您愿意每年在毛巾生产上节约5万元吗？”

2．真诚的赞美

每个人都喜欢听到好话，顾客也不例外。因此，赞美就成了接近顾客的好方法。

赞美准顾客必须要找出别人可能忽略的特点，而让准顾客知道你的话是真诚的。赞美的话若不真诚，就会成为拍马屁，这样效果当然不会好。

赞美比拍马屁难，它要先经过思索，不但要有诚意，而且要选定既定的目标。

“王总，您这房子真漂亮。”这句话听起来像拍马屁。“王总，您这房子的大厅设计得真别致。”这句话就是赞美了。

下面是两个赞美顾客的开场白实例：

“林经理，我听华美服装厂的张总说，跟您做生意最痛快不过了。他夸赞您是一位热心爽快的人。”

“恭喜您啊，李总，我刚在报纸上看到您的消息，祝贺您当选十大杰出企业家。”

3．利用好奇心

现代心理学表明，好奇是人类行为的基本动机之一。那些顾客不熟悉、不了解、不知道或与众不同的东西，往往会引起人们的注意，导购员可以利用人人皆有的好奇心来引起顾客的注意。

一位导购员对顾客说："老李，您知道世界上最懒的东西是什么吗？"顾客感到迷惑，但也很好奇。这位导购员继续说，"就是您藏起来不用的钱。它们本来可以购买我们的床垫，让您拥有一个健康的睡眠，人睡眠好了心情就好，而一个好心情是多少钱都买不来的，您说是吧！"

某地毯导购员对顾客说："每天只花1角6分钱就可以使您的卧室铺上地毯。"顾客对此感到惊奇，导购员接着讲道："您卧室为12平方米，我厂的地毯价格每平方米为24.8元，这样需要297.6元。我厂的地毯可铺用5年，每年365天，这样平均每天的花费只有1角6分钱。"

导购员制造神秘气氛，引起对方的好奇，然后，在解答疑问时，很有技巧地把产品介绍给顾客。

4．提及有影响的第三人

告诉顾客，是第三者（顾客的亲友）要你来找他的。这是一种迂回战术，因为每个人都有"不看僧面看佛面"的心理，所以，大多数人对亲友介绍来的导购员都很客气。如：

"何先生，您的好友张安平先生要我来找您，他认为您可能对我们的家具感兴趣，因为，张先生购买了我们的家具，他认为很漂亮。"

打着别人的旗号来推介自己的方法，虽然很管用，但要注意，一定要确有其人其事，绝不能自己杜撰，要不然，顾客一旦查对起来，就会露出马脚。

为了取信于顾客，若能出示引荐人的名片，效果更佳。

5．举著名的公司或人为例

人们的购买行为常常受到其他人的影响，导购员若能把握顾客的这种心理，好好地利用，一定会收到很好的效果。

"李总，××公司的张总购买了我们的家具后，感觉非常满意。"

举著名的公司或人为例，可以壮自己的声势，特别是，如果您举的例子正好是顾客所景仰的人时，效果就会更显著。

6．提出问题

导购员直接向顾客提出问题，利用所提的问题来引起顾客的注意和兴趣。如：

“张总，您认为影响家具变形开裂的主要因素是什么？”变形开裂自然是张总最关心的问题之一，导购员这么一问，无疑将引导对方逐步进入谈话。

在运用这一技巧时应注意，导购员所提问题，应是对方最关心的问题。

7. 向顾客提供信息

导购员向顾客提供一些对顾客有帮助的信息，如市场行情、新技术、新产品知识等，会引起顾客的注意。这就要求导购员能站到顾客的立场上，为顾客着想，尽量阅读报刊，掌握市场动态，充实自己的知识，把自己训练成为家具行业的专家。顾客或许会对导购员应付了事，可是对专家是非常尊重的。如你可以对顾客说：“我们在某某家具上采用了新的功能设计，觉得对您的生活很有用。”

导购员为顾客提供了信息，关心了顾客的利益，也获得了顾客的尊敬与好感。

8. 利用产品

导购员利用所销售的产品来引起顾客的注意和兴趣。这种方法的最大特点就是让产品做自我介绍，用产品的魅力来吸引顾客。

例如：“我们的高箱床，客户一看就会非常喜欢，因为我们的高箱床有非常大的储存空间，空间相当于一个四门衣柜的容量，可以给我们的生活带来很大方便。”

9. 向顾客求教

导购员利用向顾客请教问题的方法来引起顾客注意。

有些人好为人师，总喜欢指导、教育别人或显示自己。导购员有意找一些不懂的问题，或懂装不懂地向顾客请教。一般顾客是不会拒绝虚心讨教的导购员的。如：

“王总，在计算机方面您可是专家。这是我公司研制的新型电脑，请您指导，在设计方面还存在什么问题？”受到这番抬举，对方就会接过电脑资料信手翻翻，一旦被电脑先进的技术性能所吸引，销售便大功告成。

10. 强调与众不同

导购员要尽量创造新的销售方法与风格，用新奇的方法来引起顾客的注意。日本一位人寿保险销售员在名片上印着“76600”这一数字，顾客感到奇怪，就问：“这个数字是什么意思？”导购员反问道：“您一生中要吃多少顿饭？”几乎没有一个顾客能答得出来，导购员接着说：“76600顿吗？假定退休年龄是55岁，按照日本人的平均寿命计算，您还剩下19年的饭，即20805顿……”，这位导购员用一个新奇的名片吸引住了顾客的注意力。

11．利用赠品

每个人都有贪小便宜的心理，赠品就是利用人类的这种心理进行销售的。很少人会拒绝免费的东西，用赠品作为敲门砖，既新鲜，又实用。

当代世界最富权威的销售专家戈德曼博士强调，在面对面的销售中，说好第一句话是十分重要的。顾客听第一句话要比听以后的话认真得多。听完第一句话，许多顾客就会自觉或不自觉地决定走还是继续谈下去。因此，导购员要尽快抓住顾客的注意力，这样才能保证销售的顺利进行。

二、找到顾客的兴趣点

顾客的兴趣点和顾客的关注点并不是一样的。打个比方，顾客事先已经想到自己要给家里换一张沙发，于是他会带着这样的目的去有沙发的门店，他只关注沙发，不会去服装店，这就叫关注点。

但是，到了商场之后，发现卖沙发的品牌很多，大同小异。有的卖衣柜的门店在做活动，而且价格和服务都很有吸引力，这样他的兴趣点被激活了，并进一步升华为新的关注点。

导购员需要主动激活顾客的兴趣点，而不是坐等他们对门店的产品产生关注，因为只有创造出更多的兴趣点，才能有效吸引顾客，有更多的顾客愿意主动走进我们的门店。

某天，门店内来了一位穿着时尚的女士，她很显然是带着悠闲的心情来逛逛的：即使在店内浏览产品时，神态也非常轻松自若，而且不时摆弄手机。

店员小芳发现，这位女士从衣着到饰品都相当讲究。她的消费能力和要求应该都不低。于是，小芳找到机会，和女士聊了起来。

一开始，女士态度懒洋洋的，不愿意多说话。但小芳抓住谈话空隙，称赞女士提包上一个小狗形状的饰品说："您的这个小狗饰品好有个性啊，非常可爱！"

这下，女士的脸上浮现微笑，她说："是吗，这是我专门定制的银饰，是按照我家宝宝的样子做的呢！"

小芳当然知道，"宝宝"就是女士的宠物，于是，她马上将话题引导到狗的身上，凭借业余时间在时尚杂志上了解到的宠物知识，小芳的谈吐迅速引起了女士的注意。当话题说到怎样预防猫狗对家具的破坏时，女士表现出了很大的烦恼，她抱怨说家里的另外一只纯血种的猫最近很不听话，总是用爪子挠坏沙发。

“女士，如果您在我们这里定做沙发就不会有这样的问题了——我们每年赠送3次上门维修服务呢。”小芳说道。

“是吗？”女士说，“那正好，我家新房子的客厅正打算重新装修，这样吧，我今天就在你这里订一套真皮沙发。”

就这样，从一个小狗饰品到卖出去五位数价格的沙发，小芳只用了不到20分钟的时间。小芳成功的秘诀就在于她准确找到了顾客的兴趣点。

金牌在线

产品的兴趣集中点

一般来说，产品的兴趣集中点主要有：

1. 产品的使用价值

对于大多数产品和顾客来说，这都是兴趣集中点。因此详细地介绍产品的功能是必不可少的，也是首先要做的。对于经济上不是很宽裕的顾客，强调产品的多种功能显得更为重要。

2. 流行性

它是虚荣型顾客的一个重要兴趣集中点，大多数装饰品、高档日常用品都应突出这一集中点。根据顾客的着装以及家庭用具可以判断出其兴趣是否集中于此。

3. 环保性

近些年，人们在购买家具时对环保的关注度越来越高，这是顾客购买家具时非常重视的关键点，特别是敏感型的顾客，他们的兴趣会集中在此。

4. 美观性

青年顾客及年轻夫妇大多较重视产品的美观性，女性顾客也比男性顾客更多地重视这一点，性格内向、生活严谨的人在注重产品的使用价值的同时，对产品的外观也较挑剔，如果你的产品外观上有缺陷，不妨刻意回避一下。

5．教育性

随着收入的提高，对于这一点人们日益关注，尤其是中年顾客。

6．保健性

如家具拉点工艺、镂空设计的静态按摩效果，针对老年人要强调这一点，有财力和有时间保护自己健康的顾客尤其重视这一点。

7．耐久性

它作为使用价值中的一个特殊方面受到大多数顾客的重视，但有些强调时尚的产品则不必强调其耐久性，青年顾客对于这一点往往考虑不多。

8．经济性

强调产品的质量价格比优势无疑会使那些经济不宽裕的顾客的承受力加强。另外，产品数量有限，往往会促使犹豫的顾客做出决策；同时，物以稀为贵的思想大多数人都认同，不妨稍加利用。

三、精彩的示范

在发现了面前顾客的兴趣集中点后可以重点示范给他们看，以证明你的产品可以解决他们的问题，适合他们的需求。当然如果你的顾客是随和型的，并且当时的气氛极好，时间充裕，你可以从容不迫地将产品的各个方面展示给顾客看。但是，由于大部分顾客都不会喜欢你占用他们过多的时间，所有选择、有重点地示范产品还是很有必要的。

比如，向顾客销售电动床，这时你只要向他示范电动床的主功能（能分别调节高度）就可以了，而如果你将所有的功能示范一遍，会给顾客留下一种印象：这床跟我家里的床没有什么区别，不买也罢。

如果在示范过程中能邀请顾客加入，则效果更佳，这样给顾客留下的印象更深。在示范时你可以请顾客帮你一点小忙，或借用他方便而不贵重的用具等，总之想办法让顾客参与进来，而不是在一边冷眼旁观。如果你销售的产品使用起来很方便或是人们经常使用的，那么你可以放心地让顾客去试用，效果一定不错。

比如，上面故事中的电动床，导购员就可以让顾客自己动手调节高度，以更好地感觉它的方便与实用，一定会好于看你表演。

导购员仅仅向顾客介绍产品的外观形态是不够的，让顾客边操作边讲解产品的功能和特点，准顾客的参与感与拥有感会领着他们向购买的方向前进。

在示范过程中，导购员一定要做到动作熟练、自然，给顾客留下利落、能干的印象，这样顾客也会对自己驾驭产品产生信心。

导购员做示范时一定要注意应不时对产品流露出爱惜的感情，谨慎而细心的触摸会使顾客在无形中感受到产品的尊贵与价值，切不可野蛮操作。

导购员对产品的态度将直接影响顾客的选择。

在整个示范过程中，导购员要心境平和、从容不迫。尤其遇到示范出现意外时，不要急躁，更不要拼命去解释，这样容易给顾客造成强词夺理的印象，前面的一切努力也就付之东流了。

总的来说，示范存在缺陷的原因主要有下图所示的几点，只要你努力去避免这些造成缺陷的原因，再加上你熟练的动作和幽默的语言，一定会精彩地完成示范，达到强化顾客兴趣的目的。

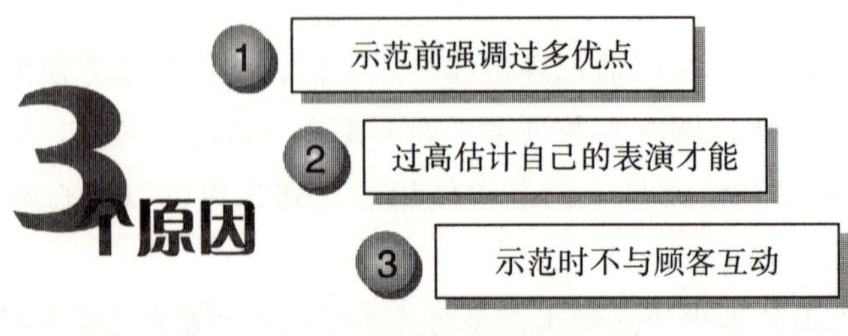

示范存在缺陷的原因

1. 示范前强调过多优点

在示范前对产品的优点强调过多，从而使顾客的期望过高，而在整个示范中尽管你和你的产品均表现出色，但却不能使顾客满意，这显然是导购员自己给自己设了一个陷阱。在介绍产品时不要过分夸张，一味强调优点，而要让事实代你说话，你只要充分展示出产品的特性与功能，顾客自然会感觉到。

与此同时，主动介绍一点这种产品设计上有待突破，同时又不伤大雅的地方，也是大有益处的。本来这世上就没有十全十美的东西，由你自己点出来总比让顾客发现而你又极力隐瞒强得多。

2. 过高估计自己的表演才能

在示范过程中极力表现自己，这也是造成失误的原因。在示范中加入一些表演成分的确可以加深顾客印象，但如果过分表现自己，则容易给人造成华而不实的感觉。导购员又不是演员，一定不要掺杂太多的表演成分，其实娴熟的动作以及简练的语言、优雅的举止才是导购员最好的表现。

3. 示范时不与顾客互动

在示范过程中导购员只顾自己操作，而不去注意顾客的反应，这是示范过程中的大忌。如果在示范过程中顾客提出疑问，这说明他已经跟上你的思路，这时导购员要针对问题重点示范或重复示范，不能在示范过程中留下疑问不去解决。如果顾客对你的示范表现漠然，你就不要急于做下去，而是应该巧妙地利用一些反问与设问，想办法让顾客参与进来。总之在示范过程中切莫忘记与顾客的交流。

金牌在线

如何让顾客参与产品示范

在销售的开始阶段，为了引起顾客的注意，导购员利用语言抽象地介绍了产品的某种特性，由于产品的特性宣传形成了顾客兴趣的基础。要继续吸引顾客的注意力，强化顾客的兴趣，导购员就应进一步证实这些具体特性确实存在，且能为顾客所相信。

销售专家们认为，证实的方法通常是示范，导购员通过示范让顾客亲眼看到产品的特性，更容易使顾客产生兴趣。可以说，向顾客进行示范的阶段就是促使顾客产生兴趣的阶段，在示范过程中，导购员通过特定的动作和场景向顾客展示某件产品的特性或某项服务的优点，对方的兴趣便会油然而生。

1．表演示范法

在销售对象面前，为了增加示范的表现力和感染力，导购员应该学会一定的表演技巧。表演示范的主要方法是做动作，有时连色彩、音响、气味等都可以作为表演示范的辅助手段。所以，在顾客面前，导购员的一个证明产品耐用性的小小旁证或简单示范，都会引起顾客浓厚的兴趣，以致使顾客决定付诸购买。

卖高级领带的导购员如果只说，“这是金钟牌高级领带”，并没有什么效果，但是，如果把领带揉成一团，再轻易地拉平，说，“这是金钟牌高级领带”，就能给人留下深刻的印象。有时，导购员用一点戏剧化的手法进行示范，可以大大增强表演示范的效果。在做表演示范之前，导购员应该经过精心设计，仔细研究表演示范的程序安排与艺术处理，千万不可草率行事，否则画虎不成反成犬，欲速则不达。表演时应该注意言行动作的优美性，切不可片面追求新奇而使观者反感。

最后，表演要有计划，就像导演的电影剧本一样，示范中应反映出导购员精心安排的情节和具体表演的进展程序。有时，导购员在表演中加进一些戏剧性的内容，会更好地增强示范表演的艺术效果。

2．体验示范法

所谓体验示范，就是在销售过程中使顾客亲自接触，直接体会产品的利益与好处。激发顾客兴趣的关键在于，使对方看到购买的利益所在。

要使顾客购买家具，导购员首先应该让顾客看到买这款家具的好处，以及买这款家具是非常有面子的。

宜家家居（下称“宜家”），1943年创建于瑞典，是全球最大的家具家居用品商家，1998年首度进入中国内地市场，至今在中国内地拥有16家大型门市，遍布北京、上海、广州等城市。在欧美，宜家只是低收入阶层的“家居便利店”，但在中国却变身高大上的“大型家具卖场”，更一度成为小资们标榜自己身份和地位的象征。

宜家最吸引顾客的地方在于“体验”二字。对比本土家居卖场中冷冰冰的家居产品、如出一辙的产品设计与陈列，宜家反其道而行，一直提倡和坚持让顾客亲身了解产品的特点，鼓励所有到店的顾客体验并现场试用家居产品，了解这款产品的特点和优点所在。可以说，其他家居卖场卖的是商品，宜家主要卖的是“体验”。即便商品质量参差不齐、价格不低，中国人还是愿意为惬意的“体验”掏腰包。

3. 写画示范法

这是一种独特的示范方法。导购员有时可能无法知道客户家的户型，不能做实物演示放在客户家的效果，但只要导购员掌握了客户家的尺寸、装修风格，就可以用纸与笔把所销售的产品介绍给顾客。

无论销售哪种产品，都可以做写画示范。产品越新型、越精密复杂就越有必要把你的销售介绍具体化。导购员如会画画，可以在顾客面前利用一些图案、图表加强自己的表达能力和说服能力。某些销售产品一时无法在现场展示，如房屋、车船铺位、宾馆房间，导购员用纸笔画出简单的示意图就能很好地说明问题。把一些数据写下来，比如“21英寸，显像管寿命12000小时”“已出产此型号电视机30万台，占本地市场35%的份额”，并当面交给顾客，这样就会有明显强化顾客购买兴趣的效果。因此，只要写画出你想说明的东西就够了。

关于这一点，导购员在介绍顾客不太熟悉、结构又比较复杂的产品时必须注意，在顾客面前一定要说明产品的实用性，尤其是与人们日常生产和家居生活有关的工具和小百货，顾客最关心的就是它的使用价值。

一开始便让准顾客参与其中，让他们帮你操作，或拿着样品，让他们相信你。让准顾客有肢体上的参与是销售过程中很重要的一点，让他们操作示范、按按钮、复印文件、开车、拿东西、帮助整理东西、打电话、传真文件等。如果可能的话，试着让准顾客主持整场操作示范。他自己做得越多，在他下决定前拥有感便会越浓厚。然后，导购员应观察、聆听准顾客的信号：大笑、赞美、惊叹声。如果顾客表现得很兴奋，导购员必须保持相同的销售策略与对话。显而易见，导购员已经“击中”了顾客的要害。

顾客一旦掌握了一定的使用操作技巧之后，使用越熟练就越想永久地使用，这非常有利于达成交易。碰到对方产生兴趣但仍有一些疑问时，导购员也不要迫使顾客过早形成结论，特别是在顾客需要对产品进行选择时，更不能让他产生压力，以免对以后的销售产生不利的影响。

让准顾客跟着你动，比如大声朗读、扮演一个示范角色、做测试等，任何互动的、有趣的、会引起兴趣的事都可以。有时候，唱20分钟独角戏的效果，还不如10分钟的互动。

完成操作示范时，把东西从顾客手中拿走，收起全部的宣传资料。这么做可以消除所有令你分心的事，从而再度掌控销售过程。如果准顾客要求再次操作某件产品或再看看某件东西——这就是购买的信号了，此时要完成这笔生意易如反掌。

推介03 塑造产品的价值

顾客愿意购买，一定是认为价值大于价格。因此，导购员永远不要与顾客争论价格，而要与顾客讨论价值。

导购员找到了顾客的需求，并且成功开发和刺激顾客的需求，顾客对产品表现出了兴趣之后，接下来的工作重点就是如何把产品的核心价值与顾客的需求合理嫁接，传递顾客最关注的产品核心价值。

导购员在向顾客传递产品核心价值的时候，一定要懂得运用生活化的通俗语言来有声有色地解说产品，让顾客不只听得懂，还要喜欢听；要懂得运用逻辑性的语言有理有据地介绍产品，不光要说到顾客的心坎里，还要能让顾客充分信服。

有很多导购员在向顾客介绍家具时，普遍会犯的一个错误就是对产品的特点进行过于详尽的介绍，而模糊了产品本身的特点及能够带给顾客的利益，这样介绍完后，顾客听得云里雾里，抓不到重点，介绍了也白费功夫。

从顾客购买的心理角度分析，一样产品必定是满足了顾客的某种需求才会使顾客购买它，这时候，导购员就要运用塑造产品价值的利器——FABE法则，向顾客介绍产品。

一、什么是FABE法则

FABE法则是非常典型的利益销售法，而且是非常具体、具有高度、可操作性很强的利益销售法。它通过下图所示的四个关键环节，极为巧妙地处理好顾客关心的问题，从而顺利地实现产品的价值导入。

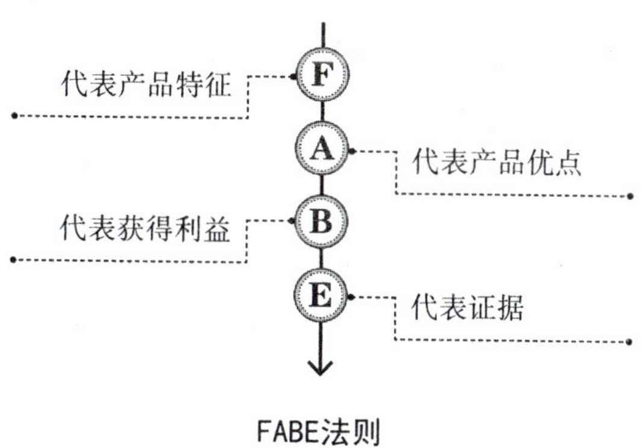

FABE法则

1. F（Features）——代表产品特征

F代表产品特征：产品的特质、特性等最基本功能，以及它是如何用来满足顾客的各种需要的。

比如：从产品名称、产地、材料、工艺定位、特性等方面深刻去挖掘这个产品的内在属性，找到差异点。

金牌看点

导购员要深刻发掘自身产品的潜质，努力去找到竞争对手和其他导购员忽略的、没想到的特性。当你给了顾客一个“情理之中，意料之外”的感觉时，下一步的工作就很容易展开了。

2. A（Advantages）——代表产品优点

A代表由这特征所产生的优点：即产品特性究竟发挥了什么功能？也就

是要向顾客说明购买的理由。可和同类产品相比较，列出比较优势；或者列出这个产品独特的地方。

比如：更管用、更高档、更温馨、更保险、更……

3. B（Benefits）——代表获得利益

B代表这一优点能带给顾客的利益：即产品的优势带给顾客的好处。利益销售已成为销售的主流理念，一切以顾客利益为中心，通过强调顾客得到的利益、好处激发顾客的购买欲望。

4. E（Evidence）——代表证据

包括技术报告、顾客来信、报刊文章、照片、示范等，通过现场演示、相关证明文件、品牌效应来印证刚才的一系列介绍。所有作为证据的材料都应该具有足够的客观性、权威性、可靠性和可见证性。

FABE法简单地说，就是在找出顾客最感兴趣的特征后，分析这一特征所产生的优点，找出这一优点能够带给顾客的利益，最后提出证据，通过这四个关键环节的销售模式，解决消费诉求，证实该产品确能给顾客带来这些利益，极为巧妙地处理好顾客关心的问题，从而顺利实现产品的销售诉求。

二、用FABE介绍卧室家具

卧室是供人们睡觉休息的地方，卧室家具套餐一般是由包括床、床头柜（2个）、衣橱和梳妆台在内的5件套或加上梳妆椅、五斗柜等组成的6～8件套。

导购员在介绍卧室家具时要把握下图所示的几个方面。

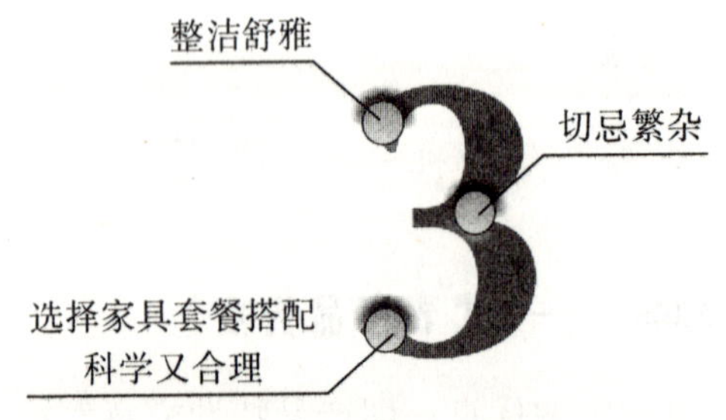

介绍卧室家具时要把握的要点

1. 整洁舒雅

因为卧室是供人们睡觉休息的地方，白天忙碌了一天，晚上躺在床上看着卧室内的摆设应有一种心明神快的感觉，卧室布置要体现整洁舒雅的整体气氛。

2. 切忌繁杂

卧室的功能就是睡觉，屋内的物品摆设切忌繁杂，动线应通顺流畅，并要注意家具布置对人们正常休息的影响。

3. 选择家具套餐搭配科学又合理

套餐消费省时省力又省钱，因为卧室家具套餐的所有组成部分都是经过专业人士挑选搭配的，不仅是颜色、质地、造型，就连尺寸和价格也都经过了科学的计算，套餐的款式、色彩、材质和谐统一。价格也比单一购买优惠许多，整套家具性价比会更高。购买卧室家具套餐，卧室中的主要部件组成便可一步到位。

比如：

王小姐，您看，我们衣柜的挂衣杆都是小香樟木（纯实木原木）的。（F：产品的特征）

小香樟木物种稀少，成材期一般需要20多年，因此价值很高。（A：这一特征所产生的优点）

小香樟木质地坚韧且轻柔、结实耐用，单根承重可以达40公斤，是普通铝合金挂衣杆的5倍以上；小香樟木含有丰富的挥发性油脂，具有浓厚的特殊香气，是高品质香水提取源之一，这种香气使其具有独一无二的实用功能，它可以驱虫防霉，除异味、防止衣服腐蚀，免去了您买樟脑丸的麻烦，同时不用担心衣服上会留下樟脑丸的难闻气味。（B：优点能带给顾客的利益）

很多顾客都喜欢用小香樟木杆。（E：证据）

三、用FABE介绍书房家具

书房在现代家居生活中经常承担着书写、电脑操作、藏书和休息的功能，它不但是休闲，读书的场所，也是工作的空间。书房家具主要有书柜、电脑桌（或写字台）、座椅三种，选购时要尽可能做到家具的造型、色彩配套一致。

介绍书房家具可以分别介绍组成书房家具的各部分的特点和优点。

1. 书柜的选择

书柜是藏书的地方，首先要保证有较大的贮藏书籍的空间。书柜间的深度以30厘米为好，过大的深度浪费材料和空间，又会给取书带来诸多不便。书柜的搁架和分隔最好是可以任意调节的，能够根据书本的大小，按需要加以调整。书柜内的横隔板应有足够的承托力，以防日久天长被书压弯变形。

2. 写字台的选择

写字台是存放文件和小物品的地方。写字台的高度要适中，要留有腿在桌下活动的足够区域。写字台的台面支撑要合理，可通过目测，确保台面中间无下垂、弯曲等现象。

3. 座椅的选择

座椅应以转椅为首选。坐在写字台前学习、工作时，常常要从书柜中找一些相关书籍。选择带轮子的转椅可方便转动，可以带来很大的方便。并且从人体工程学角度来考虑，设计的转椅能够有效承托背部曲线，长时间坐在上面不会感到疲劳。

4. 色彩的选择

色彩因人因家而异。一般来说，学习、工作时，心态须保持平稳，可优先选用色彩较深的写字台和书柜，要想追求个性风格，也不妨选择另类点的色彩，这样更有助于激发想象力和创造力。同时，购买书房家具还要考虑整体色彩和其他家具和谐配套的问题。

比如：

王小姐，您看，我们书柜的层板都是可以自由组合的。（F：产品的特征）

可以根据您所摆放的物品的高度来自由调整。（A：这一特征所产生的优点）

平时放个高的古董花瓶，放个矮点的罐子，放个荣誉证书、奖杯、书籍

等，都非常方便。（B：优点能带给顾客的利益）

您看很多顾客都喜欢这款书柜。（E：证据）

四、用FABE介绍儿童家具

原来是没有专门的儿童家具的，随着人们生活水平的提高及大家对儿童越来越重视才有了这一类家具。专门根据儿童的身心特点和发展特点为儿童设计的集功能性、游戏性、学习性于一体的儿童家具门类众多，五彩缤纷。

儿童卧室是儿童家具最集中的地方，在功能上要体现出自由组合、灵活多变的一面。儿童卧室家具主要包括床、储藏柜、书桌、座椅等，能在有限的空间内解决孩子的学习、娱乐、休息等生活需要，并且卧室的整体布置，每件家具的图案形状、颜色等都可能影响到儿童。

在介绍儿童家具时应把握下图所示的几个关键词。

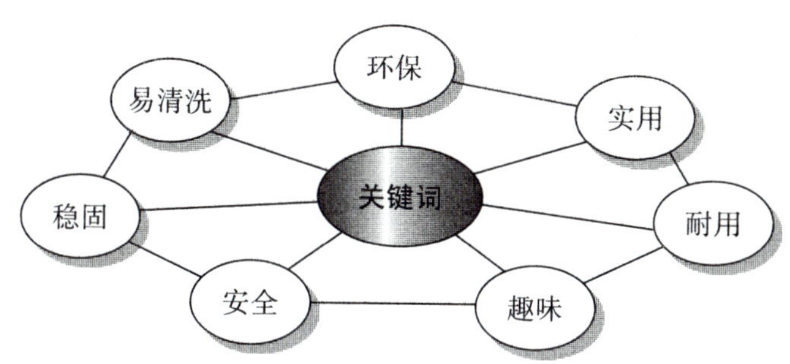

介绍儿童家具时应把握的关键词

1. 环保

家具作为日用消费品，首要的就是要求材料环保，防止家具用料中甲醛的含量超标。木质是制造儿童家具的最佳材料，取材天然而又不会产生对人体有害的化学物质。另外，儿童家具如何用漆也十分重要，所以应选用无铅、无毒、无刺激的儿童家具，并且尽量选购品牌家具，千万不能因省时或省钱到一般小店买散发油漆味的家具。

2. 实用

为孩子添置家具并不全是为了房间的好看，实用的原则至关重要。所以桌椅特别要讲究人体工程学原理，家具的高度要适宜孩子，使他们的手够得到放在上面的东西，橱柜的门和抽屉要推拉方便，不能紧涩。家具的尺寸高矮要符合小孩的坐姿、睡姿，以免影响小孩的健康成长。

3. 耐用

因为孩子总在不断地成长，在购买儿童家具时，要注意一下这套家具是否可以持续使用，一套好的儿童家具应该可以满足孩子各个成长时期的需要，不会因为儿童年龄的增长，而失去了作用。

4. 趣味

好奇和好玩是儿童的天性，儿童家具要符合儿童的心理特征，富有趣味性，集游戏、学习、实用的功能于一身，满足儿童无穷尽的好奇心和探索欲望。

5. 安全

儿童的机体平衡能力差，所以地垫要用吸着力强的，家具不应有儿童容易碰上的突出结构，床边要有护栏，要结实而且还要有一定的高度，以防在睡眠中儿童从床上坠落跌伤，柜橱门的把手要方便儿童的握取，但不宜做得过于细小，以防儿童在奔跑中被刮伤。

6. 稳固

儿童家具应该重心稳固，并有一定的重量，使孩子无法轻易地举起和扳倒，因为对于一个淘气的小精灵来说，低矮的桌椅是一个蹦上跳下的好跳台，如因家具不够稳而被踩翻，孩子很容易受到意外的伤害，而搁放东西的高架如被扳倒，也会砸到幼童。

7. 易清洗

儿童家具既要实用还要易于清洁，幼童会把家里所有的东西当作画布，表面易于清洁的家具当然会省掉大人的不少事。

比如：

王小姐，您看，我们这款儿童家具采用的是××品牌的水性木器漆。（F：产品的特征）

水性木器漆最大的优点是以水为稀释剂的。（A：这一特征所产生的优点）

所以，非常健康环保，符合欧标E1级环保标准。（B：优点能带给顾客的利益）

您看很多顾客都喜欢我们的家具。（E：证据）

五、用FABE介绍餐厅家具

餐厅家具比较简单，主要由餐桌、餐椅、餐橱柜组成。餐厅使用率极高，力求尽可能方便、舒适，具有亲切、洁净、令人愉快的家庭气氛。

介绍餐厅家具时可以介绍以下几方面。

1. 餐桌材料耐热、耐磨性能好

餐桌上面经常放置热盘、热碗，选用耐热、耐磨、易擦拭的材料做餐厅家具，此种材料做成的桌面不会被损坏，长期使用不会影响桌子的美观。

2. 餐椅的选择

餐桌与餐椅的高度配合应适当，应避免过高或过矮的餐椅，大小要与居室环境相称。

3. 餐橱柜

餐橱柜是餐厅中放置碗、碟、酒水饮器等的家具，布置形式无固定要求，只要物品放置方便，结实耐用美观即可，同时要注意与室内整体色彩和风格协调。一般来说，木质餐厅家具有自然、淳朴的气息；金属餐厅家具则线条优雅，颇具潮流感。

比如：

王小姐，您看，我们餐桌采用的都是安全角设计。（F：产品的特征）

经过26道工序纯手工打磨，做到360度圆润光滑。（A：这一特征所产生的优点）

看起来非常大气美观，即使小孩子不小心碰到，也会将伤害降到最低。（B：优点能带给顾客的利益）

您看很多顾客都喜欢这款餐桌。（E：证据）

六、用FABE介绍厨房家具

对于厨房家具导购员可介绍下图所示的几方面的特点和优点。

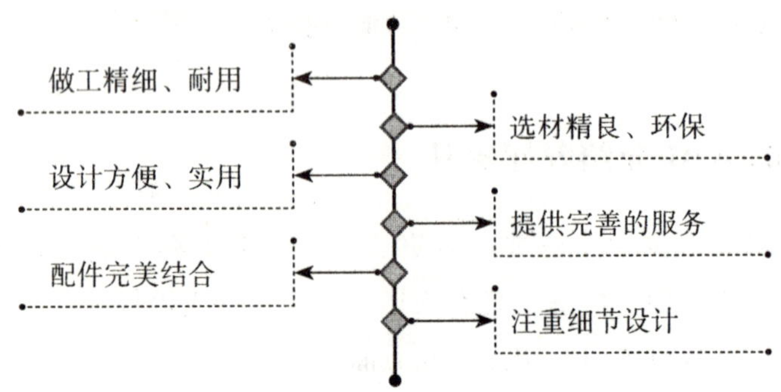

介绍厨房家具的特点和优点

1. 做工精细、耐用

厂家使用现代化的机器设备，采用高温高压封边，封边后外表整洁牢固，封边带经自动连接、切头、切尾、修边、抛光等工序，边缘平整、手感光滑圆润，这样的封边避免了长久使用中水汽对橱柜的损坏，能够使橱柜更耐用；材料之间的连接性好。截料之后，板的端部边缘无啃边现象。

2. 选材精良、环保

选材优质，柜体的主板材所选用的是中密度纤维板，应选择符合国家标准的、经表面贴面的一级板材。操作台面具有耐热、合理阻燃、防腐、易清洁等特点。材料均达到环保要求。

3. 设计方便、实用

选择厨房家具应当充分考虑洗刷、料理、烹饪、储藏物品这四大基本功能，整体设计性好。要考虑操作台的宽度、高度，以及吊柜的进深、高度等因素，保证人体在厨房中的操作活动的方便性和实用性。把常用的东西放在150厘米的高度范围内，就能够减少弯腰、下蹲和踮脚的次数。

4. 提供完善的服务

售前上门量房设计，售中上门仔细安装，售后建立用户档案，及时回访，有问题及时解决等都可以解除消费者的后顾之忧，获得好的口碑。

5. 配件完美结合

良好的橱柜还是五金配件和橱柜柜身、柜门的完美结合，在使用时抽屉、门板等活动部件，开动要方便灵活、无噪声，能经得起上万次的开关而不变形损坏。

6. 注重细节设计

柜子设计有整体活动脚板，方便清理柜子底部的卫生。非专业厂家生产设备不精良制造出来的家具连接处会出现啃边现象，处理得比较简单粗糙，并且一般不设有整体活动脚板，不方便清洁橱柜底部。

比如：

王小姐，您看，我们厨房的灶台采用的都是纯天然大理石。（F：产品的特征）

纯天然大理石结构致密，纹理美观大气，底部经过承托网处理。（A：这一特征所产生的优点）

非常容易打理，像我们平时炒菜时油污不小心掉在灶台上，用干净的擦布轻轻一擦就干净了，而且承托网的设计可以防止大理石断裂，大大延长了大理石的使用寿命。（B：优点能带给顾客的利益）

您看很多顾客都喜欢我们的这款大理石灶台。（E：证据）

引导顾客体验

体验的核心就是导购员有意识地以服务为舞台，以产品为道具，使顾客融入其中，为他们创造出值得回忆的感受。

生活中体验营销无处不在：在街边买西瓜，卖家会切开一个放在一边供顾客品尝；在商场买椅子，导购员会请你上去坐一坐，体验一下椅子的感觉。买家通过体验产品之后，再决定是否购买，这就是体验营销的起源。当行业发展到一定的阶段，人们对产品认知的要求会越来越高，买产品前先试用，这就是基本的体验营销。

所谓的体验营销是指企业根据消费者情感需求的特点，以有形产品为载体，以服务为舞台，以顾客为中心，以情感为纽带，以向顾客提供有价值、有意义的体验为主旨，通过充分响应顾客个性化的诉求，使顾客在心理和情感上获得美好而深刻的体验而开展的一种企业与顾客之间互动的新型营销模式。

在一家销售床垫的店面里，顾客被一张按摩床所吸引。导购员走过来与顾客交流："先生，您好，看到我们的床是不是觉得有点感觉？"顾客说："挺有意思的。"

导购员开始介绍："我们这个床的内部结构和普通的电动按摩床不一样。首先，我们所用的按摩头的组键是一排6个，一共有12排，就是72个按摩头。其次，我们的按摩头用的是进口的德国电机。最后，一般的按摩头的按摩角度是180度，我们的按摩头可以做到360度全方位旋转。您躺上去就会感觉特别特别舒服。"

顾客不禁产生疑问："有这么神奇吗？"导购员说："先生，我们这边有一架组装好的按摩床，要不您上来感受一下？"

顾客躺在按摩床上，导购员把电源插上。导购员："您感觉整体力度合不合适？"顾客回答："还可以。"导购员顺势介绍："先生，这张床可以分功能区进行调节。先生，现在头部是不是特别舒服，按摩得到不到位？"顾客："挺舒服的。"导购员："那颈部呢，颈部力度怎么样？"顾客："颈部力量再稍微大一点。"导购员就把力度调大了，又问："肩部呢？"

导购员不停地转换功能区，一直到顾客的肩部、背部、腰部都感觉非常舒服。

最后，顾客高兴地订下了这张床。

对家具导购员来说，将产品介绍和顾客的体验融为一体，容易在不经意中达成交易。如果导购员只是凭嘴巴向顾客介绍的话，效果就非常一般。所以，要增加业绩，最有效的方法就是调动顾客的各种感官，引导顾客亲身体验效果会更加显著。

一、引导顾客体验的原则

体验可以让顾客更深切地体会到产品的好处，其最重要的原则是，动用顾客所有的感官，包括他的视觉、听觉、嗅觉、触觉、味觉，尽可能地让产品给顾客留下一个全面的、整体的、立体的、鲜活的印象。

比如，卖沙发或者是软床时，不仅要让顾客看到外观的风格，更要调动顾客的触觉去感受。

有效的体验分为四点，具体如下图所示。

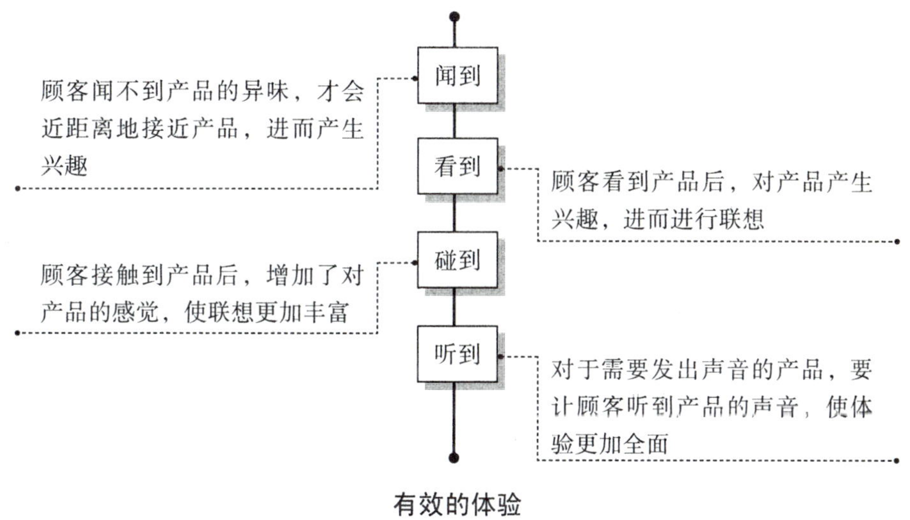

有效的体验

二、引导顾客“闻”产品

导购员在给顾客推荐产品的时候，首先把顾客的嗅觉调动起来，让顾客闻这款产品有没有异味。产品没有异味，说明质量好，无毒无味，非常环保，对家人的身体健康是非常有利的。导购员可顺着顾客“挺好，不错”这个话题进行推介，顺势把产品的优势和卖点灌输给顾客。

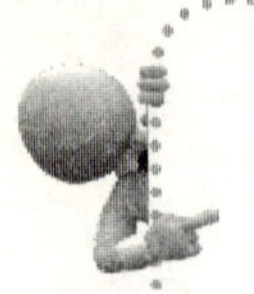

家具产品的销售只有通过让顾客体验，成交的可能性才会更大，如果连体验都没有实现，不可能指望成交。

三、引导顾客“看”产品

引导顾客体验要有一定的逻辑流程，导购员必须学会引导顾客的思维，把主动权时时刻刻控制在自己手中。如果任由顾客自己发挥，导购员就会陷入被动的局面。

导购员引导顾客体验时，要分为三个层次，也就是所谓的“三看”，具体如下图所示。

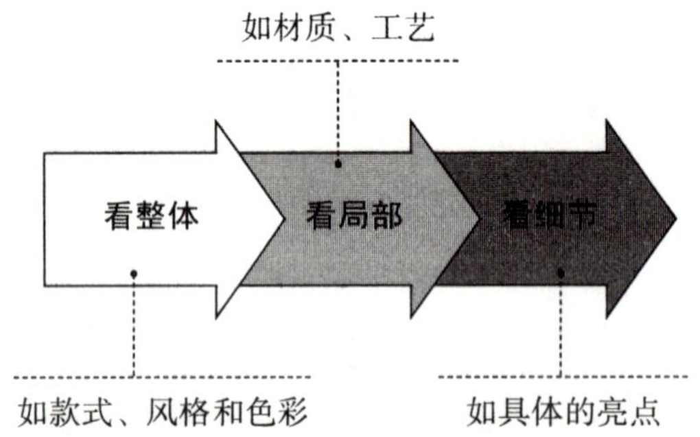

引导顾客体验的“三看”

1. 看整体

导购员应将顾客引导到合适的位置，让顾客一眼就能看到整个产品，而不是只看到产品的某一侧或某一部分。

比如，床品导购员可将顾客领到软床末端正中，离床约40厘米处，寻找最佳位置让客人能够看到整张软床。

家具的风格是顾客选购家具的一个重要因素，导购员在了解到顾客房间的装修风格后，可将顾客引导至相应的产品前，让顾客看到家具的整体风格。

比如，导购员将顾客领至床前，向顾客解说软床的整体风格，并提示顾客评估自己卧室的装修与软床风格的协调性，引导顾客进入情景想象：“方小姐，您想象一下，把这样的床摆在您的房间里，再配之以油画、欧式窗帘、水晶挂灯，这不正是您想要的感觉吗？”

作为一名导购员，熟记产品型号、尺寸、价格是非常必要的，能很熟练地报出型号、尺寸、价格表明你很专业，同时也能够赢得顾客信赖。

小李一次接待了一对夫妻，他们需要一个地柜，用来放老公的一些发烧级音响设备。他们问了其中一款地柜的长度，小李回答2.4米的同时，用尺子量给他们看，毫无出入。这时老婆对老公说道：“应该和我们刚才看的那家一样长，也说2.4米，我怎么感觉那个要比这个长呢，2.4米我们正好放得下，就要这个吧。”没怎么讲价就买了。

顾客往往对没有亲眼见到的事物会产生一种怀疑，这当然也会影响顾客决定是否购买。所以，导购员一定要让顾客参与到购买当中，让顾客亲眼看到、亲身感受到。

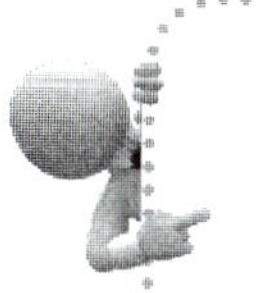

金牌看点

导购员应随身带一个卷尺，这是很必要的。在报产品尺寸的同时，用尺子拉一下，让顾客眼见为实。

2. 看局部

引导顾客看了产品的整体效果后，接着就要引导顾客看产品的局部功能。包括下页图所示的几个方面。

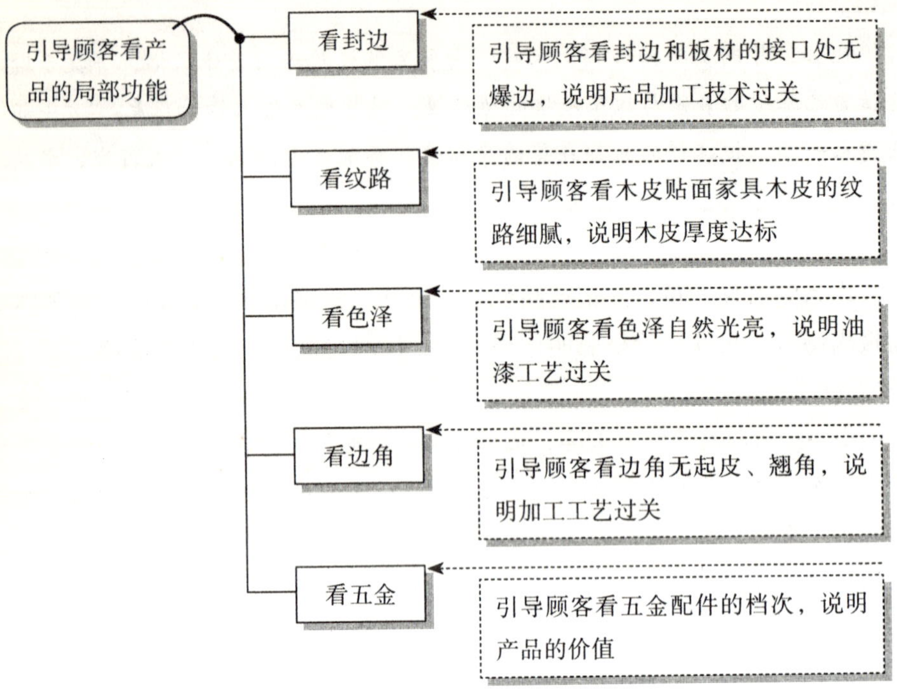

引导顾客看产品的局部功能

3. 看细节

细节决定品质。当确定顾客看到的产品正是他自己所想要的风格时，导购员接下来就要引导顾客看产品的细节。

比如，引导客人看家具的主要受力部位，如立柱、连接立柱之间靠近地面的承重横条等，没有大的节疤或裂纹、裂痕；框架没有松动、断榫、断料的现象；采用人造板的部件都实行封边处理；各种配件安装没有少件、漏钉、透钉的现象。

四、引导顾客“摸”产品

当顾客通过闻和看，对产品有了大体印象后，导购员应调动顾客的触觉，请顾客用手触摸产品。

比如，导购员引导顾客至沙发前，让顾客用手触摸一下沙发，之后又巧妙地引导顾客躺下来感受一下沙发。导购员问顾客："先生，平时喜欢看球吗？是不是有些时候看着看着就躺在沙发上睡着了。您躺在这款沙发上睡觉会感觉非常舒服的。"同为男士，顾客和导购员在这个问题上达成了默契，当然会很乐意地躺在沙发上体验了。

对顾客来说，你说得再多，不如让他亲自感受一下有效果。产品的质感、舒适度只有让顾客摸到产品，才有说服力。作为导购员，可以引导顾客如下图所示来触摸产品。

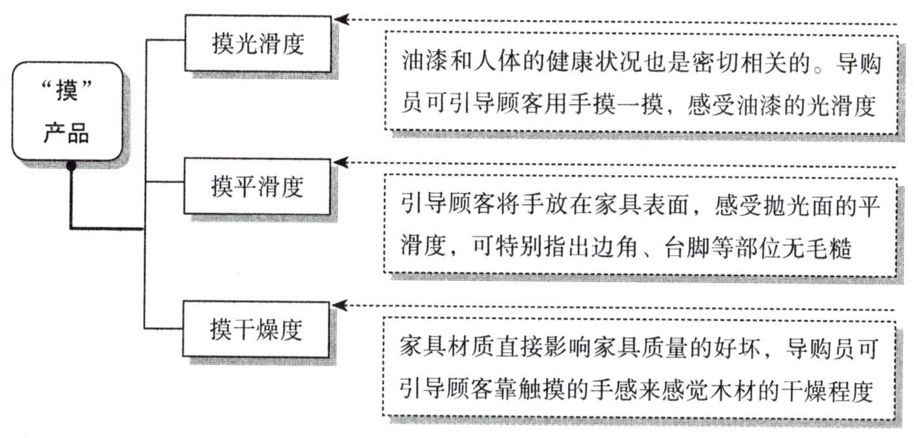

引导顾客"摸"产品

有时导购员请顾客体验产品，顾客可能不太情愿，遇到这种情况，导购员就可以循序渐进地引导顾客。

比如，销售床垫时，可以说："我们的床垫特别舒服，您用手按一按，感觉不错吧？您再坐一坐感觉怎么样，是不是很柔软？"这时再让顾客躺下体验，难度就不是特别大了。

在销售过程中，导购员要引导顾客主动参与、触摸，要鼓励、引导顾客发表意见，请顾客动手试用，让顾客直接感觉产品的效用、优点及特性，这样能更好地展示产品的效果。顾客只有亲自感觉到产品的好处，认识到产品的确能够给自己带来利益，才会乐意购买产品。

另外，让顾客参与到产品体验中来，还可以省去许多口舌，不需要再费尽心机地说服顾客。所以，在推介产品时，与其一个人滔滔不绝地介绍产品，不如干脆让顾客直接体验产品。

五、引导顾客“听”产品

某五金商店内有两款不同的花洒龙头，形状非常相似，但是一个标价400元，另一个却是700元。一位顾客不解，于是问导购员这样标价的原因。

导购员听后微笑着说：“先生，我们家的产品质量都是有保证的，不过不同档次的产品，在具体的用材和设计上会有一定的区别。您敲敲这400元的管子，听听是什么样的声音。”顾客敲了敲，说：“声音有点尖，有点薄的感觉。”导购员说：“您再敲敲这个700元的。”顾客说：“感觉声音比较厚重。”

导购员说：“先生，从声音上您就可以判断出来，400元的产品和700元的产品在用料上面是有很大区别的。我们这里正好有一批没有组装的产品，我拿出来给您看一下。先生您看，我左手边的是400元的管子，右手边的是700元的，我把它们举起来您一对照就清楚了。您看，这400元的管壁明显比700元的薄，700元的管壁用料非常扎实，是A等的黄铜。”顾客对导购员的讲解感到非常满意。

体验产品的过程，首先是让顾客觉得产品本身没有问题，然后再通过摸、听等方式让顾客认可产品，所以全方位的体验至关重要。

木制家具要具备安全性能和稳定性能，导购员可把两个柜门、抽屉打开，用手向前轻拉，引导顾客听柜门打开有无声音。

对于小件家具如椅子、凳子、衣架等，导购员不妨在地上拖一拖，轻轻摔一摔，让顾客听声音，通过其发音清脆来说明家具制作工艺和质量较好。

六、询问顾客的感觉

导购员引导顾客体验完了以后，记得要通过一些有意识的提问，询问顾客的感觉。

比如，顾客对产品的某一个细节体验完毕之后，导购员就要反问：“先生，您是不是感觉特别舒服？”这时顾客的回答一般是肯定的。

一般的顾客对被导购员牵着鼻子走都有一种排斥感，而当你以实物去展示时，可以让顾客自己发觉产品的舒适性，从而有利于克服顾客的心理障碍。导购员的不断提问和顾客的不断反馈实际上是在让顾客进行自我催眠，催眠之后顾客就会得出一个结论：这个产品挺不错。由于结论是自己得出来的，顾客会比较容易接受。

金牌在线

导购员要求顾客体验的注意要点

门店销售应该有创新意识，不能总是用一成不变的语言与思维去应对不断变化的市场需求和越来越挑剔的顾客要求。要想在竞争激烈的零售市场中争取更大的市场占有率，就必须在很多细节上做得与你的竞争对手不一样。其实顾客之所以不愿意体验，大多是因为觉得太麻烦，怕东西不适合或者不好意思。所以，导购员要求顾客体验产品的时候应把握如下五点：

1．把握时机，真诚建议

不可以过早提出体验的建议，除非顾客真的对产品产生操作的欲望，才可以用真诚自然的语调请求顾客体验。

2．专业自信，给出理由

导购员要用自己专业的知识为顾客提供最贴切的建议，这样才可以获取顾客的信任，并且导购员在建议顾客体验的时候一定要通过适当兴奋、自信的语言来推动顾客去体验，用充分合理的理由使顾客产生一定要亲自试一下的冲动，这一点非常重要。

3．巧用肢体，积极引导

引导顾客，尤其是在顾客对于体验犹豫不决的时候，可以运用肢体动作来引导顾客，比如有利的手势引导，拿起产品转身去体验台或者拿起产品直接为顾客演示等。

4．压力缓解，学会坚持

导购员可以告诉顾客买不买都没有关系来缓解顾客的压力，从而鼓励顾客体验。当然遇到顾客拒绝后不要轻易放弃，而应该想好如何再次要求对方体验的充分理由，并让顾客感觉合情合理。

5. **真诚探询，重新推荐**

建议体验时要坚持，但绝对不可以盲目坚持，当两次都遭到拒绝的时候，就不要做第三次建议了，否则就会让顾客产生反感情绪。此时，导购员可以通过真诚的探询来了解顾客的真实需求，并重新为顾客做推荐。

推介05　激发购买欲望

需求可以探询，可以刺激，也可以创造，在与顾客互动的短暂片刻，导购员应以简短的提问及话术刺激顾客需求，创造销售的机会。

购买欲望是指消费者购买产品的动机、愿望和要求，它是使消费者的潜在购买力转化为现实购买力的必要条件。

成功的产品演示与体验就是在激发顾客的购买欲望，然而这也不能让所有对产品感兴趣的顾客立即下决心购买，除非他们的购买目的很明确。此时，导购员就要想办法刺激顾客的购买欲望。

一、巧用促销策略

目前，针对顾客的促销策略多种多样，在交易的最后达成阶段，如果顾客对是否购买还在犹豫，导购员可利用促销策略来刺激顾客的购买欲望，促使其下决心购买。

对于导购员来说，可巧用下图所示的促销策略来刺激顾客的购买欲望。

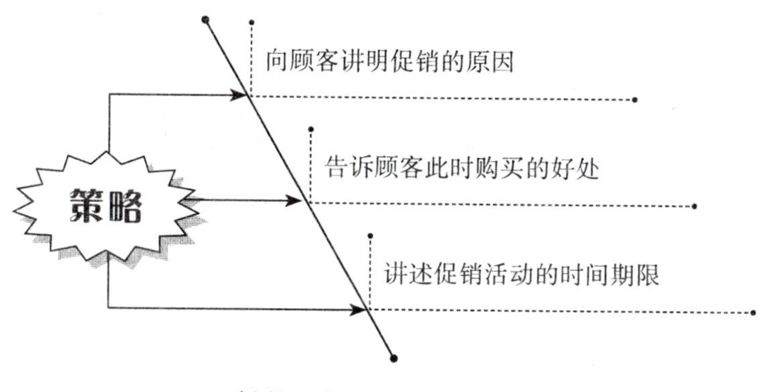

刺激顾客购买欲望的策略

1. 向顾客讲明促销的原因

导购员首先要向顾客说明促销活动的原因，也就是要向顾客介绍某种产品为什么要打折（是畅销品、滞销品、处理品、新产品推广还是有瑕疵的产品等），赠送的礼品价值多少等，打消顾客的“促销品有问题”这类疑虑。

比如：“这种产品质量很好，只是款式有点过时，所以才打折！”“商场店庆，我们也参加活动，全场8折。”

2. 告诉顾客此时购买的好处

打消了顾客对产品和促销活动的疑虑，接下来，导购员就要向顾客讲明在活动期间购买产品所获得的好处，让顾客了解自己得到的实惠。

比如：“虽然是打折产品，但它的使用效果和售后服务和原价销售时是一样的，而且我们现在还有礼品赠送，您今天买真的很划算。”“您也知道，我们品牌平时很少有折扣的，这次是因为要配合商场的店庆活动，所以才打6.8折，这省下来的钱差不多又可以买一件了。”

3. 讲述促销活动的时间期限

为了让销售尽快成功完成，面对还在犹豫的顾客，导购员可以进一步诱导顾客下决心购买，办法就是告诉顾客促销活动的时间期限，让顾客别错过机会。

比如：“这个活动明天就结束了，过了这个村就没这个店了哈。”“今天是活动的最后一天了，明天就会恢复原价了。”

二、讲述顾客的利益

有些顾客虽然对导购员推介的产品很感兴趣，但由于对产品还是存有疑虑，或者无法确定自己的购买决定是否正确，或者由于其他原因导致犹豫不决，徘徊不定，此时，导购员要想激发顾客的购买欲望，可以将此产品的卖点以及它能带给顾客什么好处再次加以说明，重点向顾客讲明他能获得的利益，加深顾客对产品的了解，甚至还可以挖掘出顾客的潜在需求。

比如："这种产品能给您带来什么好处呢？首先……""让我们来看看产品带给您的利益有哪些……"

导购员通过如上的解说，加强了顾客对产品的了解，加深了顾客对产品的印象，让顾客感觉到自己确实需要这样的产品，于是下决心购买。

三、比较同类产品

帮助顾客比较产品也是激发顾客购买欲望的技巧之一。导购员要帮助顾客做产品比较，利用各种例证充分说明所推荐的产品与其他产品的不同之处，并对顾客特别强调此产品的优点在哪里。

1. 比较方式

导购员帮顾客做产品比较时，可采取下图所示的两种比较方式。

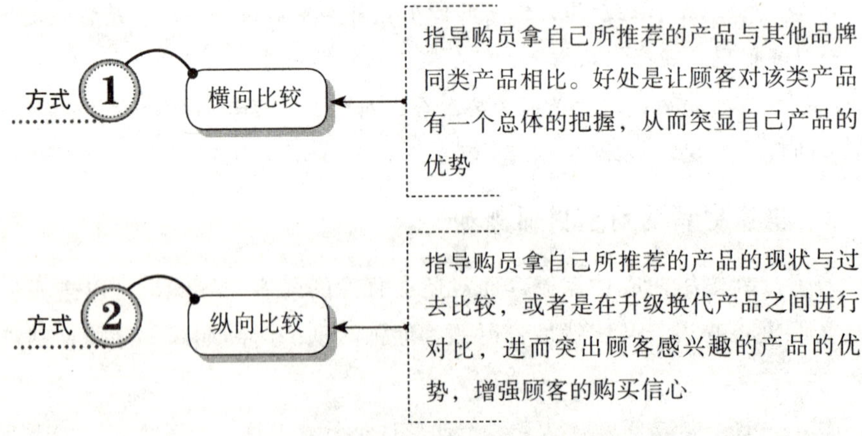

同类产品的比较方式

2. 比较内容

导购员在做产品比较时，无论是横向的，还是纵向的，其内容主要包括下图所示的5个方面。

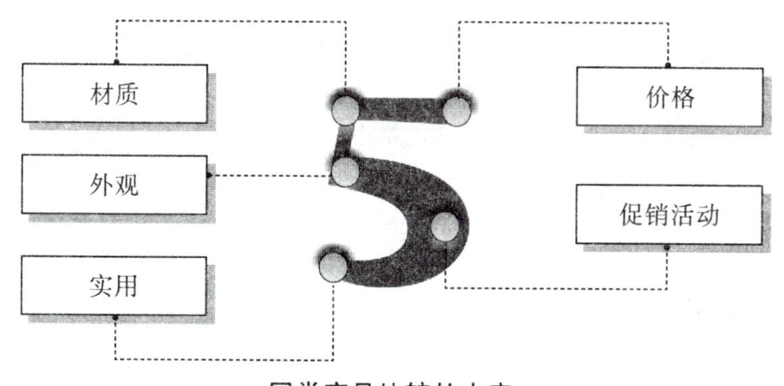

同类产品比较的内容

（1）材质。

在产品质量、质地、做工上与同类产品比较，突出本产品的优质。

比如："您看的这套餐椅，它是纯实木做的，不像有些品牌，是仿实木的，那种您从外观上看，木材的自然纹理、手感与色泽都和实木相同，但实际上是实木和人造板混合制作的，远没有我们这种纯实木的高档、耐用……"

（2）外观。

了解顾客的审美情趣、爱好之后，从这一角度对产品进行对比，让顾客感觉此产品最适合自己。

比如：顾客对某套米白色系的衣柜很满意，但她也很喜欢另外一套褐色系的，想再看看，导购员说："刚听您说，您家的卧室墙面是米黄色的，如果搭配这套米白色的，就会显得很清新，而且感觉很温暖。但如果搭配褐色系的，可能有点不协调。米白色加上米黄色更能营造出温馨的感觉。"

（3）实用。

从产品的使用价值、寿命、实惠等方面进行对比，满足顾客的求实心理。

比如："这种沙发表面是用漂亮的纤维织物制成的，坐上去还很柔软，而且和两年前相比，现在的纤维织物都经过了防污处理，还具有防潮性能，假如沙发弄脏了，污垢是很容易去除的。"

（4）价格。

导购员要多了解同类产品不同商家的价格情况，并在适当的时候告诉顾客。

比如："在这个商场里，您是找不出第二家更便宜的价格的，因为我们是厂家直销。"

（5）促销活动。

导购员要告诉顾客产品的促销活动情况，让顾客意识到在此购买最合适。

比如："这款床垫目前在我们商场打折促销，我们是跟厂家协商好的，在深圳地区只有我们一家有折扣活动。"

3. 注意语言的运用

导购员在采取比较的方法向顾客介绍产品时，要注意语言的运用。具体要求如下图所示。

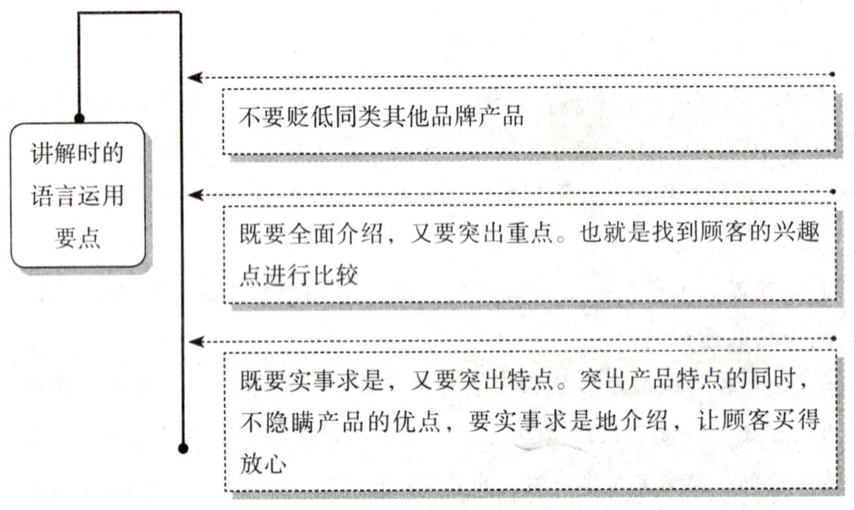

讲解时的语言运用要点

金牌看点

不同的顾客有不同的需要，会产生不同的欲望，有不同的担忧与疑虑。因此，不能用千篇一律的方法去激发所有顾客的购买欲望。导购员需因地、因人运用，做到随机应变。

慎重报出价格

如何报价对于营销人员来说是很重要的一环。如果你的报价符合市场和顾客需求，那么签单成功率将大大提高，报价也在一定意义上决定了营销工作的成败。

价格是产品价值的货币表现形式，它直接影响消费者心理感知和判断，是影响消费者购买意愿和购买数量的重要因素。有经验的导购员都知道，价格问题谈得好就是成交的前兆，谈得不好就是销售失败的信号。

报价看似是个很简单的问题，其实不然。报价太高，会把客人吓跑，太低了自己又吃亏，只有一个合理专业的报价，才能为我们赢来更多的顾客。怎样才能做到合理报价呢？这里是有一定技巧的。

一、报价前先介绍产品优势

正式报价前，一定要争取先向顾客介绍产品优势。这样做的好处很明显，具体如下图所示。

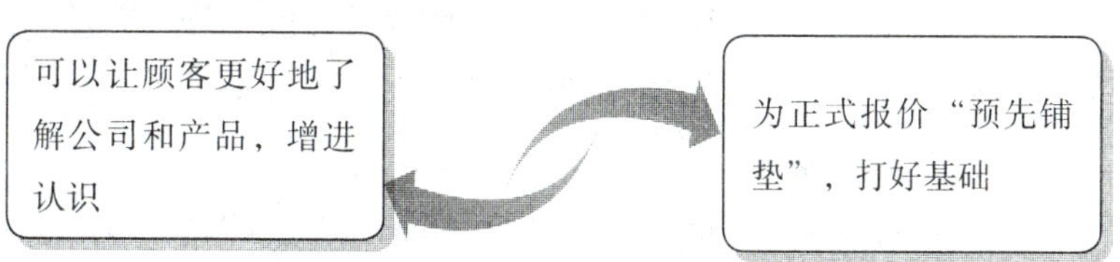

报价前先介绍产品优势的好处

当顾客对产品优势有所了解时，就可以报出更加“适当”的价格。同时还可以通过介绍产品，拖延顾客的时间，引导顾客说出更多“内部信息”，更多地了解顾客需求，从而报出更有针对性的价格。

曾经有这样一个故事，说的是一个导购员向顾客推荐餐桌，顾客本能地问他多少钱，导购员心直口快，同时也缺乏经验，他告诉对方餐桌3万元一套，顾客立刻觉得太贵了，后来不管那个导购员再怎么解释，都无济于事。如果这个导购员能先向顾客介绍产品的价值，再报出价格，顾客就会觉得物有所值了。

因此，导购员在向顾客介绍产品的时候，要避免过早提出或讨论价格，应该等顾客对产品的价值有了起码的认识后，再与其讨论价格。顾客对产品的购买欲望越强烈，他对价格问题的考虑就越少。

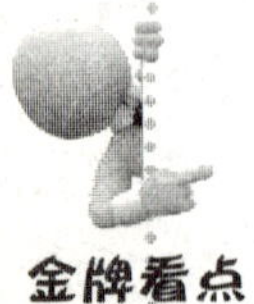

金牌看点

让顾客认同产品价值的最有效的方法就是做产品示范，俗话说：“耳听为虚，眼见为实。”任你再怎么滔滔不绝地讲解都比不上让顾客真真切切地看一遍产品展示来得实在。

二、科学推断顾客心理价位后再报价

只要有可能，导购员都应该在报价前，争取多介绍产品优势，同时了解顾客相关信息，从而科学推断顾客的心理价位，再给出合理报价。

顾客对于产品价格的反应在很大程度上来源于自己的购物经验。个人经验往往来自于自身的接受程度所形成的，对某种产品、某个价位的知觉与判断。顾客多次购买了某种价格高的产品回去使用后发现很好，就会不断强化“价高质优”的判断和认识。反之，当顾客多次购买价格低的产品发现不如意后，同样也会增加“便宜没好货”的感知。

因此，在销售过程中，导购员应事先了解到顾客的购物经验，从而对顾客能够接受的价位进行准确判断。

三、模糊回答

如果碰到有顾客一进店就直接问价格，这个时候导购员可以采用模糊回答的方法来转移顾客的注意力。

比如：当顾客问及价格时，导购员可以说，“这取决于您选择哪种型号、那要看您有什么特殊要求。”或者告诉顾客，“产品的价位有几种，从几百到上千的都有……”

即使导购员不得不马上答复顾客的询价，也应该建设性地补充，“在考虑价格时，还要考虑这种产品的质量和使用寿命。”在做出答复后，导购员应继续进行销售，不要让顾客停留在对价格的思考上，而是要回到关于产品的价值这个问题上去。

四、第一次报价必须谨慎

第一次报价最忌讳报价过高，顾客不给你第二次报价的机会。因为顾客被“震吓”住了，他不敢和你打交道了。

比如，顾客心理价位是1万元，而你的第一次报价是5万元，甚至是8万元，估计没有几个顾客会继续和你洽谈。因为在顾客内心，会认为你能够给予的最低价（最终成交价）估计就是2万元，甚至3万元以上，会“误认为”你绝对不会将价格调到1万元以内的。而事实上，你的底价只有1万元，甚至更低。

当然，可能有人会说，我们还可以继续跟踪顾客，告诉顾客那个第一次报价仅仅是一个报价，我们的最终成交价很低。但是，这样只会给顾客一个很坏的印象：这家公司的价格怎么这么混乱？从5万元一下子降到1万元，直接打2折，他们的利润空间是不是太大了？这样的公司值得信赖吗？说不定，他们的成本只有2000元呢……

一般情况下，顾客很容易形成这种思维，而一旦他形成这种思维，就会对你不信任，而且他会不断试探、挖掘你的价格“底线”。如果你的产品价格较高，在报价时，就要想办法使顾客充分认识到你的产品在其他方面的优势。

不要掉入“价格陷阱”

何谓“价格陷阱”？顾客买产品时，一般开始就会问价格，很多导购员往往会直接地告诉顾客答案，然而双方经过讨价还价，最后却没有成交。这种顾客很可能对产品价值、卖点知之甚少，只是在意价格，这就是“价格陷阱”。

那么导购员在平时的销售过程中，应如何化解“价格陷阱”呢?

1．先谈价值，再谈价格

过早地就价格问题与顾客纠缠，往往会被顾客用“买不起”或“太贵了”拒绝。当顾客与我们讨论货品价格的时候，我们首先要自信，充分说明产品的价值、顾客购买它的理由，以及可给顾客带来的诸多实惠，在产品价值、区别于竞争对手的优势、对顾客的好处未充分表达之前，尽量少谈价格。

2．分解价格，集合卖点

在与顾客讨论货品价格的时候，要注意把顾客买货当作“买生活方式”来销售。货品价格中除了产品本身，还有配套、保养等综合购买成本，应将这些内容一一分解说明，从而转移顾客的注意力。

当然，仅仅分解价格是不够的。还必须不断向顾客灌输产品优势，并让顾客充分认识到，这个价买产品值，所以，卖点的推介很关键。

3．成本核算，公开利润

顾客购买东西，一般最大的心理障碍就是——担心买贵了、买亏了。所以在集中说明产品卖点，让顾客感到物有所值的同时，适当地向顾客公开家具利润，和顾客算成本账，能打消顾客疑虑，让顾客觉得导购员为人坦诚，从而促使顾客愉快签单。

当然，这里所说的成本、利润是相对准确的，不会太真，但也绝对不能太离谱。

除了避免陷入“价格陷阱”外，导购员在与顾客进行价格谈判的过程中，还需要切记三点：

（1）不要一开始就与顾客讨论价格问题，要善用迂回策略。

（2）不要一开始就把优惠政策告诉顾客，要逐步给其惊喜。

（3）不要为了完成销售任务额，主动提出将返佣给顾客。

第五步
处理异议

在销售过程中，并不是每一单都能成交得非常顺利，顾客总是会或多或少提出一些异议，而每个导购员都有自己独特的处理异议的方法，不同的方法适用于不同的顾客、产品和场合。只有掌握多种多样的消除异议的方法，才能在处理顾客异议的过程中取胜，使销售工作顺利进入下一阶段。

*****

分析异议的原因

导购员应以正确的心态认识和对待顾客的异议，弄清楚产生异议的原因，及时妥善处理，化解销售危机。

顾客异议又叫销售障碍，是指顾客针对导购员及其在销售时的各种活动所做出的一种反应，是顾客对销售产品、导购员、销售方式和交易条件发出的怀疑、抱怨，提出的否定或反对意见。

在实际销售过程中，导购员会经常遇到"对不起，我很忙""对不起，我没时间""对不起，我没兴趣""价格太贵了""质量能保证吗"等被顾客用来作为拒绝购买产品的问题，这就是顾客异议。

对销售而言，可怕的不是异议而是没有异议，不提任何意见的顾客通常是最令人头疼的顾客。因为顾客的异议具有两面性：既是成交障碍，也是成交信号。

有异议表明顾客对产品感兴趣，有异议意味着有成交的希望。导购员通过对顾客异议的分析可以了解对方的心理，知道他为何不买，从而按病施方，对症下药；而给顾客一个满意的答复，则有助于交易的成功。

顾客的异议从哪里来？导购员应认真分析顾客提出异议的原因，弄清异议的根源，这样才能有效化解顾客的异议。总结起来，顾客异议产生的原因主要表现在以下五个方面。

一、顾客自身的原因

由于顾客多年来形成的购物习惯、收入水平、受教育程度以及认知能力等各方面的原因，无论是对自己感兴趣的产品，还是对导购员推荐的产品，甚至是对导购员本身都会提出多方面的反对意见，主要表现在下图所示的几个方面。

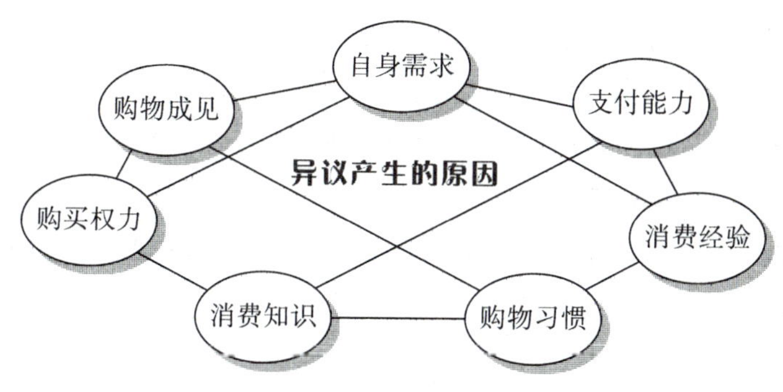

顾客自身原因导致的异议

1. 自身需求

这是指面对导购员推荐的产品，顾客可能确实不需要、暂时不需要或尚未察觉到自己对产品的潜在需要，因此拒绝购买。主要表现为直接拒绝或间接地对产品质量、款式等提出质疑，如“质量一般，我暂时不需要”。

对于此种异议，导购员应挖掘出顾客的潜在需求，深入讲解产品能给顾客带来的利益，激发顾客的购买欲望。

2. 支付能力

这是指顾客对超出自身购买能力的产品提出反对意见，因不愿多花钱而拒绝购买。但顾客一般不会直接表现出来，而是间接地表现为质量方面的异议等。

对于此种异议，导购员应向顾客推荐价低的产品或停止销售，但态度要和蔼，如“那您看看，有没有适合您的”。

3. 消费经验

这是指顾客在长期的购物活动中，在选购、使用和评价等一系列环节上都会积累一定的消费经验，进而影响其以后的购物行为。这类顾客一般对自己拥有的经验极其自信并极力维护。

对于此种原因，导购员可以为顾客创造丰富新奇的消费体验，如现场抽奖、免费试用等。

4. 购物习惯

当导购员的销售行为与顾客长期形成的购物习惯不一致时，顾客就会提出反对意见。

比如：顾客习惯自己做主，而导购员却在旁边滔滔不绝，顾客就会找借口离开；或是顾客喜欢受到别人的重视，而导购员由于种种原因，没有热情接待，就会让顾客因失落而离开。

对于此种异议，导购员应在看到顾客光临后，首先判断顾客的类型，然后再有针对性地采取销售策略。

5. 消费知识

这是指顾客缺少消费知识，或导购员不能详细地介绍产品而导致顾客提出反对意见。

比如：顾客不了解产品的使用、保养方法或性能等，而导购员也不能详尽说明，顾客就会对产品产生怀疑。

对于此种异议，就需要导购员认真学习、掌握各项知识，能熟练地回答顾客的各种问题，避免此类异议产生。

6. 购买权力

这是指顾客无权决定购买什么产品、购买数量等情况。这类顾客一般会对购买条件、购买时间等提出反对意见，如“还不是很满意，我看看再说吧”“我得回去和家人商量一下”等。

对于此种异议，导购员应仔细识别顾客的购买资格，同时告诉顾客产品的卖点，加深顾客的印象，以使其成为真正的顾客。

7. 购物成见

这是指顾客因为自己的偏见，或对事物认识不全面，而提出的一些自认为正确，实际上并不合理的反对意见。这类顾客对产品或相关事物的看法缺乏公正、客观、全面的评价，甚至是蛮不讲理的。

对于此种异议，导购员应认真倾听顾客的意见，了解顾客的真实想法，适时纠正，但要注意态度和语言。

二、产品的原因

由于产品的原因而引起顾客异议也是很常见的情况，比如产品的价值、功能、利益、质量、造型、款式和包装等方面不能令顾客满意或者与顾客的理想状况有很大偏差，就会导致顾客产生异议。具体原因如下图所示。

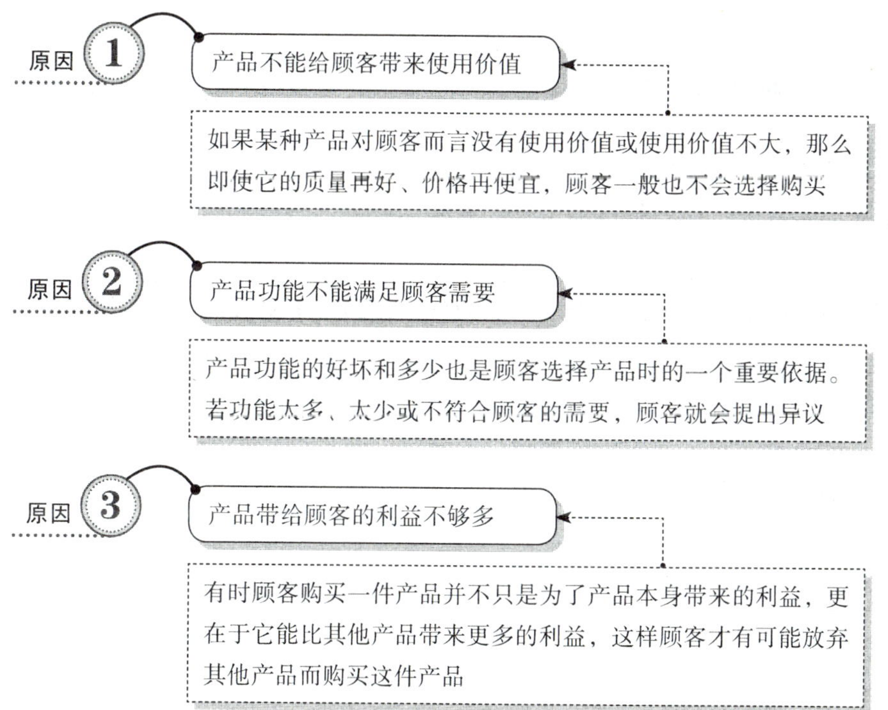

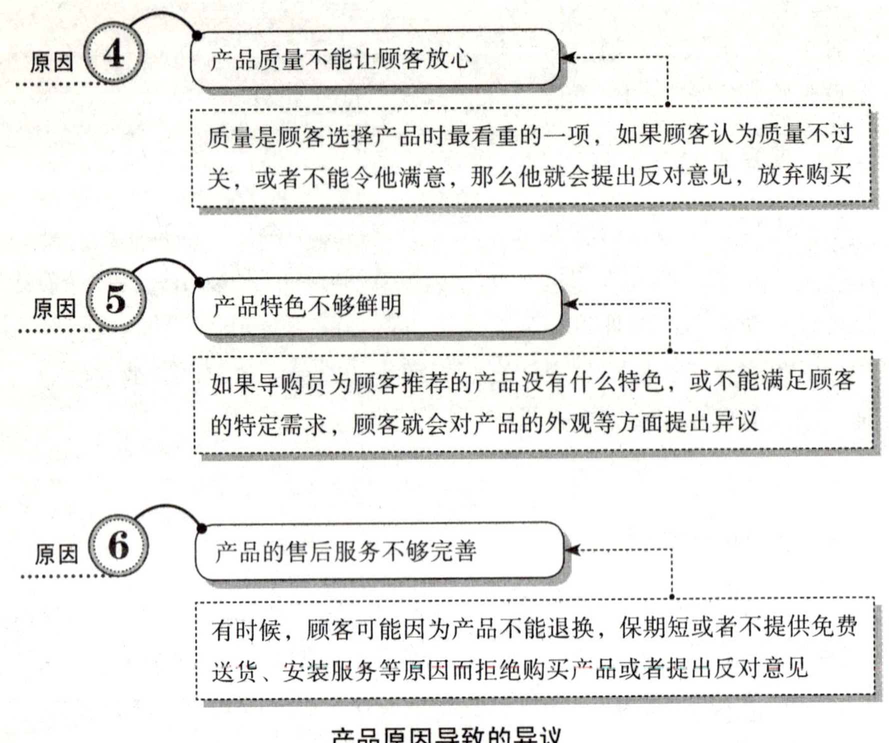

产品原因导致的异议

三、价格的原因

价格异议是销售过程中最常见的异议。顾客对产品的需求总是超出可用来购买的资金，而且价格是影响顾客购买产品的最敏感因素，即使产品的价格比较合理，顾客还是会提出异议。

顾客提出价格异议的表现一般为价格过高与价格过低这两种形式。

1. 价格过高

顾客认为某产品价格过高而产生异议，这是导购员遇到的价格异议中最普遍的一种。具体原因如下图所示。

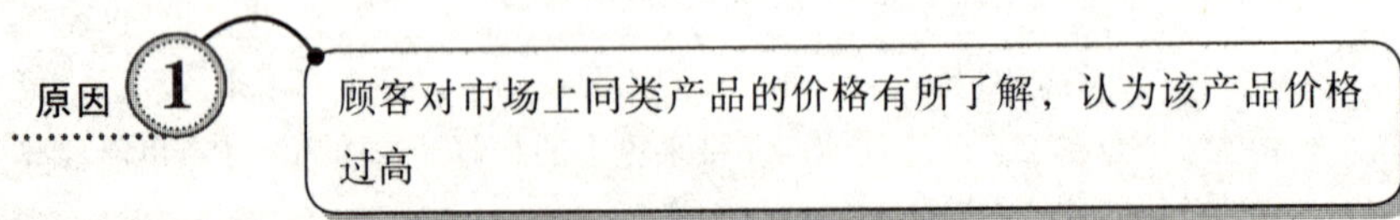

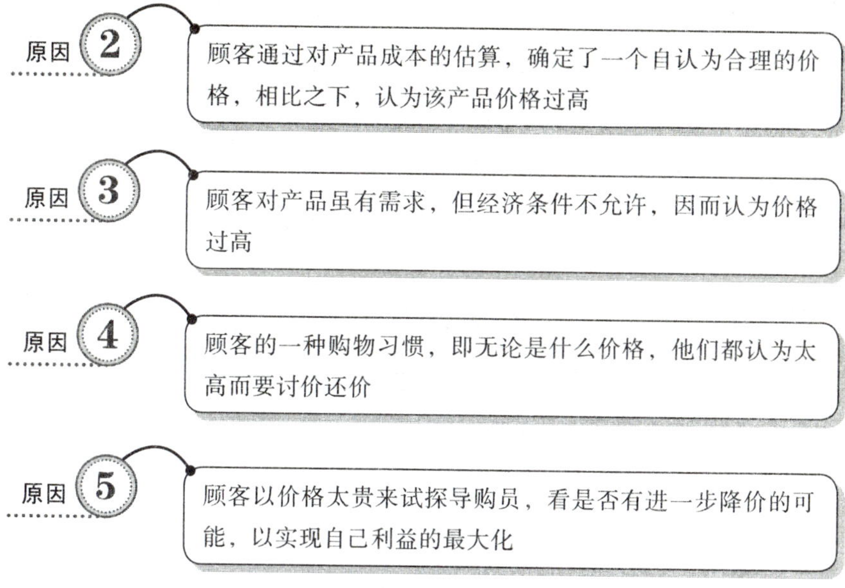

顾客认为价格过高而产生异议的原因

2. 价格过低

这种异议是指顾客会因为导购员推荐的产品价格过低而拒绝购买。具体原因如下图所示。

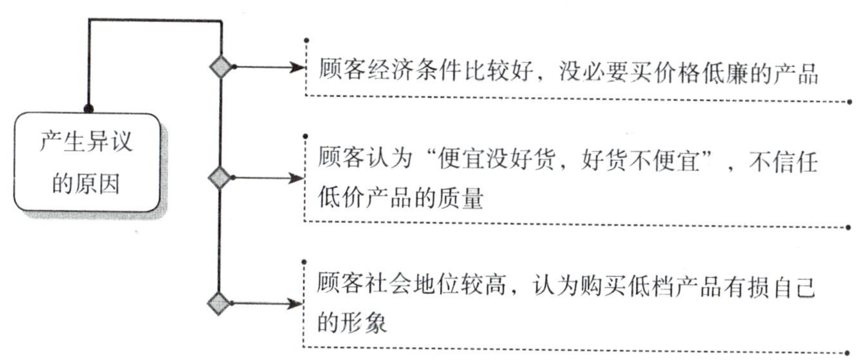

顾客认为价格过低而产生异议的原因

四、导购员的原因

有时候，由于导购员自身的原因也会让顾客产生异议，如导购员的仪容仪表、行为方式、服务态度等方面不能令顾客满意，甚至使顾客产生反感而提出反对意见。下图所示的几种不当行为就很容易让顾客产生异议。

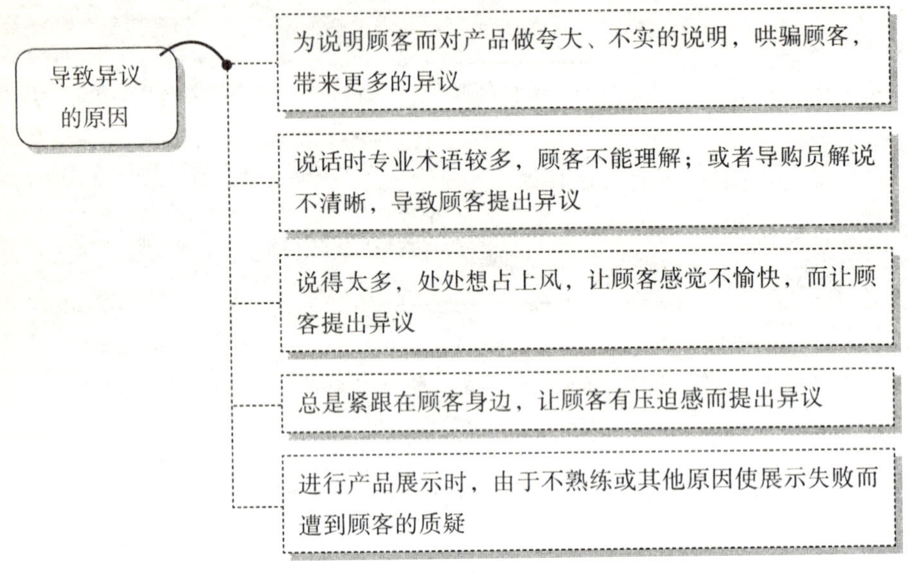

导购员本身原因导致的异议

五、其他原因

顾客产生异议的原因可谓多种多样，除了以上分析的顾客、产品、价格和导购员自身等方面的原因外，顾客异议还存在其他原因。

1. 来源异议

提出这类异议的顾客通常比较关心产品的产地。比如，“这个品牌我怎么从来没听过”等。

2. 时间异议

顾客在没有相信产品的价值时，往往会采取这种退一步的方法，即不立即做出购买决定。当顾客说“我下次再买吧”之类的话时，表明顾客在这一方面提出了异议。

其实顾客提出时间异议的真正理由往往不是购买时间，而是在价格、质量和支付能力等方面存在问题。导购员应抓住机会，认真分析时间异议背后真正的原因，区别对待。

在大多数情况下，导致顾客异议产生的原因是相互交织在一起的，导购员要练就“火眼金睛”，对顾客异议产生的原因做出认真、仔细的分析，并对症下药。

处理02 识别异议的真假

在某些情况下，顾客表面的异议并不能称为真正的异议，导购员的工作是每当顾客提出异议之后，要找出这些异议是“不愿意”还是“不能”。

顾客在提出异议时，往往由于各种原因不会直接说出真正产生异议的原因，而且会刻意隐瞒“真相”，在这样的情况下，导购员即使解答了他们的异议，也不可能成交。因此，导购员应该用心辨别顾客异议的真和假，透过现象看本质，寻找顾客背后的真实含义。只有找到了顾客异议产生的真正原因和含义，才能有针对性地化解异议。

一、了解异议的类型

导购员要想正确区分顾客异议的真伪，首先应了解顾客异议的类型。通常有下页图所示的三种不同类型的异议，导购员应该认真辨别。

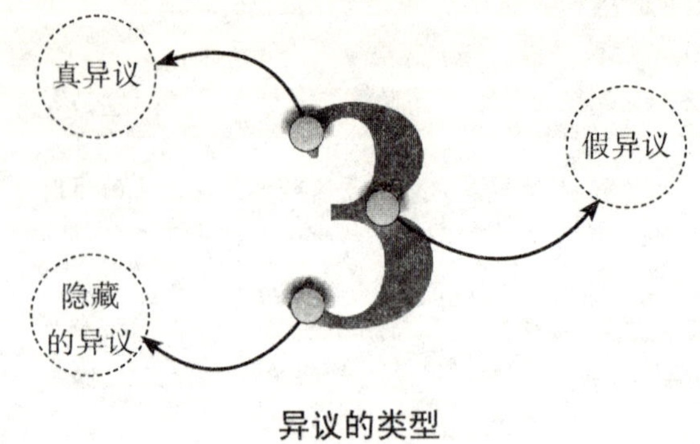

异议的类型

1. 真异议

顾客认为目前没有需要，或对你的产品不满意，或对你的产品持有偏见。

比如，“我听朋友说过，这个品牌的产品五金配件容易坏”“我以前买过这个品牌的产品，觉得功能设计不合理”等。

对于此类真异议，导购员必须视情形考虑是立刻处理还是延后处理，要消除顾客的偏见或错误认识。

（1）当顾客的异议属于其关心的重点时，当你必须妥善处理后才可能继续进行销售时，当你处理异议后能立刻获得订单时，你应该立即处理异议。

（2）反之，在以下情况下可以考虑延后处理：当碰到你权限外或你不确定的事情时，先承认自己无法立刻回答，但保证会迅速找到答案并告诉他；当顾客在还没有完全了解产品特性及利益前提出价格问题时；当顾客的异议在后面可以更清楚地得到解决时。

2. 假异议

假异议通常可以分为两种，具体如下。

第一种是指顾客用借口、敷衍的方式应付导购员，目的是不想有诚意地和导购员会谈，不想真心介入销售活动。

比如，“这种橱柜的款式不是我想要的”“你们这标示的价格也太离谱了”等。

第二种是顾客提出很多异议，但这些异议并不是他们真正在意的地方。

比如，“这套家具是前年流行的款式，已过时了”“这柜子的颜色不够明亮”等。

以上这些虽然听起来也是异议，但不是顾客真正的异议。导购员应视情况采取应对策略，要转移顾客的注意点，同时讲解产品给顾客带来的利益等。

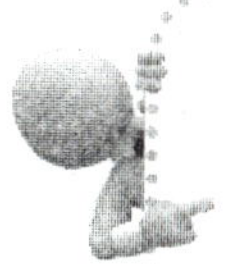

当顾客提出假异议时，导购员只要做好充分的准备，多与顾客沟通，并就顾客提出的异议向同事和领导请教、探讨和学习，就能消除这些假异议，并达成交易。

3. 隐藏的异议

隐藏的异议指顾客并没有把真异议提出来，而是提出各种真异议或假异议，目的是要借此假象形成解决隐藏异议的有利环境。

比如，顾客希望降价，但却提出其他如品质、外观、颜色等的异议，以降低产品的价值，从而达到降价的目的。

二、判断异议的真假

在销售时，顾客提出的异议越多，表明他的购买需求越大，购买意向就越强烈。但这里有一个前提，那就是顾客提出的都是真异议。这是因为有时候顾客也许并不想购买产品，于是有意提出一些假异议。

有的导购员从来不考虑顾客异议是真是假，只要是顾客提出的异议就全部解答，结果被顾客的异议所困扰。所以，当顾客提出异议时，导购员要有意识地考虑这个异议是真的还是假的，他提出这个异议是出于什么目的等。如果是真异议我们就要为他耐心解答，否则就要巧妙地避开这个异议。

那么，导购员该如何揭开顾客伪装的面纱，判断异议的真假呢？在平时的工作中，导购员可参考下图所示的方法，来识别顾客异议的真假。

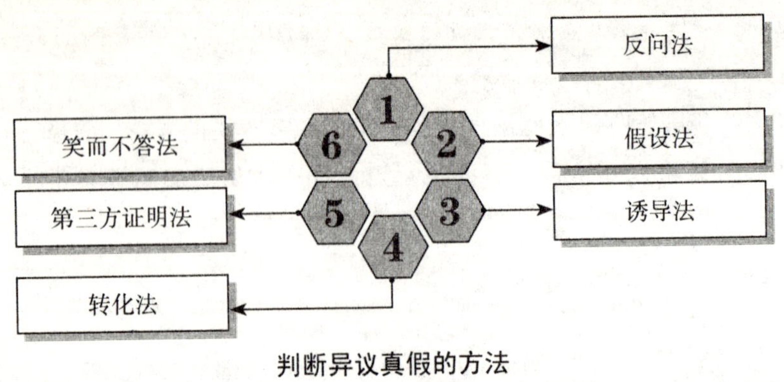

判断异议真假的方法

1. 反问法

就是导购员对顾客进行，让顾客自己去解决其提出的异议。

比如，顾客说："你们的产品没有很好的售后服务。"导购员可以说："那您觉得什么样的售后服务您能满意呢？"如果顾客提出了具体的要求，那么这个异议就是真异议。

2. 假设法

就是假设这个异议已经解决了，顾客会不会购买。

比如，顾客说："你们的产品没有很好的售后服务。"导购员可以说："如果我们的售后服务令您满意的话，您是不是就决定购买了呢？"如果顾客的回答是肯定的，那么这个异议就是真异议。

3. 诱导法

顾客虽然提出一大堆看似关心产品的异议，但真正的想法可能是："我听烦了你那一套说辞，反正我又不打算买，随便敷衍一下，使一下缓兵之计。"在这种情况下，导购员就要试着引出顾客的真心话。

比如，可以直接询问顾客："您提出异议是不是因为贵公司最近资金比较紧张，对于购买这些家具存在一定的压力呢？"若能让顾客说出真心话，了解其中的原因，就有希望进一步去促成交易。

4. 转化法

就是把顾客提出的异议转化成产品的一个卖点。

比如，顾客说："你们的产品没有很好的售后服务。"导购员可以说："您的担心是应该的，我们现在的售后服务确实不是很完善。但您要知道我们的顾客投诉量是最少的，这就说明我们的质量是最有保证的。质量与售后服务您会选择哪一个？"

如果顾客听到导购员这样说后点头释然的话，那么这个异议就是真异议。

5. 第三方证明法

顾客对产品性能和技术指标方面提出异议时，如果导购员的回答还不足以使顾客信服，可以采用第三方证明法。

比如，提供国家权威机构的检测报告、已使用此产品的顾客名单和联系方法给顾客看，或者邀请顾客到工厂实地考察等。

如果顾客在十分可靠的证明前仍不满意的话，那么很可能还有其他隐情。

6. 笑而不答法

面对顾客的异议，导购员有时也可以面带笑容点头同意或装傻。特别是在一些大型的销售活动中，顾客的内部关系错综复杂，导购员说话稍有不慎，就容易节外生枝，所以导购员要格外小心。如果顾客在接下来的谈话中没有对这一问题抓住不放，那么就表明顾客提出这一异议没有明显的动机，也许只是出于习惯或者是为了发泄。

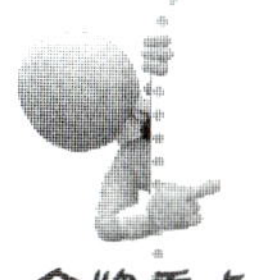

金牌看点

在销售过程中，顾客有异议是很常见的。关键是导购员在识别了顾客异议的真假后，要能充分发挥自己的个人能力，引导顾客跟着自己的思路走，把异议处理好。

三、看清假异议的理由

对于顾客提出的异议，导购员应该区分出真异议和假异议，并想办法拨开假异议的表象，找出真正的原因。一般来说，顾客提出假异议时，往往会给出以下四种理由，具体如下图所示。

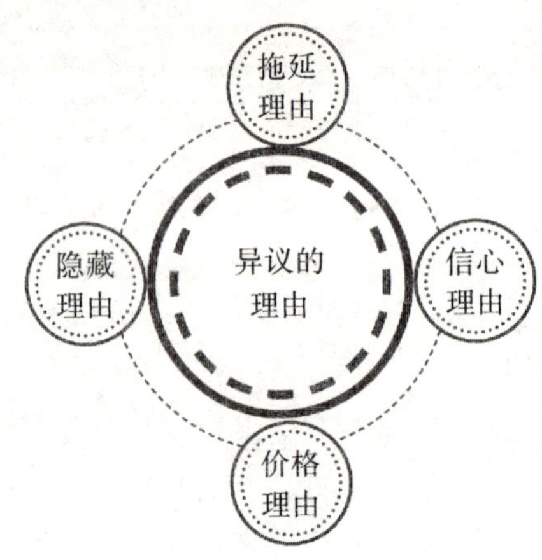

顾客提出假异议的理由

1. 拖延理由

拖延理由就是顾客想推迟购买的时间。

比如，“这张床垫还不错，不过我还想到市场上去看看有没有更合适的，我打算过段时间再买。”“这款沙发价格是挺合适的，但现在家里的还能用，过段时间再说吧。”

如果顾客用拖延理由来拒绝，导购员应该针对顾客的具体情况，用恰当的理由去说服顾客。

比如，顾客表示过段时间再买这套沙发，导购员就可以这样回答她：“这套沙发无论是质量还是款式，都非常好，这您也看到了。看您也是真心喜欢，这样吧，如果您马上决定的话，我们给您打个九折，您也不用浪费时间去其他地方逛了，好吗？”

对于那些犹豫是否马上购买的顾客，导购员可以主动做出一点适当的让步，促使其立即决定。对于那些坚决要推迟购买时间的顾客，导购员也不要步步紧逼、死缠烂打，而应以积极的态度欢迎其下次前来洽谈。

2. 信心理由

当顾客提出信心理由时，说明他给出的是假异议。而顾客往往不愿意购买的绝大多数理由就是信心理由，即顾客对导购员的承诺或对产品本身缺乏信心，或是对导购员的讲解表示怀疑，或是顾客不喜欢导购员的仪容仪表、言谈举止或行为方式等。

顾客不信任导购员的主要原因是，导购员的某些不恰当的行为方式引起了顾客的反感。当顾客对导购员的承诺及对产品本身都缺乏信心时，导购员应该首先向顾客说："我们公司是一家信誉良好的现代化商业企业，购买本公司的产品都有顾客购物保障。"同时，在讲解产品时，导购员要态度诚恳、实事求是，不夸大产品的功效，以取得顾客的信赖。

此外，导购员还应注意建立自己的专业形象，不要把顾客不需要的产品强加给对方，这样才能博取顾客的好感和信任。

3. 价格理由

价格理由就是顾客对产品价格的抱怨，希望降低成交的价格，这是一种常见的假异议。

比如，"太贵了""价格太高了""我买不起""这个产品哪值这个价"等。

当顾客提出价格异议时，导购员可以采取"化整为零法"，即在对顾客讲解时，将付款总额拆散为较小的份额，这样就可以化解顾客心里的价格压力。

4. 隐藏理由

隐藏理由就是，顾客给出的理由不是真正的理由，而只是一个虚假的借口。

比如："我以前也用过同类的产品，但现在不想买了。""我目前还不需要，如果有需要我会联系你的。"

对于这种隐藏的理由，导购员可以用开放式的问题来发问，如，"你以前使用的这类实木家具的效果如何呢"？以此来进一步与顾客探讨其需求，并介绍自己所销售的产品的价值，说明该产品既能满足他的需求，又物有所值。

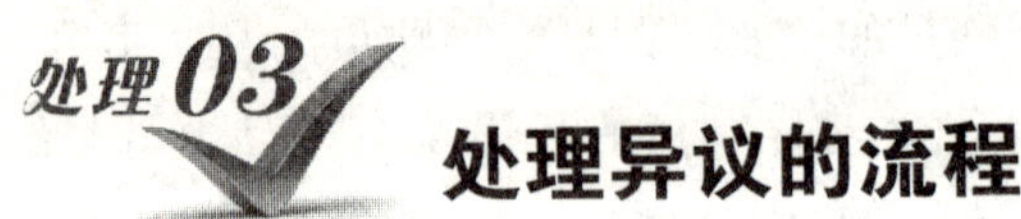

处理03 处理异议的流程

金牌亮招

顾客的每一个异议都是让你攀向成功的阶梯，每当你解除了顾客的一个异议，你就向成功的目标迈进了一步。

导购员工作的实质就是处理顾客异议，处理异议贯穿于整个导购过程的始终。一般来说，顾客没有任何反对意见就直接购买产品的情况是不多见的。在决定购买的过程中，顾客总是顾虑重重，总是担心产品品质不好，服务不到位等。

因此，顾客异议是一种正常现象，是不可避免的。导购员应正视顾客的异议，用积极的心态去处理顾客异议。

正确处理顾客异议是导购员销售成功的关键所在，导购员可按以下流程来解决顾客的疑虑，以化解顾客的异议。

一、平时留心，事前准备

导购员在平时的工作中，要多留心，事前做好准备，将顾客异议提前解决。具体要准备的内容如下图所示。

知识准备	学习产品的相关知识，了解产品的特点、卖点和竞争品的情况，能够熟练地将产品推荐给顾客
工具准备	平时注意收集那些有助于销售产品的数据、报道和证书等，在关键时刻呈现给顾客，增强顾客对产品的信任感

问题准备

平时注意积累，将顾客可能会提出的各种拒绝、问题罗列出来，然后考虑一个完善的答案，从而做到可以从容应对顾客的异议

事前准备的内容

二、认真倾听，表示理解

导购员听到顾客提出的异议后，应表示出对顾客所提意见的认可和理解，并聚精会神地倾听，这是分析顾客异议，与顾客形成良好关系的前提。倾听时，导购员要注意下图所示的几个要点。

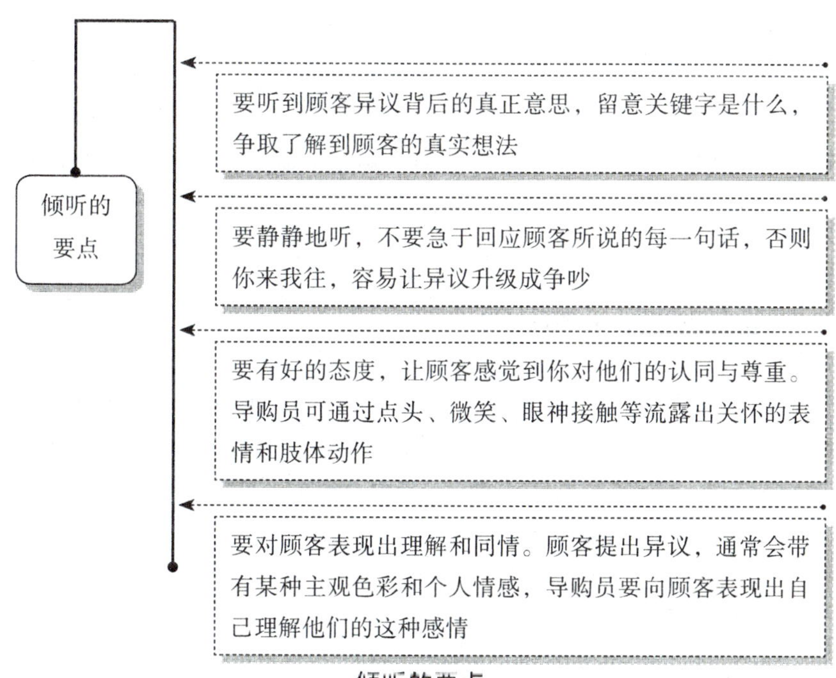

倾听的要点

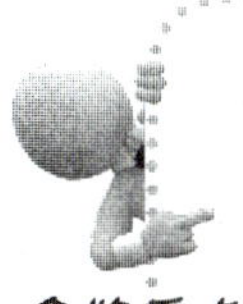

金牌看点

导购员要清楚一点，对顾客表现出同情心，只意味着你理解他们的心情，并明白了他们的观点，但不意味着你完全赞同他们的观点。

三、了解情况，仔细分析

当顾客表达完自己的异议后，导购员不要立刻回答，应停顿3～5秒钟，表现出在仔细考虑顾客所说的话，然后友善地回答顾客，同时通过询问来了解顾客的情况。

导购员可通过一些开放式的问句来明确顾客的问题，比如：

（1）您为什么会这样想呢？

（2）您为什么会有这样的感觉呢？

（3）您真正的意思是……

（4）您最关心的是什么？

（5）您显然有很好的理由，我能请教那是什么理由吗？

当导购员通过上面的方式进行询问时，顾客一般都会很自然地做进一步的阐述，并且说明自己反对的理由。这样，导购员就可以了解到顾客的具体情况、想法和意愿，然后才能分析出顾客提出反对意见背后的真正原因。

因此，导购员应通过引导顾客谈话，逐步从其话语中摸索出顾客的真实想法，然后仔细分析，对症下药，消除顾客的反对意见。

四、选择时机，审慎回答

导购员在仔细分析了顾客的异议，了解其真实原因后，就要选择恰当的时机，以沉着、坦白、直率的态度，回答顾客的异议，并将有关事实、数据、资料或证明展示给顾客，但要注意措辞恰当，语调温和，并在和善友好的气氛下进行，以便顺利化解异议。

1. 选择答复顾客的恰当时机

导购员应选择恰当的时机来答复顾客的异议，这样可使销售工作事半功倍。一般有下图所示的几种答复顾客的时机。

立即答复

若顾客异议源于价格、偏见或是对产品缺乏了解，应立即给予答复。提出此种异议的顾客都是想进一步了解产品，如不能及时答复，他们很可能会失去继续了解产品的兴趣

提前答复

当察觉到顾客会马上提出异议时，导购员可抢先将问题提出来，通过争取主动，先发制人，可提前化解顾客的异议，避免发生争执而引起不快

延后答复

对于顾客的借口或故意反对等异议，导购员可延后答复。提出此种异议的顾客，在心理上和导购员是对立的，如果贸然与其讨论问题的正确与否，只会加深对立

不予答复

对于无关紧要的异议、容易造成争议的话题、不可辩驳的异议等，导购员可选择沉默、装作没听见，按自己的思路说下去或是答非所问，悄悄转移对方的话题

答复顾客异议的时机

2. 审慎回答顾客的异议

根据顾客的具体异议，除了要选择恰当的答复时机，还要审慎回答。回答技巧如下图所示。

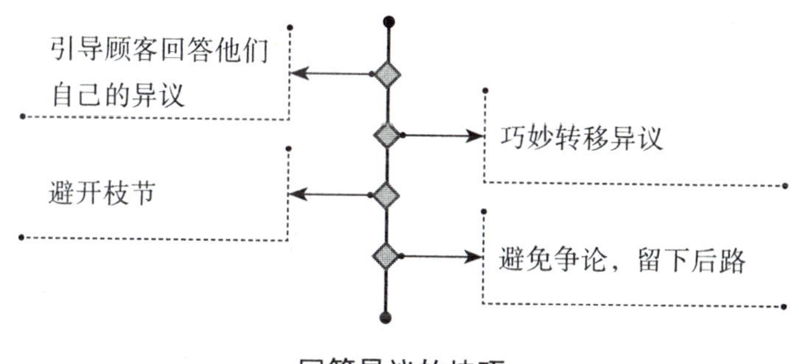

回答异议的技巧

（1）引导顾客回答他们自己的异议。

顾客提出异议，说明在他们的内心深处是想将购买活动进行下去的，导购员只要引导他们继续进行就行了。

（2）巧妙转移异议。

导购员在回答顾客异议的时候，其目的是要转移异议，对于顾客真正关

心的问题，可以运用“我很感激，同时……”“我很认同，同时……”等方式，转移他们关注的焦点。

比如，顾客谈到价格问题时，导购员可以这么答复：“价格是很重要的，同时价值才是真正重要的，您说是不是呢？”

将顾客关注的焦点巧妙地转移，可以避免因双方就同一问题争执起来，从而有效地化解顾客异议。

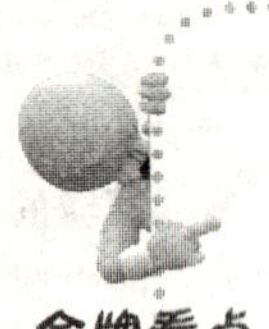

此时导购员使用连接词时应用“同时”，而非“但是”。“同时”一词具有认同、一致性，而“但是”一词则具有否定、反驳的意味。

为了达到转移顾客异议的目的，导购员可以从下图所示的方面来回答顾客的问题。

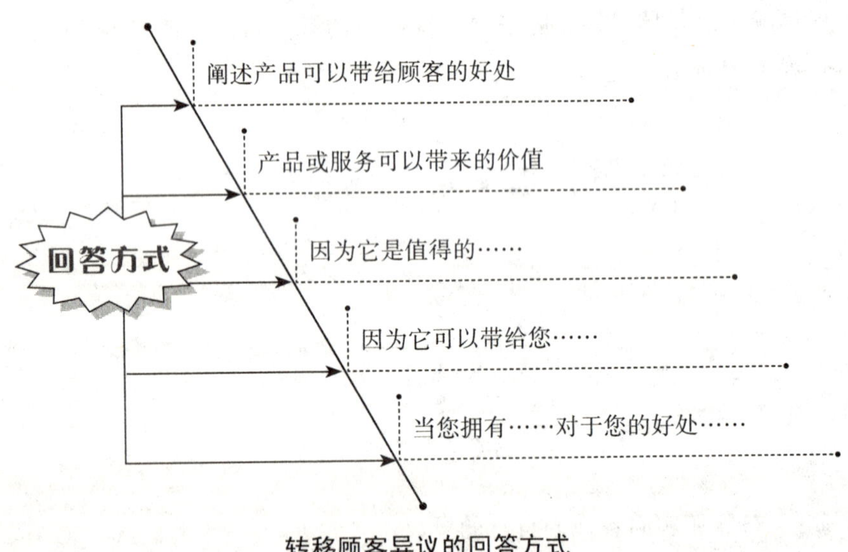

转移顾客异议的回答方式

（3）避开枝节。

对于导购员来说，只要注意顾客对产品本身的意见就好了，要尽量回避价值不大的枝节问题，以节省交流时间，提高销售效率，减少不必要的麻烦。

顾客对产品的异议有疑虑、误解和指出缺点之分，导购员应针对不同的异议采取不同的应对措施，具体如下图所示。

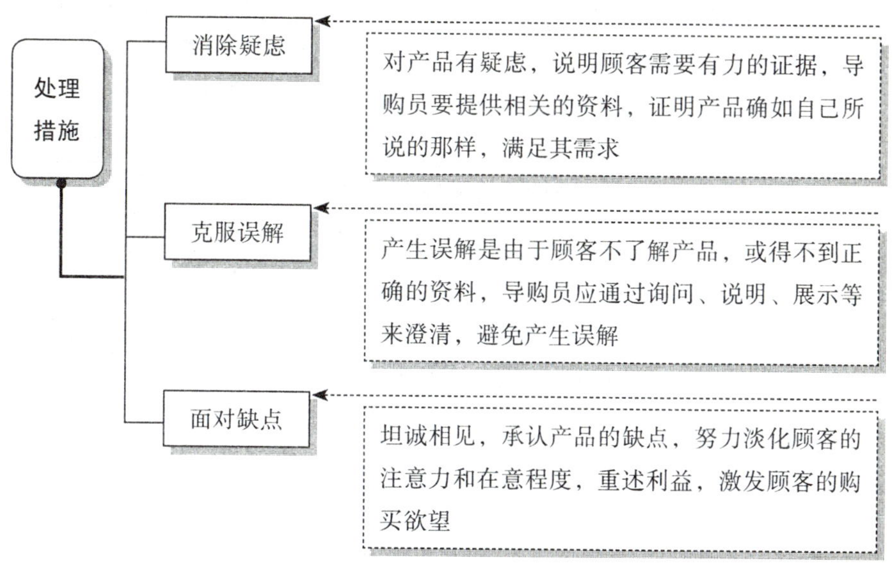

消除顾客对产品的异议的处理措施

（4）避免争论，留下后路。

导购员要明白，顾客的异议不是能够轻而易举地解决的。如果导购员根据洽谈的结果，认为一时不能成交，那就应设法敞开日后重新洽谈的大门，以期再有机会去讨论这些分歧，从而获得最终的胜利。

另外，导购员在回答顾客异议时难免会陷入争论，甚至不知道是怎样陷进去的。但是，导购员一定要牢记：不管顾客怎样激烈地反驳，不管他们的话语怎样尖锐，你也不要与其争论。宁可在争论时输给顾客，也要想方设法把产品销售出去，这才是硬道理。

五、收集、整理、总结经验

导购员在解答了顾客的异议之后，对于顾客提出的各种反对意见，可在导购工作结束后加以收集、整理和总结，具体如下页图所示。

将顾客的各种反对意见进行收集、整理，并据此设计出令顾客满意的答案，在日后遇到此类问题时就能应对自如，从而提高自己的工作能力

对于顾客提出的那些中肯意见，应及时上报给主管或企业的导购员。可为企业改进产品提供参考意见和创作灵感

收集、整理顾客的异议

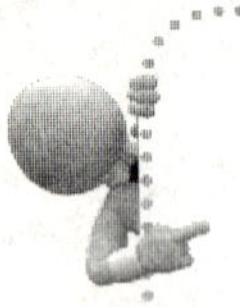

金牌看点

收集、整理和总结顾客的各种异议是非常重要的，导购员必须予以充分的重视，切实做好这项工作。

金牌在线

如何正确对待顾客的异议

顾客异议是销售工作中的障碍，也是探测顾客内心反应的指路标。导购员应认识到异议是必然存在的，在心理上要有一定的准备，正确对待顾客提出的异议。

1．放松情绪

当导购员听到顾客异议时，应保持冷静、豁达的态度，不可动怒，也不可采取敌对行为。正确的做法是放松心情，笑脸相迎，并用下列语句作为开场白："我很高兴您能提出意见""您的意见非常合理""您的观察力很敏锐"等。

2．站在顾客的立场上想问题

听到顾客异议时，导购员首先要考虑如果自己是顾客，会有这种想法吗？发挥同情心，理解顾客的想法，让他们深刻感受到你是在为他们着想，为他们提供服务。同时，导购员还要以善意、关怀的态度回答顾客，向顾客表明诚意，可以这样说："我明白您所考虑的，不过……"

3. 把顾客的异议转化为销售武器

不提异议的顾客往往是没有购买欲望的顾客，能提出异议，表明顾客对产品感兴趣，有潜在需求。那么，导购员应积极面对顾客的异议，并将其转化为有助于销售的武器。

（1）将顾客的异议视作他们想获得更多的信息，需要导购员的帮助，对于他们的问题导购员应认真解答。

（2）从顾客提出的异议来判断顾客是否真的对产品有需要，进而采取促进成交的策略。

（3）通过顾客的异议来判断顾客对产品的接受程度，进而帮助导购员迅速修正销售战术。

4. 聪明应对顾客的异议

顾客提出异议后，导购员切不可忽略或轻视顾客的异议，避免顾客产生不满或怀疑，使交易无法进行下去；导购员也不可直接反驳，更不可指责顾客，避免与顾客之间的关系破裂无法弥补。

处理异议的技巧

导购员要认识到，挑货人才是买货人，顾客提出异议其实是其了解产品的一个过程，所以要正确对待顾客异议，并运用恰当的技巧处理顾客异议。

在销售的过程中，处理顾客异议是难点，也是关键点。如果能顺利地说服顾客，解决顾客的全部异议，那么成交就会水到渠成。可是，如何才能有效地排除顾客异议呢？这就需要导购员在解决异议时采用相应的技巧，因时、因地、因人、因事采取不同的处理方法。

一、顾客异议的分类及排除方法

每个导购员都有自己独特的处理异议的方法，不同的方法适用于不同的顾客、产品和场合。一名优秀的导购员，只有掌握多种多样的消除异议的方法，才能在处理顾客异议过程中取胜，使销售工作顺利地进入下一个阶段。下面是几种常见的顾客异议分类及解决方法。

1. 沉默型异议

沉默型异议是指顾客在导购员介绍产品的整个过程中，一直非常沉默，甚至态度有些冷漠。导购员的应对方法如下图所示。

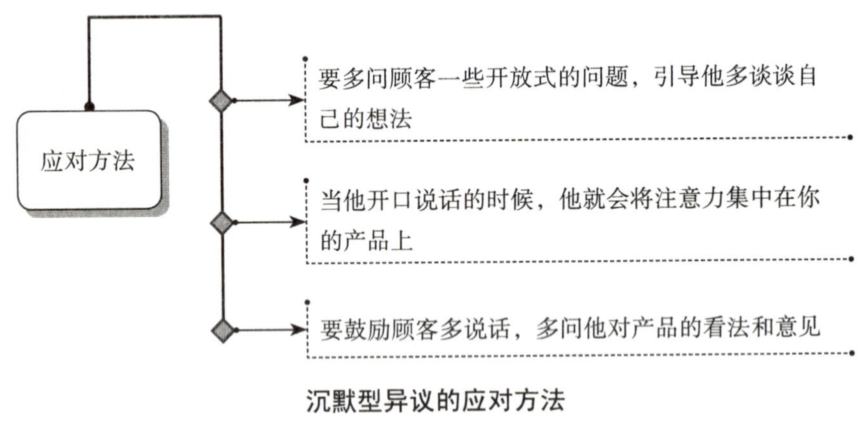

沉默型异议的应对方法

2. 借口型异议

一般是指顾客说“你的价格太贵了”“好吧，我再考虑考虑”“我回家商量一下”，等等。导购员的应对方法如下图所示。

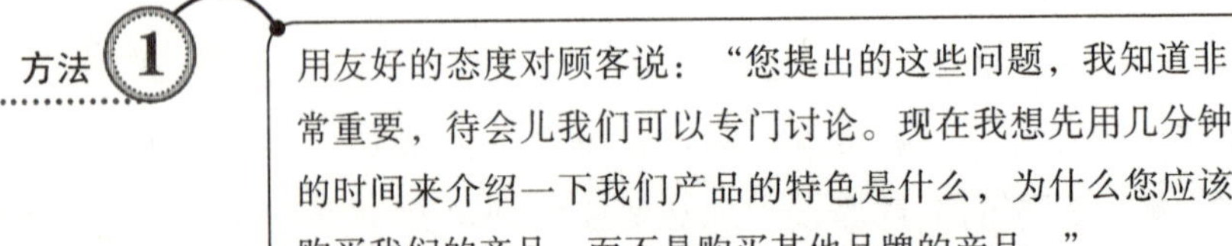

方法 2

使用类似的话语，将顾客的这些借口型异议先搁置一旁，将他们的注意力转移到其他感兴趣的项目上，在多数情况下这些借口自然就会消失

借口型异议的应对方法

3. 批评型异议

批评型异议是指顾客会以负面的方式批评你的产品或公司，说你的产品质量不好，服务不好。导购员的应对方法如下图所示。

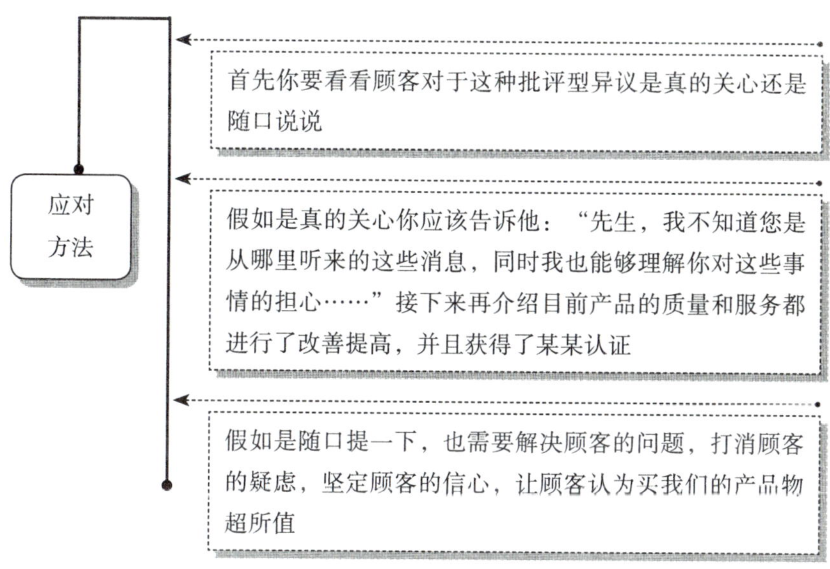

批评型异议的应对方法

4. 问题型异议

问题型异议，是指顾客会提出各式各样的问题来考验你，有时提出的问题会让你无法回答。导购员的应对方法如下图所示。

首先要对顾客的问题表示认可及欢迎，你可以说："我非常高兴您能提出这样的问题来，这也表示您对我们的产品真的很感兴趣。"

方法 2

接下来你就可以开始回答顾客的问题，在处理问题型异议时，你对产品必须有充分的认识

问题型异议的应对方法

5. 主观型异议

主观型异议是指顾客对你个人有所不满，对你的态度不是非常友善。顾客提出这种异议，通常表示你与顾客相处得太差了，你要做的就是赶快重新建立亲和力，多发问，多请教，让顾客多谈谈自己的看法。

6. 价格异议

价格异议是指不论你的产品价格多么具有竞争力，顾客都认为太贵了。导购员的应对方法在本节后面会详细介绍。

二、处理异议的常规方法

顾客有异议就是对产品有兴趣，对于导购员来说就是一个销售的机会。因此，导购员要善于把握机会，耐心倾听并认真解答顾客的异议，为顾客提供令其满意的服务。

在销售过程中，常用的处理顾客异议的方法有下图所示的几种。

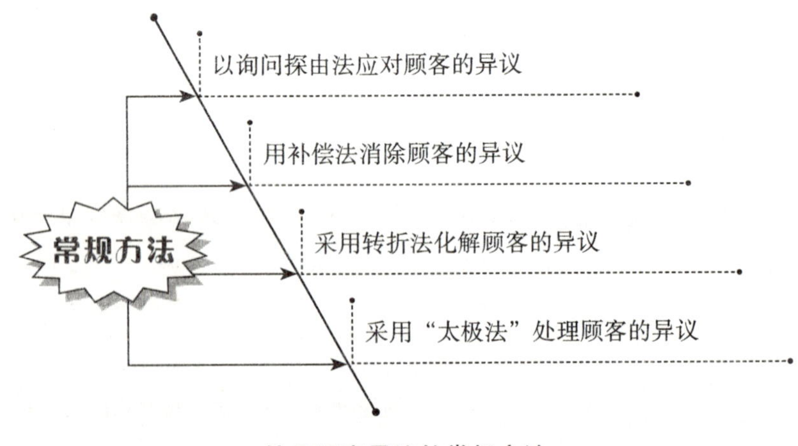

处理顾客异议的常规方法

1. 以询问探由法应对顾客的异议

对于导购员来说，会问比会说更重要，如果能通过询问掌握顾客产生异议的真实原因，就能从根源上消除顾客的异议。在实际销售过程中，一些顾客的异议仅仅是顾客用来拒绝购买而信手拈来的一个借口，不一定与顾客的真实想法完全一致。这时，导购员就可以采用询问探由法来处理顾客的异议。

询问探由法是指导购员针对顾客的异议提出疑问，并从顾客的回答中寻找其提出异议的真实原因，进而处理异议的一种策略和方法。

顾客："我觉得你们的价格太贵了。"

导购员："李总，我们的产品从质量到性能，再到售后服务都是全行业中最好的，并且性价比也是最高的，所以我认为价格贵不是您拒绝购买的真正原因。您是不是对我们的产品还有其他不满意的地方呢？"

顾客："你们的产品颜色太少了。"

导购员："经过市场调查，我们已选择了6种最受顾客欢迎的颜色，如果再增加更多颜色的产品，可能会给库存管理增添负担。我入行不久，对许多事情还不是很了解，而您是业内专家，您可以指点一下我需要增加产品颜色的原因吗？"

由此可见，询问探由法是一种非常有效的处理顾客异议的方法。询问探由法的优点如下图所示。

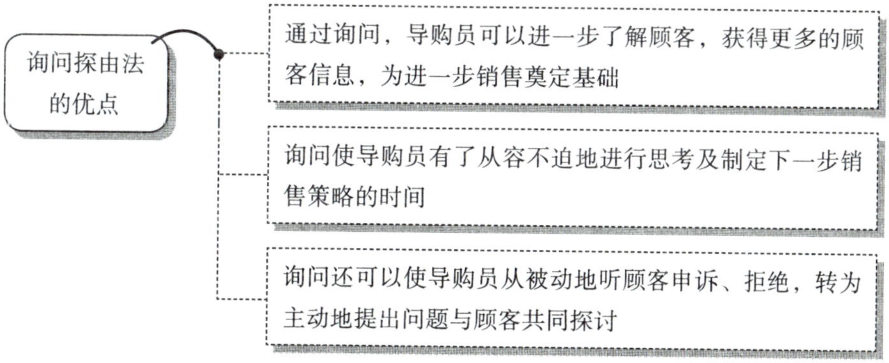

询问探由法的优点

- 通过询问，导购员可以进一步了解顾客，获得更多的顾客信息，为进一步销售奠定基础
- 询问使导购员有了从容不迫地进行思考及制定下一步销售策略的时间
- 询问还可以使导购员从被动地听顾客申诉、拒绝，转为主动地提出问题与顾客共同探讨

询问探由法的优点

运用询问探由法时，导购员要看准有利时机，灵活提问，而且要讲究销售礼仪，尊重顾客。

2. 用补偿法消除顾客的异议

任何一种产品不可能在价格、质量、功能等诸多方面，都比其他的竞争产品有优势，顾客对产品提出的异议，有时确实有其合理性的一面，如果导购员一味去反驳，就容易造成顾客的反感。

所以，如果顾客的反对意见的确切中了产品或服务中的缺陷，千万不可以回避或直接否定。明智的方法是肯定有关缺点，然后淡化处理，利用产品的优点来补偿甚至抵消这些缺点。这样有利于使顾客的心理达到一定程度的平衡，从而使他们做出购买决策。

顾客："产品的价格太高了。"

导购员："价格可能是高一点，但您一定要相信'一分钱，一分货'的道理，我们这套衣柜的质量是最上乘的。虽然用较低的价格也能买到其他类似的产品，但如果质量不可靠的话，在以后的使用过程中会很麻烦，而且修理也会带来诸多麻烦。相比之下，多花点钱买个放心还是划算的，您说呢？"

顾客："这个沙发的皮料不是最好的。"

导购员："您真是好眼力，这个皮料的确不是最好的，若选用最好的皮料，价格恐怕要高出现在的1倍以上。但是这款沙发的设计、颜色都非常棒，以这么便宜的价格买到款式这么好的沙发，您还是赚了。"

通过运用补偿法使顾客认识到产品虽然存在一定缺陷，但是也具有独特的优势，总体来说还是比较划算的，这样顾客就不会太在意那一点美中不足了。所以补偿法是取得顾客信任，化解顾客异议的良方。

由于补偿法需要首先承认顾客的异议，但又不能及时地解决，所以可能会产生某种负效应，导致顾客失去购买欲望。所以，导购员只能承认真实有效的异议，不要滥用补偿法，不加区别地肯定顾客提出的异议，以免顾客误会，使原本无效的异议演变成有效的异议。

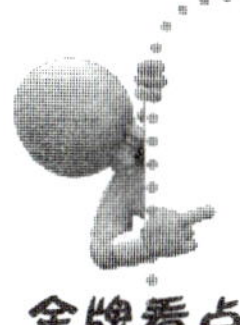

金牌看点

运用补偿法时，导购员应该实事求是地承认与肯定顾客的合理异议，并及时提出产品具有足够吸引力的优点。

3. 采用转折法化解顾客的异议

为避免引起顾客的不快，导购员可以采用转折法，委婉、诚恳地化解顾客的异议。转折法是指导购员根据有关事实与理由，间接否定顾客异议的一种处理方法。

对顾客的某些异议，如果导购员直接反驳，会引起顾客不快。对此，可先承认顾客的意见有道理，然后再提出不同的意见。当顾客提出异议后，导购员先回答“是的，不过……”或“是的，但是……”，然后再继续说话。

顾客：“我不太喜欢木制家具，它们很容易变形。”

导购员：“您说得非常对，如果与钢铁制品相比，木制家具的确容易扭曲变形。不过，我们制作家具的木板是经过特殊处理的，扭曲变形的系数只有用精密仪器才能测得出。”

这位导购员的转折法就用得很好。他这样说不仅给顾客留了面子，而且也轻松地消除了顾客的疑虑。

转折法适用于顾客因无知、成见、片面经验、信息不足等所产生的购买异议。使用转折法处理顾客异议时，首先要表示对顾客异议的理解，或者是简单地重复一遍顾客的异议，使顾客的心理得到暂时的平衡，然后转移话题，对顾客的异议进行反驳处理。

用转折法处理顾客异议，比直接反驳法更委婉、诚恳些，所收到的效果也更好，其优点如下图所示。

优点 1 转折法一般不会冒犯顾客，能保持较为良好的销售气氛

优点 2 这是一个重复顾客异议并表示理解的过程，又能使导购员有时间进行思考和分析，判断顾客拒绝的性质与根源

优点 3 转折法使顾客感到被尊重、被承认、被理解，虽然拒绝被否定了，但还是可以接受的

转折法的优点

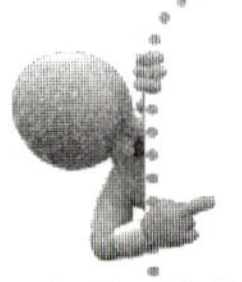

运用转折法时，导购员不要给顾客留下玩弄文字、回避矛盾的感觉，要态度认真、语气诚恳。

4. 采用“太极法”处理顾客的异议

在与顾客的销售博弈中，利用太极拳的借力生力原理，使顾客的异议变成购买的理由，是排除顾客异议最巧妙的方法，这种方法被称为“太极法”。通过“太极法”排除顾客异议的基本做法是，当顾客提出某些不购买的异议时，导购员应立刻回复说：“这正是我认为您要购买的理由！”也就是导购员能立即将顾客的反对意见直接转换成他必须购买的理由。

“太极法”能处理的异议多半是顾客通常并不十分坚持的异议，特别是顾客的一些借口。“太极法”最大的目的，是让导购员能借处理异议迅速地陈述他能带给顾客的利益，以引起顾客的注意。

顾客：“你们品牌把太多的资金花在做广告上，为什么不把钱省下来，作为

进货的折扣，让我们的利润多一些？”

导购员：“就是因为我们投下大量的广告费用，顾客才会被我们的品牌所吸引，这样您的总利润不是更大吗？”

顾客：“价格又涨了。”

导购员：“是的，价格是涨了，而且以后还得涨，现在不进货，好机会就丢掉了。”

顾客：“产品卖不出去，不敢进货了。”

导购员：“那是因为您没有购买我们所销售的产品，我们的产品是畅销货，还可以帮您带动其他产品的销售。”

导购员巧妙地应用“太极法”这一说服方式，将顾客不买的理由转化成应该买的理由，既没有回避顾客的异议，又没有直接正面去反驳，因而更有利于形成良好的洽谈气氛，较容易说服顾客，做成生意。

金牌看点

运用“太极法”时，导购员不要给顾客一种开玩笑的不严肃感觉，而且要向顾客提供正确的信息，尤其是有关市场行情方面的信息。

三、处理价格异议的技巧

价格有时候只是一个表象问题，只是顾客众多异议中的一种，也可能是其他异议的体现，因此当顾客提出价格异议时，导购员的第一反应应该是还有哪些利益没有让顾客了解？如何才能让顾客感受到自己能获得更多的利益？怎么才能让顾客体会到物有所值？而不是简单地用“一分钱一分货”“实在不贵”“用了就知道，保证您下次还来”等这些空洞的说辞去说服顾客，这样是无法化解顾客在价格上的异议的。

处理顾客价格异议的技巧主要有下页图所示的几种。

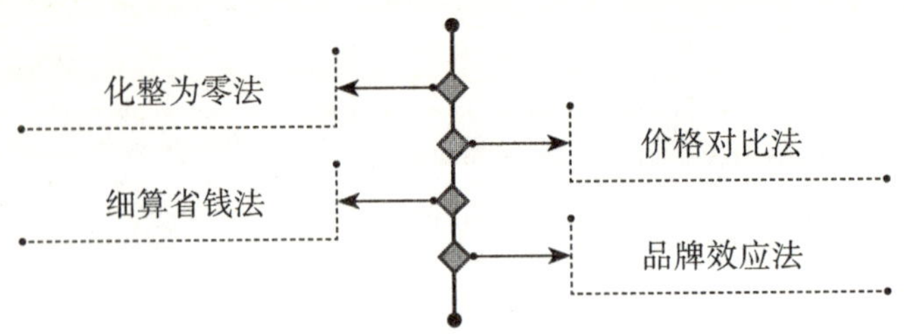

处理顾客价格异议的技巧

1. 化整为零法

当顾客提出有关价格的反对意见时，导购员可以通过化解计量单位或者分摊成本等办法来改变顾客的错误看法，化解顾客的异议。

顾客："请问这把椅子为什么要卖6500元，而那一把却只卖4500元，我看这两把椅子差不多啊？"

导购员："先生，请您在这两把椅子上都坐一坐，感受一下。"

依照导购员的话，顾客在这两把椅子上都坐了下，觉得一把较软，一把较硬，不过都很舒服。

顾客："都还可以，比较舒服。"

导购员："这把4500元的椅子坐起来较软，觉得很舒服，那把6500元的坐起来反而有点硬，不那么舒服，是吧？"

顾客："没错，确实是这样。"

导购员："这是由于它们的弹簧数量不一样，6500元那把……因此，这把椅子的平均使用年限要比那把多1倍。您多花2000元买一把各方面都比较好的椅子，至少可坐3年，事实上每天只要多付不到2元，是不是买这把6500元的椅子更划算呢？"

上述故事中导购员就是将椅子的价格化整为零，并对顾客的实际利益进行分析介绍，使顾客的注意力从庞大的总数，转到细分后的金额，让顾客能更客观地衡量他所能得到的，从而接受椅子的高价格。

2. 价格对比法

当顾客提出有关价格的异议时，导购员可以将产品的价格进行横向或纵向对比，进而化解顾客的价格异议。

顾客："你们的衣柜门怎么比别家贵那么多？"

导购员："是的，您说得没错，相对来说我们的价格要高一点，但是我们选择东西的时候不能单看价格，更要看它的性价比。您觉得价格贵是吗？其实，价格并不是非常贵，也有一部分相对较低一些，可以根据您的要求选择不同的样式，比如这款柜门，我们的特价门才××元/平方米；像柜体，如果您主要以挂衣服为主，那样价格就会低些，当然我们的价格肯定不是市场最低的。我们购买家具，主要是追求价值，考虑划不划算，而不是选择最低价格，在我们这里肯定能让您感觉到物有所值，价格与产品品质成正比。相对一般品牌，我们价格较高，但是比我们贵的一样也有不少啊。看您怎么看了，我们坚信产品的品质与价格是对等的。您再看看细节，我们的竖框是本行业最厚的竖框，有1.5毫米厚，板材足12厘米厚，滑轮则是专利产品，能保证30万次以上的推拉，如果您一天推拉10次，可用上近30年的。"

导购员可将顾客认为贵的产品与同类产品做比较，利用本产品的优点，来突显本产品的价值，让顾客觉得物有所值。

3. 细算省钱法

导购员在销售过程中，不但要向顾客介绍产品，还应帮助顾客打如意算盘，这也是化解顾客价格异议的有效方法之一。

顾客："衣柜和家具我们挺喜欢的，就是太贵。"

导购员："（微笑）非常高兴您能喜欢我们的产品！只是说到贵，首先，所谓一分价钱一分货；另外，我要告诉您的是，贵是一个相对的问题，就看如何对比了，如果和木工做对比，那我可以帮您算一下，到底差价有多少呢？首先为了环保，您肯定要买好一点的板材，价钱也不会便宜；为了做工好点，您要请两个好的木工师傅，人工费也不少；而且您还要买油漆、五金件等小配件，这一点花钱是小事，更麻烦的是经常要来建材市场采购。但您交给我们呢，第一，环保有保证；第二专业、规模化的生产，做工工艺有保证；更重要的是省心啊，您只需要确认设计方案，交货款，等地板铺好后打电话给我们预约安装即可。我们有好几个顾客都说，如果只有2000元的差价，我就选××牌的家具。××小区的姚先生、××花园的全女士，××楼盘的陈阿姨等等，都是在我们这里定制的，而且我们实际测量设计计算出来的差价也就是1000元多一点，就如同买了一两件衣服，所以他们都选择了我们的衣柜。您可以仔细考虑一下。”

导购员应站在顾客的角度，为顾客提出合理建议，帮顾客算出一个成本账，巧妙地化解顾客认为价格高的异议，从而达成销售。

4. 品牌效应法

一般来说，顾客在提出价格异议时有两种情况：一种是对产品的品牌感到无所谓，只关心价格；另一种是，对产品做了仔细了解并四处比较，认为这个品牌的价格偏高。通常这种情况表明顾客对该品牌的产品有了兴趣，只要导购员能够给顾客一个“值得购买”的理由，成交就可以水到渠成。

顾客：“隔壁品牌的产品跟你们家的各方面都差不多，但价格要便宜得多了。”

导购员：“王先生，是这样的，隔壁品牌有些产品乍一看，在外观方面确实和我们家的产品差不多，所以也有很多顾客在这两个品牌之间做比较。虽然我们在价格上比他们稍高一点，不过比较之后大多数顾客都会选择我们的产品，因为我们的产品……（主要向顾客讲述产品的优点）。王先生，光我说好不行，来，您体验一下就知道了……”

碰到此类价格异议，空洞的说辞没有任何意义，导购员首先要认同顾客的观点，然后告诉他即使如此，仍有许多顾客选择我们的品牌，最后说明为什么会如此，即强调我们品牌的优点并主动引导顾客去体验这些优点。

金牌在线

顾客进门就喊贵，如何解决

顾客进门就喊贵，我们的导购员该如何处理呢？很多顾客如果真的觉得你家的价格太贵，他通常会偷偷地看一下你的价格标签，如果产品标价过高和他的心理预期不符的话，他根本连价格都不问就会掉头走开，因为这样的顾客根本就不是你的目标顾客，他不具备这样的购买力。凡是愿意说贵的顾客，虽然嘴上说贵，实际上却有一定的购买力，因此门店导购员要有足够的自信来处理这样的问题。那么，在门店销售的过程中，都有哪些方法可以轻松化解价格异议呢？

1．转移话题法

“是的，先生，我也觉得有点贵，可是话说回来了，您一辈子能装几回修选几回家具呢？所以，您得先看看产品是不是自己喜欢的，东西不喜欢的话，白送给您您也不要啊。”

这样的处理方法是在把顾客从对价格的关注上转移到对产品的关注上，然后用价值塑造的方法告诉顾客我们的产品贵在哪里，为什么贵。

2．借力打力法

“是的，先生，确实挺贵的，正是因为贵您才需要了解一下，这样您才知道它为什么贵，就算您不买，也方便您去比较产品啊。”

对于家具产品的购买来说，顾客其实并不是很懂，所以在便宜和贵之间，顾客并没有真正的概念。

3．雾里看花法

“先生，是这样的，我们的这款产品是800厘米×800厘米的，价格是450元，同样的产品600厘米×600厘米的，只要430元，得看您家需要多大规格的。”

导购员在这里其实并没有直接回答顾客的问题，而是给顾客遮上了慧眼，采取了模糊报价的策略，因为顾客刚刚进门说贵，可能就是随口一说，导购员没必要过于纠结，当你用模糊报价的策略时，顾客有点晕了，也就跟着你看产品去了。

4．顺势而为法

“先生，你是说我们的这款产品贵吗？我们家的产品高、中、低端都有，不知道您是想看什么样的产品？”

顾客说贵很多时候是一种习惯，特别是刚进门的顾客，可是这位导购员可没把顾客的一句口头禅当成玩笑，而是认真地跟顾客讨论您要什么样的产品，我们家高、中、低端都有，这样的说法反而让顾客有点不好意思了，因为他就是随便一说，店员却当成真的了。

5．隐喻回应法

“是的，先生，确实我们的价格挺贵的，不过您不可能用一台QQ汽车的价格买一辆宝马车回去啊？”

面对顾客进门就喊贵，用隐喻的方法告诉顾客，影响产品的因素有很多，即使是同样的款式、同样的产品质量，可是光品牌的差异价格就可能相差好几倍，你要买的是产品使用功能还是产品情感功能呢，如果是使用功能的话我们确实没有优势，但要是讲品牌的话我们倒是可以讨论一下了。

6. 直接反问法

“贵吗？您觉得我们的产品哪里贵呢？您了解我们的产品吗？”

这样的直接反问法适用于那些比较资深的导购员，因为一旦顾客对你的竞争对手有所了解，张嘴说出了你们家和别人比为什么贵了，你得有应对的方法，如果你对对手的情况一无所知的话，这样的反问显然会弄巧成拙。

四、购买不同类型家具的异议处理技巧

对于家具导购员来说，面对购买不同类型家具的顾客提出的异议，要注意区分，运用不同的处理技巧来化解顾客的异议。

1. 卧室家具

卧室家具主要包括床具、衣柜、梳妆台、斗柜等，顾客在选购时一般是先确定床具，然后再根据床具的风格和色彩选购衣柜和梳妆柜。

选购卧室家具时，常见的顾客异议及处理技巧如下表所示。

卧室家具的异议类型及处理技巧

序号	异议类型	产生原因	处理技巧
1	环保性异议	在人们追求健康睡眠、注重生活质量、关爱生命健康的今天，环保成为顾客选购卧室家具的首要考虑因素	首先给顾客讲清楚家具中的有害物质主要来自劣质人工合成板和劣质油漆。然后讲解我们的产品通过了ISO 14000环境质量体系的认证，并且出具环境质量体系认证的证书以及各项质检的报告以取得顾客信任

续表

序号	异议类型	产生原因	处理技巧
2	舒适性异议	由于人的一生有三分之一的时间是在床上度过的，因此顾客在选购床具时经常对舒适度提出异议	告诉顾客床具的舒适度主要取决于床的构造和床垫，我们采用弧形多层胶合板（俗称“排骨架”）结构，人体的压力经床垫和“排骨架”二次分解，能使人体的曲线更好地与床垫相吻合，非常舒适。采用床板结构的床具，需用合适的健康床垫，这样坐卧翻身时的起伏变化比较小，人体感觉更安静平稳
3	方便性异议	卧室家具中的床具、衣柜要来储物并且有时还要搬动，因此人们常对储物、搬运的方便性提出异议	首先了解顾客以前使用的是什么卧室家具，然后讲解现在卧室家具的改进。比如可以开启的床箱式结构，拥有超大储物空间并且取放衣物方便；可拆卸抽屉的床箱式结构，搬运时化整为零，组装时化零为整

2. 客厅家具

客厅家具主要包括沙发、茶几、电视柜等。顾客在选购客厅家具时一般是先确定沙发，然后再根据沙发的风格和色彩选购茶几和电视柜。

选购客厅家具时，常见的顾客异议及处理技巧如下表所示。

客厅家具的异议类型及处理技巧

序号	异议类型	产生原因	处理技巧
1	环保性异议	如今人们讲究生活质量，工作一天后回到家就想休息一下，选沙发当然以感觉舒适为主，因此顾客常在沙发的舒适度上产生异议	最好的方法就是让顾客坐在沙发上体验，顾客在体验过程中肯定会表现出他的喜好，是喜欢软的还是喜欢硬的、是喜欢皮的还是喜欢布艺的，然后根据顾客的喜好推荐适合他的沙发，在讲解过程中要不断强调舒适度

续表

序号	异议类型	产生原因	处理技巧
2	耐用性异议	顾客在选购沙发时经常对耐用性提出异议，关心沙发的框架、弹簧、海绵、松紧带、布料等	先采用视觉刺激的方法让顾客看沙发的用料，然后用触觉刺激的方法让顾客亲自动手感觉一下，比如让顾客用两手将沙发前后左右用力反复摇一摇、晃一晃，来测验框架的牢固性。让顾客自己说服自己得出结论，比你直接告诉他你的沙发是如何耐用效果要好得多
3	色彩性异议	顾客在选购客厅家具时要与客厅的装饰风格相协调，因此顾客对客厅家具的色彩非常敏感以致产生异议	通过询问的方式多与顾客交流，了解顾客客厅的大小、装饰风格、居住环境，由此可以推断出顾客的喜好和经济收入情况，从而推荐适合他的款式

3. 书房家具

书房家具主要有书柜、书台、座椅等。选购书房家具时，常见的顾客异议及处理技巧如下表所示。

书房家具的异议类型及处理技巧

序号	异议类型	产生原因	处理技巧
1	色彩性异议	顾客往往在最后成交前会对你产品的色彩提出异议，会问你还有没有其他颜色	其实这是反映了顾客的一种矛盾心理，还想继续考察其他品牌的产品，同时又对你的产品非常感兴趣，所以才会随口提出对色彩的异议。这时，你只要坚定他的信心，告诉他这种产品最适合他。比如顾客提出颜色太深时你可以说，我们学习、工作时，心态要保持沉静平稳，据专家研究色彩较深的写字台和书柜可帮人进入学习或工作状态。如果觉得太浅的话，你可说浅色的环境让人感觉节奏轻快，有利于激发创造力和提高工作效率

续表

序号	异议类型	产生原因	处理技巧
2	舒适性异议	顾客在选购书房家具时为了学习、工作的方便，都要考虑舒适度，书台的高度、座椅的弧度、书柜的结构都是顾客考虑的因素	多强调舒适度，比如在介绍转椅时可以强调是根据人体工程学设计的，能有效承托背部曲线，并且移动方便，便于及时到书柜中寻找书籍
3	耐用性异议	顾客在选购书房家具时也常对书柜、电脑桌或写字台的强度提出异议	强调书柜、电脑桌或写字台的强度与结构，比如强调书柜内层板较厚，不会因为日久天长被书压弯变形等

4. 儿童家具

儿童家具与其他家具最大的不同，就是使用者与布置者不同。当父母为子女选购家具时，往往不由自主地从自己的角度出发。这种“一厢情愿”的选购，并不符合孩子的需要，而孩子自己又不懂如何选购家具，因此，这就需要父母多从孩子的角度来考虑，免得影响子女的健康成长。

父母在为子女选购儿童家具时，常见的异议及处理技巧如下表所示。

儿童家具的异议类型及处理技巧

序号	异议类型	产生原因	处理技巧
1	安全性异议	父母考虑到孩子缺乏自我保护意识，因此在选购家具时非常注重安全性以避免意外伤害的发生	把握父母的这一心理，讲解我们的产品在安全设计上的优势。比如，说我们的产品考虑到孩子的安全因素没有使用大面积的玻璃，家具的边角和把手绝没有棱角和锐利的边，并且让父母亲自用手感觉一下

续表

序号	异议类型	产生原因	处理技巧
2	个性化异议	儿童应当使用属于自己的家具，有助于培养他们的自主意识，满足儿童的审美情趣	针对这类异议我们应该从生活实用角度进行排除，从生理上看，孩子的身体在不断生长，家具的尺寸也应随之变化。因此，好多父母考虑到这一点，会发现儿童家具很难满足孩子不同生理阶段的要求。而且随着孩子的长大，这些家具就会和衣服一样“变小”，无法继续使用
3	环保健康性异议	现在市场上出售的各种家具，基本都或多或少地含有对人体有害的物质。这对于正在成长的孩子来讲，非常有害，容易诱发各种疾病，甚至会影响到儿童的正常发育。因此家长在选购儿童家具时经常对是否环保材料提出异议	准确把握顾客这一心理，多介绍自己产品在环保方面的优势。比如，我们的产品全部采用优质材料，没有污染的问题，而且加工的程序十分严格，这样就可避免各种化学物质在室内造成污染。并且出示各种证书以取得顾客的信任

五、预防异议的产生

在销售过程中，顾客可能会提出各种各样的异议，作为一名金牌导购员，应该提前推理出顾客可能在什么问题上提出异议，并提前做好处理异议的准备，或是主动地把顾客可能提出的异议讲解给顾客听，从而有效地预防顾客异议的产生。

1. 预防顾客异议产生的好处

提前预测和判断顾客异议，不但可以防止顾客可能公开提出的异议，还可以把隐藏在顾客心里的异议虚拟出来并进行化解。因此，在销售过程中，预防异议的产生，有其独特的好处，具体如下页图所示。

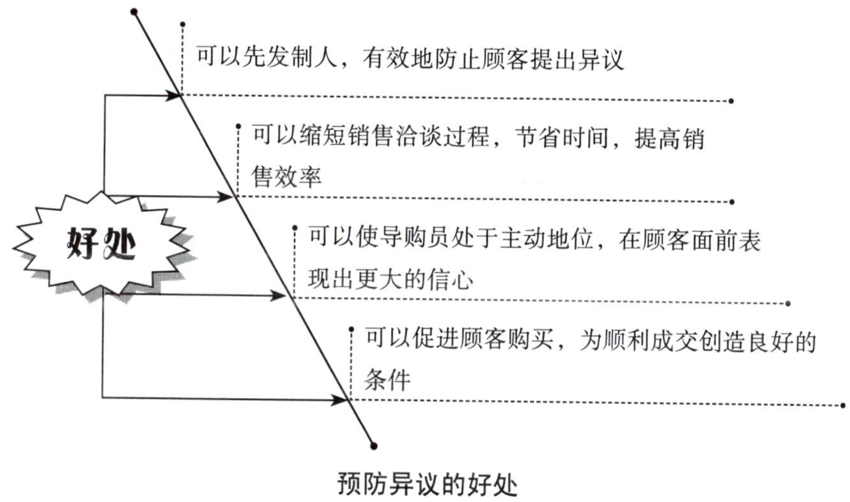

预防异议的好处

2. 预防顾客产生异议的方法

预防顾客产生异议的方法主要有三种，导购员掌握了这些方法，不但可以预防顾客异议的产生，就算是顾客提出了异议，也能够做到心中有数。具体方法如下图所示。

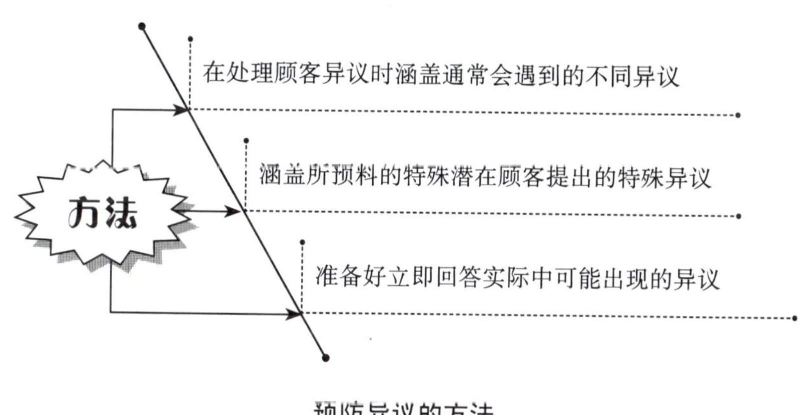

预防异议的方法

3. 预防顾客产生异议的注意事项

导购员在预防顾客异议产生时，要注意下页图所示的问题。

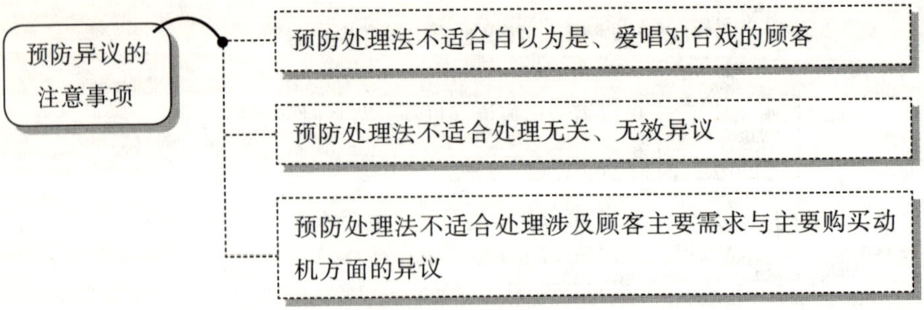

预防异议的注意事项

- 预防处理法不适合自以为是、爱唱对台戏的顾客
- 预防处理法不适合处理无关、无效异议
- 预防处理法不适合处理涉及顾客主要需求与主要购买动机方面的异议

预防异议的注意事项

第六步

达成销售

在所有的销售过程当中，促成成交就好像是烧菜要放盐一样，只需要那么一点点，没有它不行，多了也不行。只要你很好地建立起与顾客的信任关系，寻找到了顾客的需求点，又有针对性地向顾客做了产品说明，接下来的成交就成了瓜熟蒂落、水到渠成的事了。

* * * * *

识别成交信号

顾客产生购买意图时就是适当的成交机会，导购员一旦发现顾客有购买意图，就要立即尝试着促成成交，迅速地诱导顾客做出购买决定，随时成交，不要犹豫不定。

在销售的成交阶段，导购员若想很快达成交易，就必须看准成交的信号灯，即顾客表现出来的各种成交信号。成交信号，是顾客在接受导购员销售的过程中，通过语言、行动、情感等表露出来的各种成交信息。这些信息有的是有意表示的，有的则是无意流露出的。

顾客的成交信号可分为语言信号、行为信号和表情信号，导购员一定要细心观察，及时识别，进而采取恰当的销售策略。

一、语言信号

所谓语言信号，是指导购员在与顾客的交谈中发现的顾客某些语言所流露出来的成交信号，这种信号可以从顾客的询问及措辞中觉察到。

在销售过程中，若有下图所示的情况出现，就可能是顾客发出了成交信号。

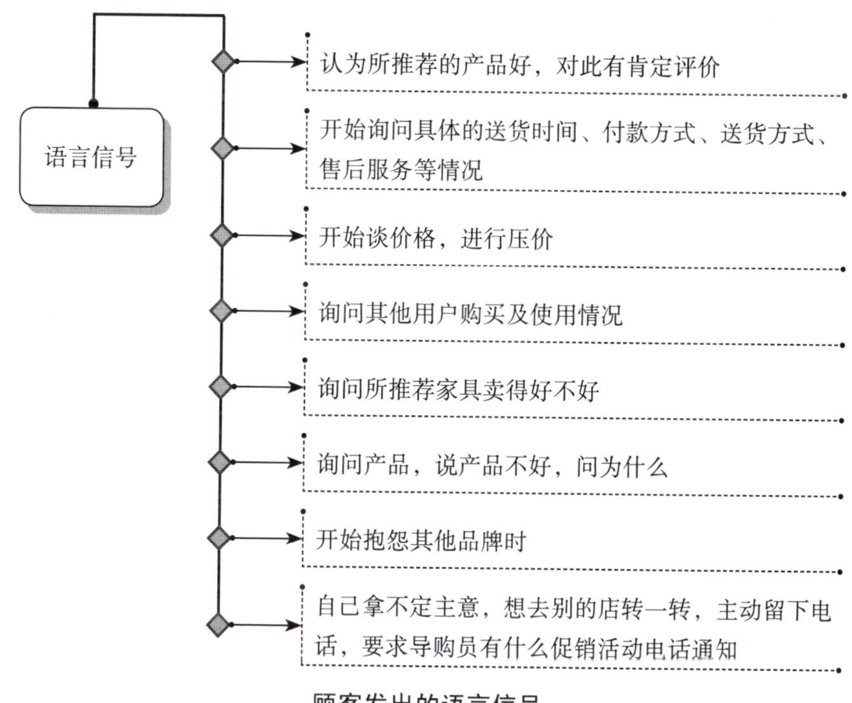

顾客发出的语言信号

总之，顾客的语言信号有很多种，有表示欣赏的，有表示询问的，也有表示反对意见的。应当注意的是，反对意见比较复杂。在反对意见中，有些是成交信号，有些则不是，必须具体情况具体分析，既不能都看成是成交信号，也不能无动于衷。只要导购员有意捕捉和诱发这些语言信号，就可以顺利地促成交易。

二、行为信号

行为信号是导购员在向顾客销售产品的过程中，从顾客的某些细微行为中发现的成交信号。一旦顾客完成了认识与情感过程，拿定主意要购买产品时，便会做出与听导购员介绍产品时完全不同的动作，导购员可以通过观察顾客的动作识别其是否有成交的意向。

下图所示的是一些常见的顾客发出成交信号的行为。

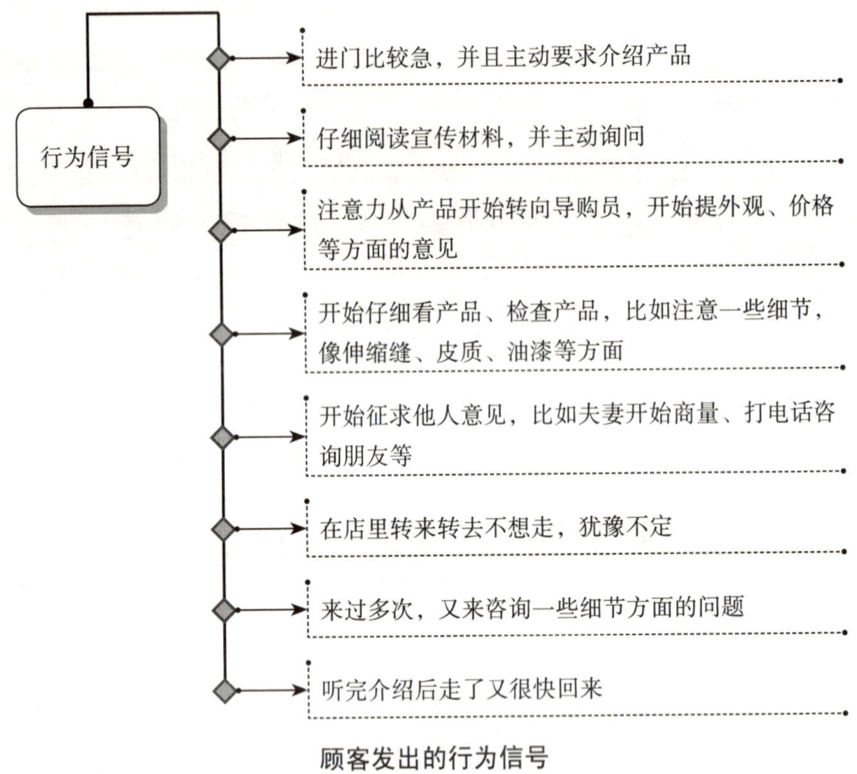

顾客发出的行为信号

以上行为，或许是顾客想重新考虑推荐新品，或许是购买决心已定，紧张的思想松弛下来。总之，都有可能表示一种“基本接受”的态度。这时，导购员都可以请求成交，因为那是顾客准备购买的行为信号。

三、表情信号

表情信号，是指导购员在向顾客介绍产品时，从顾客的面部表情和体态中发现的成交信号。人的面部表情不容易捉摸，眼神更难猜测，但经过反复观察与认真思考，导购员仍然可以从中读出成交信号，具体如下页图所示。

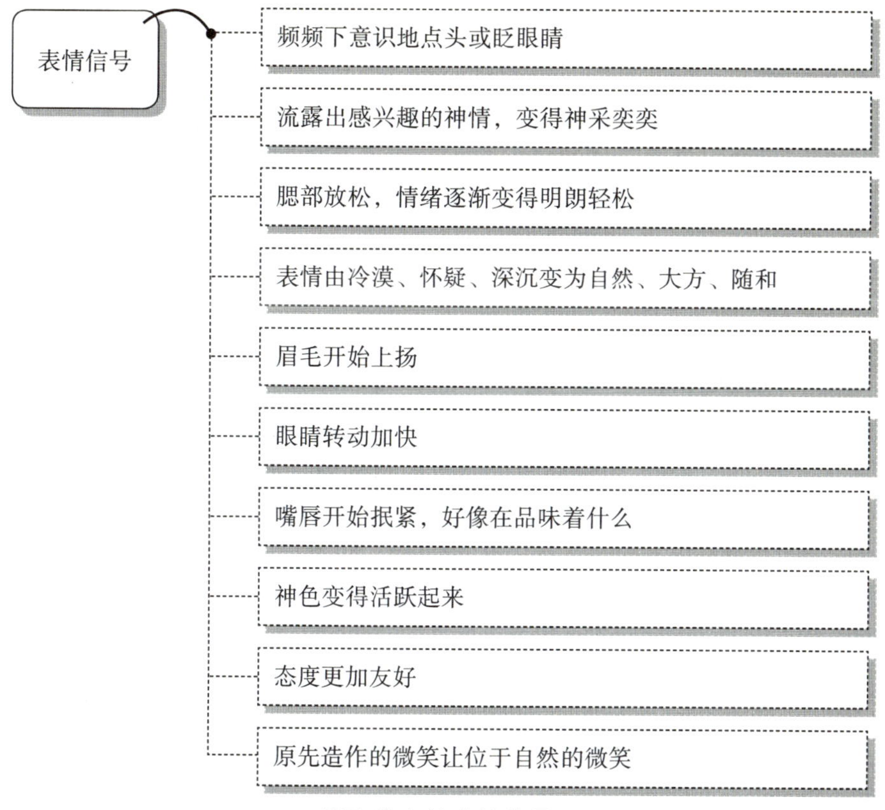

顾客发出的表情信号

以上这些表情信号都表明顾客已经有了强烈的购买欲望，促成交易的最佳时机已经到来，这时导购员完全可以大胆地提出成交的要求了。

除了以上这些表示成交的信号外，有时顾客会突然对导购员表现出友好和客气的姿态，比如，对导购员说“你真是个不错的导购”“你对你的产品真的很熟悉”等，这也表示顾客已经准备成交了。但如果顾客东张西望，并不停看表，或没听完产品介绍就拿起自己的东西急着要走等，都表示顾客拒绝购买。

在销售过程中，顾客的语言、面部表情和一举一动，都在表明顾客在想什么。从顾客明显的行为上，完全可以判断出他是急于购买，还是抵制购买。及时发现、理解和利用顾客发出的成交信号，并不是十分困难的。这既要靠导购员细心观察，又要靠导购员积极诱导。

任何时候，导购员只要认为自己听到或看到了一种购买信号，就应立即向顾客提出成交的请求。同时，在与顾客交谈的过程中，要密切注意顾客的言行，千万不要因为自己太过健谈而忽视了顾客的购买信号。

先确认成交信号，再采取措施

导购员要想把握住成交时机，从而及时促成，就必须学会确认顾客的成交信号。在销售活动中，顾客在已决定购买但尚未采取购买行动时，或已有购买意向但不十分确定时，常常会不自觉地通过行动、言语、表情、姿势等外在特征反映出来，给导购员提供成交信号。

作为一名金牌导购员应当具备及时了解并捕捉顾客的成交信号的能力，领会顾客流露出来的各类暗示。通过察言观色，根据顾客的说话方式和面部表情的变化，判断出顾客真正的购买意图。

下面我们就来分析一下顾客的各种外在表现，以便导购员洞察顾客的心理，从而及时并准确地抓住成交的信号，达成交易。

1．顾客的动作是否积极是明显的标志

我们将宣传资料交给顾客时，若顾客只是随便地翻看后就把资料搁在一旁，说明他对于我们的产品缺乏认同，或是根本没有兴趣。反之，若见到顾客的动作十分积极，仿佛如获至宝一般地频频发问与探询，那么我们离成交就不远了。

2．眼神泄露了顾客心里的秘密

最能直接透露购买信息的就是顾客的眼神，若是产品非常具有吸引力，顾客的眼中就会显现出美丽而渴望的光彩。比如，当导购员说到使用这一产品可以获得可观的利益，或是节约生产成本时，顾客的眼睛如果随之一亮，就代表顾客对此产生了兴趣，有很大的购买意愿。

3．要留心观察顾客的姿态

当顾客坐得离我们很远，或是跷个二郎腿和我们说话，甚至是双手抱胸时，代表他的抗拒心态仍然十分强烈。斜靠在沙发上用慵懒的姿态和我们谈话，或是根本不和我们坐下来谈，只愿意站在门边说话，这些都是无效的销售反应。反之，若是见到顾客对我们说的话频频点头应和，表情非常专注而认真，身体愈来愈向前倾，则表示顾客的认同度高，两人洽谈的距离越近，顾客购买的可能性就越大。

4．顾客为了细节而不断询问导购员是成交的前一步

顾客为了细节而不断询问导购员时，也是一种购买信号。如果导购员可以将顾客心中的疑虑解释清楚，令其满意，那么订单就会很快到手。

比如：导购员对产品进行现场示范时，一位顾客发问："这种家具的售价是多少？"对于顾客的这个问题，导购员可有三种不同的回答方式。

（1）直接告诉对方具体的价格。

（2）反问顾客："你真的想要买吗？"

（3）不正面回答价格问题，而是向顾客提出："你要多少？"

在所列举的三种回答方式中，哪一种答法最好呢？很明显，第三种回答方式更好一些。顾客主动询问价格是一个非常可喜的成交信号，这种举动至少表明顾客已经对产品产生了兴趣，很可能是顾客已打算购买而先权衡自己的支付能力是不是能够承受。如果顾客对导购员介绍的某种产品根本不感兴趣，一般是不会主动前来询问价格的。这时，导购员应该及时把握机会，理解顾客发出的成交信号，马上询问顾客需要多少数量，会使"买与不买"的问题在不知不觉中被一笔带过，直接进入具体的成交磋商阶段。导购员利用这种巧妙的询问方式，使顾客无论怎样回答都表明他已决定购买，接下来就可以根据顾客需要的数量协商定价，达成交易。

如果导购员以第一种方式回答提问，顾客的反应很可能是："让我再考虑考虑！"如果以第二种方式回答对方问题，则表明导购员根本没有意识到成交信号的出现，顾客的反应很可能是："不！我随便问问。"由此看来，这两种答复都没有抓住时机，与一笔即将到手的好买卖失之交臂。

总之，在销售时，导购员应当具备敏锐的业务目光，时刻注意观察顾客，学会捕捉顾客发出的各类成交信号，只要信号一出现，就要迅速转入促成的工作。需要注意的是，上面所列举的顾客的种种表现，仅供导购员参考，而不能过于迷信。

在销售成交阶段，应根据不同顾客、不同时间、不同情况、不同环境，采取灵活的敦促方式，对不同的成交信号施以相应的引导技巧，从而保证圆满成交。

在谈话过程中一旦发现成交信号，应及时捕捉，并迅速提出成交要求，否则很容易错失成交的机会。捕捉顾客的成交信号，需要靠导购员认真辨别及积累经验。

达成02 用对成交方法

金牌亮招

促成销售最关键的诀窍是快速成交，并收取订金。金牌导购员在时机成熟时，会果断做出成交行动，速战速决，避免犹豫不决，而让顾客流失。

成交方法是指导购员用来促使顾客做出购买决定，最终促使顾客购买产品的销售技术与技巧。

激发了顾客的购买欲望后，如果顾客发出成交信号，导购员就要抓住这个绝佳时机，针对具体情况，采用适当的方法促成交易，从而顺利完成销售工作。

一个不想成交的导购员，不是一个好的导购员。导购员所做的一切努力都是为了成交，在时机成熟的时候，要捕捉顾客的成交信号，同时也要运用技巧引导顾客成交。

一次快下班的时候，一个在店里谈了很长时间的大叔准备离店，说明天带女儿来看看再买。导购员陈姐心想，现在成交远比明天重新争取来得容易。

于是她走上前去对顾客说：“我看您很喜欢这套沙发的，既然您看好了，今天就可以定下来呀，省得明天再跑一趟。”

大叔说：“家里有沙发，因为女儿明天要从国外回来，所以想给女儿换张沙发，又怕女儿不喜欢，所以明天带女儿来看看。”

陈姐就问大叔：“您女儿回国能待几天呢？”“一个星期”，大叔回答。

“那您不让她在家好好陪陪您，还让她一回来就来买沙发，多累呀，再说您也是为了给女儿一个惊喜，带她来就没有这种效果了，您女儿一定很孝顺，您喜欢的，她也一定会喜欢的。”陈姐继续劝说对方。

见大叔没有反驳，她就马上跟店里安装工交代说，“这位大叔的女儿明天就从国外回来了，你们几个今天辛苦一下，晚上加班给大叔把这套沙发送家里装好。”然后就开了单，大叔交了订金，还很感谢陈姐。

在这位大叔离开店后，很有可能第二天女儿会不让父亲为了欢迎自己而这么辛苦去买沙发。可见导购员如果没有强烈的销售意识，第二天发生的情况可能就完全改变了。

所以，导购员一定要把握好成交的时机，切勿因为羞涩、迟疑而错过最佳成交时刻。

常见的促使顾客主动购买产品的策略有以下几种，导购员要视情况灵活使用。

一、请求成交法

请求成交法又称之为直接成交法，这是指导购员主动向顾客提出成交的要求，直接要求顾客购买其所售产品的一种方法。

1. 使用请求成交法的时机

在遇到下图所示的几种情况时，导购员可以使用请求成交法。

时机 1

导购员遇到了老顾客，因为了解老顾客的需要，或老顾客曾接受过其销售的产品，因此导购员可直接请求成交，老顾客一般不会反感

时机 2

若顾客对销售的产品有好感，也流露出购买的意向，发出成交信号，可又一时拿不定主意，或不愿主动提出成交的要求，导购员就可以用请求成交法来促使顾客购买

时机 3

若顾客对销售的产品表示感兴趣，但思想上还没有意识到成交的问题，这时导购员在回答了顾客的提问，或详细地介绍产品之后，就可以提出请求，让顾客意识到该考虑购买的问题了

时机 4

在顾客有明显的购买意向时，导购员就要主动提出成交的请求。如："我现在就给您开票，您看好吗？"

使用请求成交法的时机

2. 使用请求成交法的优点

使用请求成交法具有下图所示的优点。

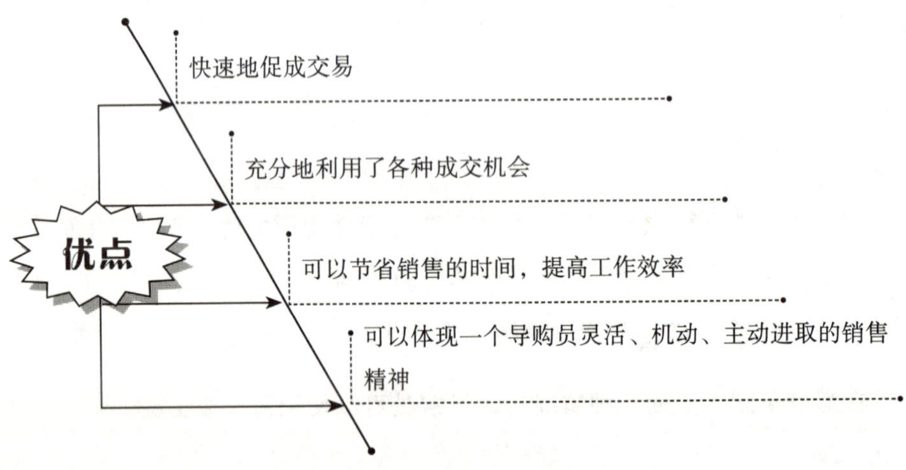

使用请求成交法的优点

3. 请求成交法的局限性

请求成交法如果应用的时机不当，可能给顾客造成压力，破坏成交的气

氛，反而使顾客产生一种抵触成交的情绪，还有可能使导购员失去成交的主动权。因此，导购员应把握好时机，适时提出成交请求。

4. 场景示范

导购员：“张先生，您刚刚看的那两款床都挺不错的。不过相比而言，我觉得VB-001更适合一些。您觉得呢？”（询问+沉默的压力，先不说理由，试探一下顾客的反应，以免话说死了，没有回旋余地）

顾客：“嗯，还可以吧。”（此时要注意顾客及家人的表情、神态、语气，来判定他是否真喜欢。如果喜欢，接下来就再说出它的好处，坚定他的信心）

导购员：“您看这款床款式大气，在床的一侧还有休闲榻的设计，可在上面聊天，喝喝红酒，给生活营造情趣，也可以做亲子游戏。这款床采用酒红色设计，红酒代表着品位与魅力，能让两个人的生活更浪漫，更富有情调。您看床架面料里植入了金属丝，在灯光照耀下，让整个床更时尚。在床侧还有小储物柜，方便储存手表、饰品等小物件，也可以为您的卧室节约空间，真的很适合您！要不就定这一套吧！”

二、选择成交法

在实际销售的成交阶段，如果导购员能给顾客留有一定的选择余地，成交就显得自由一些。选择成交法是导购员直接为顾客提供一些购买选择方案，并要求顾客立即购买产品的成交方法。此方法是指导购员在假定成交的基础上，向顾客提供成交决策的比较方案，先假定成交，后选择成交，使顾客无论做出何种选择，所导致的结局都是成交。

1. 选择成交法的使用效果

在实际销售过程中，选择成交法具有明显的成交效果。在顾客尚在犹豫时，导购员向顾客提供两种或多种选择方案，可以促使顾客从众多方案中决定一种。

比如，一位导购员对顾客说：“赵先生，您是要大包装的还是小包装的呢？您看，这些都是样品……”这位导购员先假定成交，然后提供成交方案，把顾客的选择范围限定在成交范围内。这样可以减轻顾客的成交心理压力，又能够有效地促成交易。在这种情况下，导购员假定顾客已经决定购买产品，问题在于选择产品包装的规格。因此，无论这位顾客做出什么样的选择，结果都是成交。

2. 选择成交法的优点

运用选择成交法促成交易具有很多优点，其主要体现在下图所示的几个方面。

优点1　可以提高效率

给顾客选择权只是一种有效的销售手段，导购员可以利用这一手段来达到自己的特定目标，如成交。所以，只要导购员能灵活运用选择成交法，就可以成功达成销售目标，提高销售效率

优点2　可以使导购员掌握主动权

向顾客提供成交选择方案，把选择权给顾客，从而转移顾客的注意力，让顾客自己做出购买决策，使顾客无法全面拒绝成交选择方案。顾客在数量、规格、样式、颜色、送货、日期上做出选择，结果都是成交。这无疑是把成交主动权留给了自己，而且还留有余地

优点3　有利于促成交易

利用选择成交法，导购员并不直接请求顾客购买产品，而是间接提出了成交请求，间接促成交易。导购员避开成交本身的问题，直接提供具体的成交选择方案，这样就使得顾客无法直接拒绝成交

优点4　可以减轻顾客心理压力，创造良好的成交气氛

运用选择成交法似乎是把成交主动权交给了顾客，而事实上是把成交选择权交给了顾客，让顾客在一定的成交范围内做出选择。这样就可以让顾客参与成交活动

选择成交法的优点

3. 选择成交法的缺点

选择成交法虽有众多优点，但也有一定的缺点，其缺点主要体现在下图所示的几个方面。

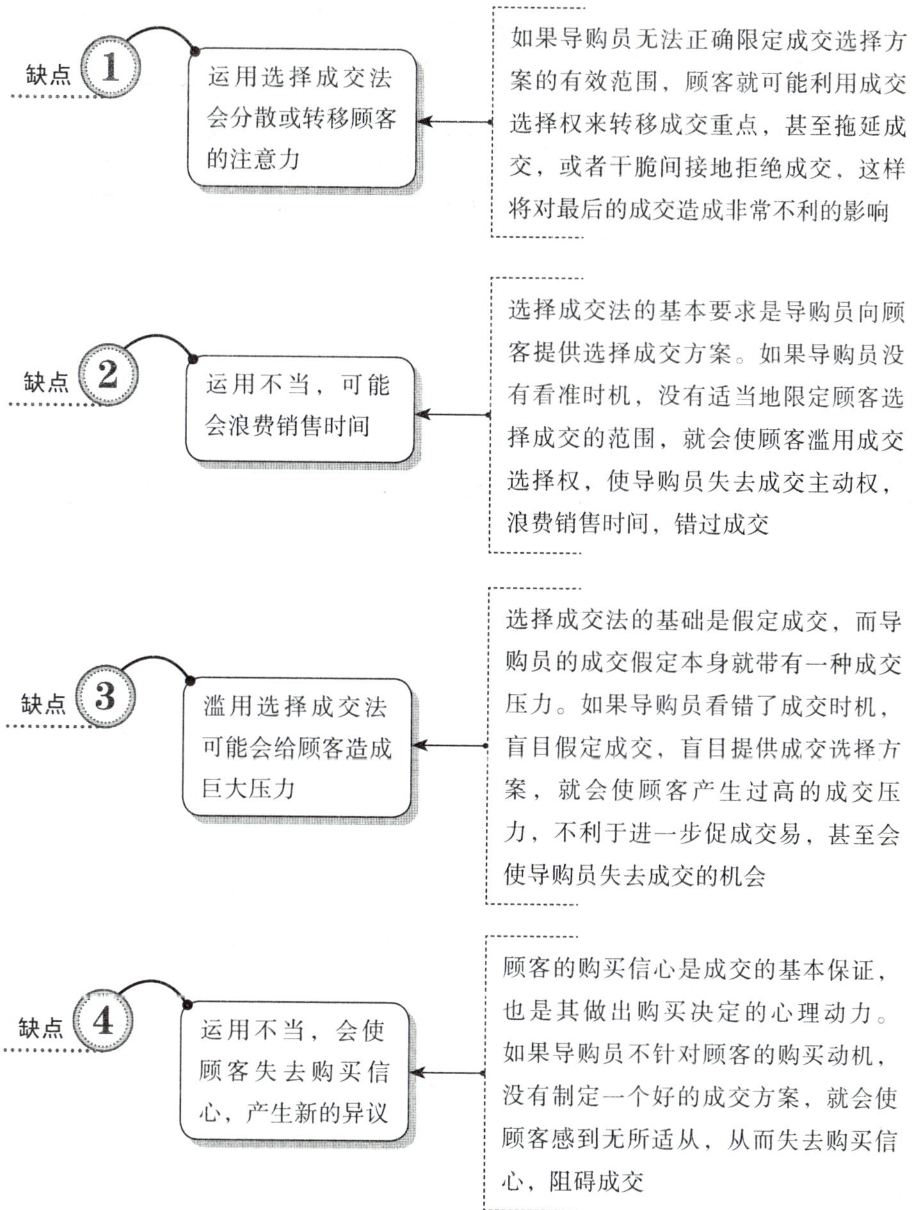

选择成交法的缺点

4. 运用选择成交法应注意的问题

运用选择成交法时，导购员应注意下图所示的几个要点。

问题 1

运用选择成交法时，导购员所提供的选择事项应让顾客能从中做出一种肯定的回答，而不给顾客拒绝的机会

问题 2

导购员向顾客提出选择时，尽量避免向顾客提出太多的方案，最好就是两项方案，最多不要超过三项，否则不能够达到尽快成交的目的

问题 3

在顾客面临选择时，导购员要当好顾客的参谋与顾问，如讲解各种方案的优劣与资金预算，讲解购买数量与运输费用的关系等

运用选择成交法应注意的问题

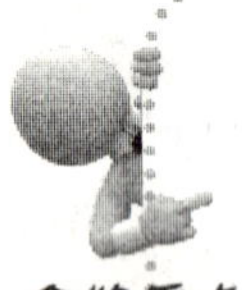

金牌看点

运用选择成交法的关键在于，导购员要能正确分析和确定顾客的真正需要，并提出适当的选择方案。如果顾客拿不定主意，运用选择成交法促成交易就很容易失败了。

5. 场景示范

话术1："张先生，您刚刚看的那两款床都挺不错的。您看您更喜欢哪一款呢？"（价格、规格、颜色、款式性能、数量）

话术2："张先生，这款床真不用再犹豫了！放在您的家中，一定是非常完美的！而且现在选床还送乳胶枕哦！来，您看看！（引向礼品区）您看您喜欢哪种乳胶枕？（待顾客说喜欢哪一种后，便及时把乳胶枕给他装好）张先生，我去帮您把乳胶枕装好、把单开好哈，请您稍等一下哦！"

话术3："这已经是最大幅度的优惠了，只要×××钱，帮您省了×××钱，太划算了！您是现在就需要呢？还是先预订下来以后再给您送货？"

三、从众成交法

从众成交法，也叫作排队成交法，是指导购员利用顾客的从众心理，促使顾客立刻购买其所推荐产品的一种成交方法。

顾客之间的相互影响和相互说服力，可能要大于导购员的说服力。利用顾客的从众心理促成交易，是一种最简单的方法。

1. 从众成交法的使用时机

一般而言，顾客在购买产品时，不仅会考虑自身的需要，还会顾及社会规范，服从社会的某种压力，并以大多数人的行为作为自己行为的参照。从众成交法正是利用了顾客的这种心理，营造一种众人争相购买的气氛，促使顾客迅速做出购买决策。因此，导购员要善于把握时机，促使顾客成交。从众成交法的使用时机如下图所示。

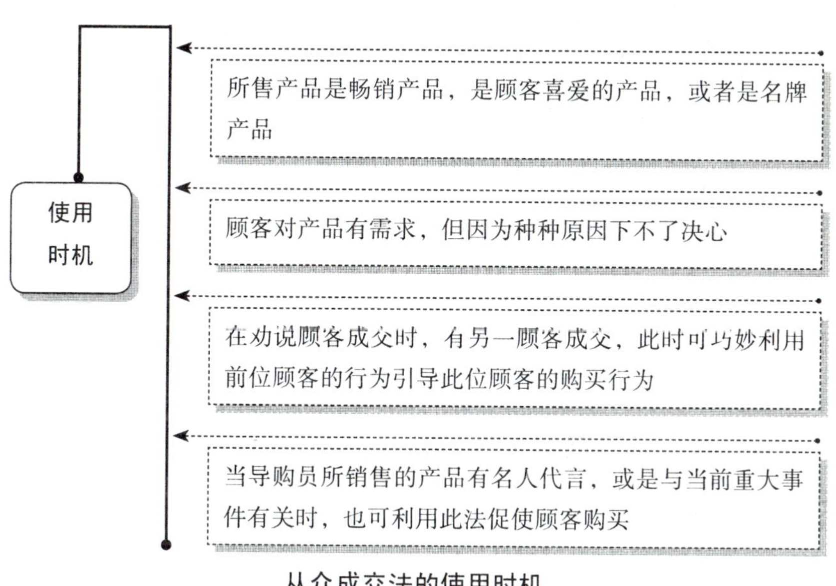

从众成交法的使用时机

2. 从众成交法的优点

从众成交法具有自己独特的优点，其优点主要表现在下页图所示的两个方面。

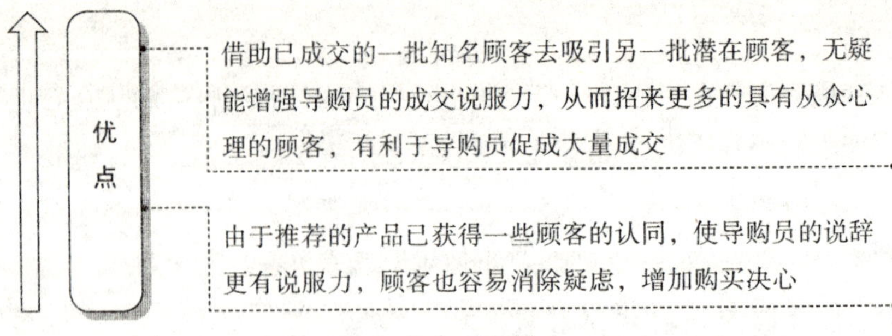

从众成交法的优点

3. 从众成交法的缺点

当然，从众成交法也有局限，其缺点主要表现在下图所示的两个方面。

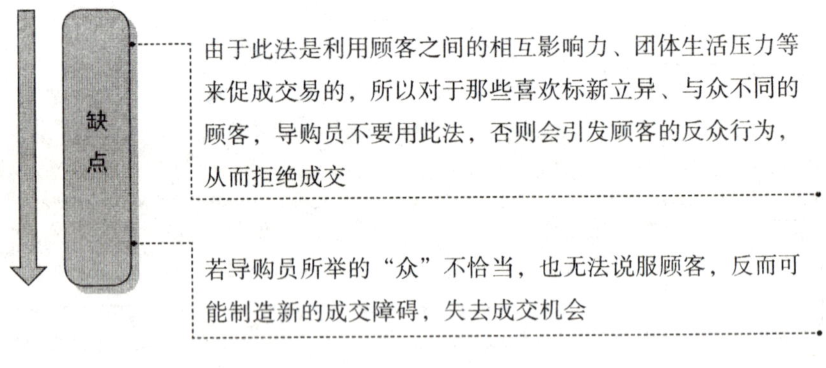

从众成交法的缺点

4. 运用从众成交法应注意的问题

运用从众成交法促成交易时，应注意以下几个方面的问题。

（1）用实物证明。

导购员在向顾客做介绍时，最好在现场向顾客出示实物证明，如合同文本、用户感谢信等，以提高顾客对产品的信赖度和购买兴趣，增强顾客的交易信心。

（2）所列举的人物要与产品有关。

运用从众成交法促成交易时，导购员所列举的人物、事迹、经验必须与销售的产品有密切的关系。

（3）利用从众成交法时，要找知名人物或权威人士。

导购员向顾客列举的人物不能任意虚构，而应为公众所熟悉的人，最好为顾客所崇拜的人。倘若销售工作没有通过名人、明星、专家、教授、官员、领袖等人物做说服宣传，那么，顾客的从众心理就会降低。

（4）导购员可以寻找具有影响力的重要顾客，把销售重点放在说服重要顾客上，在取得重要顾客合作的基础上，影响、带动和号召顾客购买。

（5）运用从众成交法时，要讲究职业道德，不要欺骗顾客。

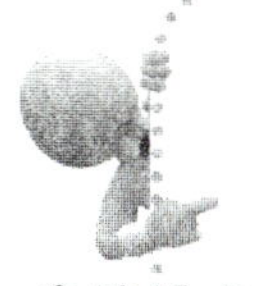
金牌看点

从众心理是很好利用的，但前提是不盲目，所谓的不盲目指的是让顾客达成交易后不会觉得后悔。如果不能做到这一点，短期的成果可能会坏了长期的口碑。

5. 场景示范

话术1:“张姐，您看你们小区A栋304的李姐买的也是这套床，这是李姐的送货单，您也定这套吧！”

话术2:“张姐，您看这套床在我们这里销量是最好的，1年我们店就卖掉200多套，昨天，还有个顾客刚刚订了1套，这是销售小票，您也订这套吧……”

话术3:“张姐，上次有个张先生，也是腰不好，希望买个硬点的床垫，最后选中的就是这款，这是张先生的销售小票，您也订这套吧！”

四、机会成交法

机会成交法是指导购员向顾客提示最后的成交机会，促使顾客立即购买的一种成交方法。这种方法的实质是导购员通过提示成交机会，限制成交内容和成交条件，利用机会心理效应，提高成交概率。如“这种产品今天是最后一天降价”“机不可失，时不再来”。

1. 机会成交法的适用性

在最后的机会面前，顾客往往会由犹豫变得果断，此时，比较适合以机会成交法促成交易。机会成交法有下图所示的两种情况。

机会成交法适用的两种情况

比如，“和家人商量当然可以，不过今天已是星期四了，还剩2天，要是您明天来不了，可能就错过机会了。”或者，“今天是我们5周年店庆优惠活动的最后一天，同样的产品如果明天购买，您就要多花20%的钱，请不要错过最后机会啊！”

虽然机会很多，但总的来看只有两种：一是数量机会；二是时间机会。导购员使用机会成交法，就是利用这两种机会，一要提示顾客产品所剩无几，二要提示顾客机会难得，一去不返。这样，必然会引起顾客的注意和浓厚的兴趣，从而使顾客产生立刻购买的心理。

2. 机会成交法的优点

运用机会成交法有不少优点，其优点主要体现在下图所示的几个方面。

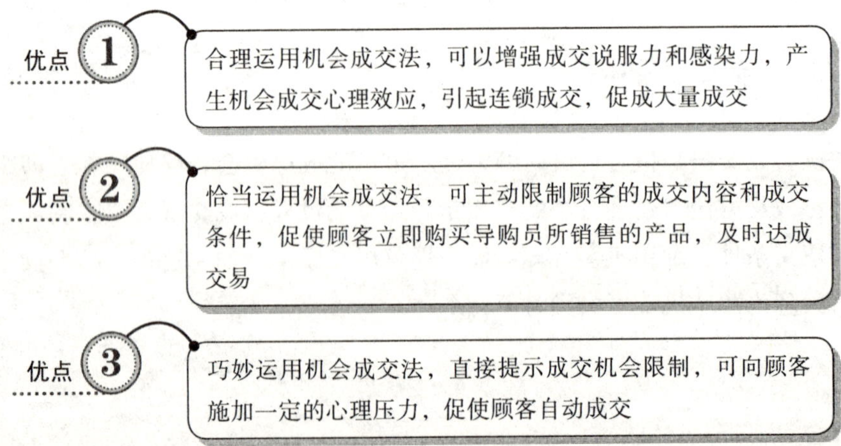

优点 4

合理运用机会成交法，可以营造有利的成交气氛，吸引顾客的成交注意力

机会成交法的优点

3. 机会成交法的缺点

机会成交法虽然有很多优点，但也有一定的不足，其缺点主要体现在下图所示的几个方面。

机会成交法的缺点

- 机会成交法运用不当，可能使导购员失去成交主动权，降低成交效率
- 机会成交法运用不当，可能使导购员丧失销售信誉，增加新的成交困难，不利于成交
- 滥用机会成交法，可能使顾客失去信心。导购员若过分地限制顾客的购买方式及其他有关购买资格和购买条件，就会使顾客失去购买信心，只好放弃成交机会
- 滥用机会成交法，可能产生成交心理压力，营造不利于成交的气氛。机会成交法本是导购员直接限制顾客的购买资格、购买时间、购买数量，施加机会成交心理压力的手段。但若运用不当，导致顾客的心理压力过大，就会过犹不及，造成顾客反感，失去成交机会

机会成交法的缺点

4. 运用机会成交法应注意的问题

运用机会成交法时，导购员应注意下页图所示的几个问题。

问题 1 导购员应把各种可利用的机会牢记在心，不失时机地加以运用

问题 2 导购员应讲究职业道德，提高销售信誉。应实事求是，不能欺骗顾客

问题 3 导购员不要随意限制顾客的成交选择权，而应让顾客认识到导购员所提示的最后机会是在向他们提供重要的信息，目的是帮助他们做出理智的购买决定

问题 4 导购员应该直接向顾客提示成交机会，开展重点销售，激发顾客的购买动机，以及顾客对所售产品的占有欲望，刺激顾客下定当即购买的决心

问题 5 运用机会成交法时，导购员应通过广告宣传攻势营造一定的成交氛围，强调成交机会千载难逢，失去机会就等于损失金钱

问题 6 运用机会成交法时，导购员应适当限制顾客的成交内容和成交条件，施加一定的机会成交心理压力，以促使顾客立即购买产品

运用机会成交法应注意的问题

金牌看点

每一种方法都要找对群体，也会有顾客不以为意。但是大多数情况下，机会成交法所达成的成交率都不低。

5. 场景示范

导购员：“小姐，您真有眼光，您看上的这款是今年最流行的，上周我们才

新进了一批货，但现在基本都订购完了，我要查一查仓库还有没有货。”

顾客:“真的那么好销吗？”

导购员:“真的，如果没有，您就要等下一批货了……哎，小姐，您运气真好，仓库里还有一套，是顾客预定了还没下订金的，按公司规定没下订金的就是没生效的。如果您现在就决定的话，我就马上帮您定下来……”

顾客:“好啊！赶快帮我定下来吧！”

导购员:“小姐，您刚刚看的那套床真挺不错的。对了，今天是3·15活动的最后一天哦！明天就恢复8.8折了。也就是说明天来买这套床，就要多花1000多元了呢。枕头明天也不赠送了！今天定，真的划算！小姐，别犹豫了，就定这套了哈！”

五、保证成交法

保证成交法是指导购员直接向顾客提出成交保证，使顾客立即产生购买行动的一种方法。成交保证，是指导购员对顾客所允诺担负的交易后的某种行为，如送货日期、维修保证等。

比如，“您放心，这个衣柜我们3天之内给您送到，全程的安装由我亲自来监督。等没有问题以后，我再向总经理报告。”“您放心，您这个服务完全是由我负责，我在公司已经有5年的时间了。我们有很多顾客，他们都是接受我的服务。”让顾客感觉你是直接参与的，这是保证成交法。

1. 保证成交法的使用时机

由于产品的单价过高，缴纳的金额比较高，风险比较大，顾客对此种产品并不是十分了解，对其特性质量也没有把握，产生心理障碍而对成交犹豫不决时，导购员应该向顾客提出保证，以增强顾客的信心。

2. 保证成交法的优点

运用保证成交法的优点如下页图所示。

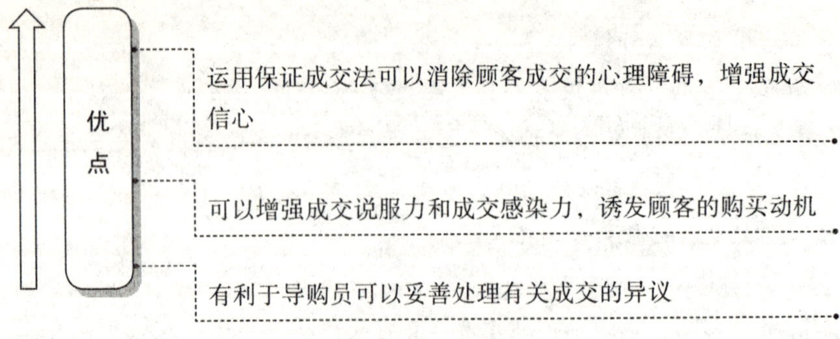

运用保证成交法的优点

3. 保证成交法的缺点

运用保证成交法的缺点如下图所示。

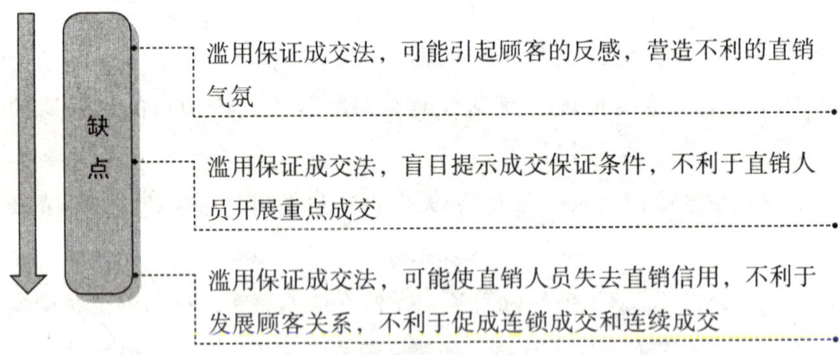

运用保证成交法的缺点

4. 保证成交法的注意事项

由于保证成交法具有上述特点，为了有效地促成交易，在使用保证成交法时，直销人员还必须特别注意下图所示的有关问题。

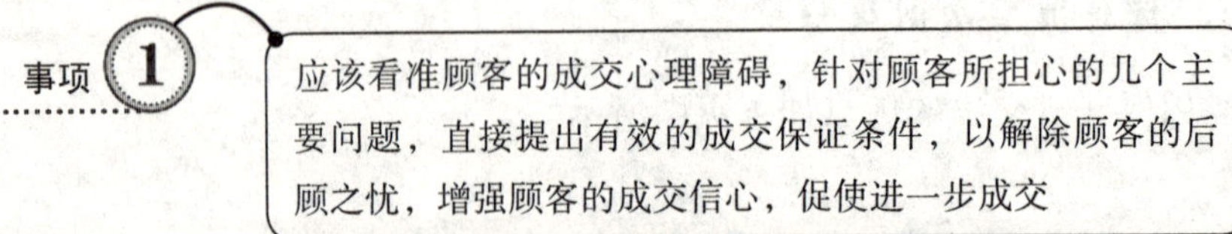

事项 2

根据事实、需要和可能，向顾客提供可以实现的成交保证，切实地体恤对方，你要维护企业的信誉，同时还要不断地去观察顾客有没有心理障碍

事项 3

导购员应具备十足的成交信心，增强保证成交的说服力和感染力，营造良好的成交气氛

事项 4

导购员应该根据实际需要与可能，向顾客提供可以实现的成交保证条件，切实取信于顾客

事项 5

在成交之后，导购员还必须信守诺言，实现有关成交保证条件，发展顾客关系，进一步促成连锁成交和连续成交，提高成交信誉，实行顾客固定化策略，促成大量成交

运用保证成交法的注意事项

5. 场景示范

话术1:“您放心，今天下订单，我保证在3天之内把沙发给您送到家里。我们的售后部门也会提前与您联系。”

话术2:“您放心吧，这张餐桌配上这4把椅子，您家人一定会满意的，这事包在我身上。我在公司已经6年了，有很多顾客都接受过我推荐的产品，绝对是专家眼光，呵呵，如果您买回去家人不满意，我保证给您更换，您就别犹豫了。”

话术3:“我们公司的运作已经有几十年的历史，众多老顾客一致赞扬我们公司的售后服务。我们向您保证，如果您使用我们公司的产品，我们一定让您享受到超值的售后服务。”

话术4:“如果您购买该产品，我们将给予您同类产品的优先购买权。”

六、优惠成交法

优惠成交法是指导购员通过提供某种优惠的交易条件，或在价格、服务

等方面做出一定让步来促成交易的方法。它利用了顾客在购买产品时，希望获得更大利益的心理，实行让利销售，促成交易。

比如商业推广中经常使用的“买二送一”“买沙发送抱枕”等。

再如，“张总，我们这一段时间有一个促销活动，如果您现在购买我们的产品，我们可以给您提供3年的免费维修。”

1. 优惠成交法的使用时机

当顾客对产品基本满意，但还是在犹豫不决时，导购员就可在政策允许的情况下采用此法鼓励顾客购买。

2. 优惠成交法的优点

使用优惠成交法具有下图所示的优点。

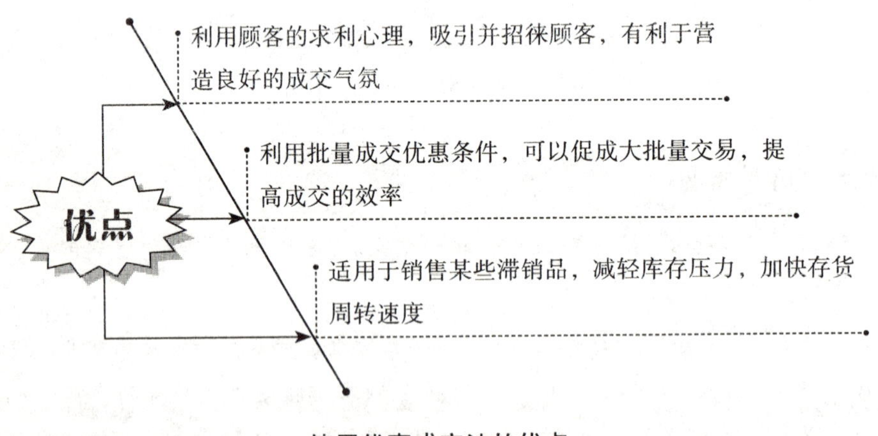

使用优惠成交法的优点

3. 优惠成交法的缺点

采取优惠成交法，通过给顾客让利来促成交易，必将导致销售成本上升。若没有把握好让利的尺度，还会减少销售收益。此外，采用优惠成交法，有时会让顾客误以为优惠产品是次货，从而丧失购买的信心，不利于促成交易。

4. 使用优惠成交法的注意事项

运用优惠成交法时，导购员应注意以下问题。

使用优惠成交法的注意事项

- 在使用优惠成交法时，导购员应注意要服从企业的整体营销策略和配合企业的其他促销活动，不能滥用优惠条件。在销售谈判中，每退一步、每许诺一个优惠条件，都应要求顾客给予相应的回报，如多购买或介绍其他顾客等
- 运用优惠成交法时，导购员应明确提示优惠的条件并合理运用优惠条件
- 必须遵守有关法律。在销售工作中，导购员应诚实守信，遵守法律，合理使用优惠成交法，并做好产品的宣传解释工作
- 要以提供优惠条件作为说服顾客购买的手段，从而满足顾客的受惠心理

使用优惠成交法的注意事项

金牌看点

在通常情况下，优惠成交法与机会成交法结合起来运用，更能提高对顾客的刺激程度，诱导性更强烈。优惠的机会“千载难逢”，特别是当未来预期对顾客不利时，顾客会有一种紧迫感，谁都希望搭上“末班车”，这对达成交易将更为有利。

5. 场景示范

家居顾问：“张姐，看得出来，您对我们的产品已经很满意了，您当前唯一考虑的就是价格问题了，对吗？”

张姐：“是的。”

家居顾问：“张姐，如果价格合适，您今天是不是马上定下来呢？”

张姐："可以定下来。"

家居顾问："9折已经是很优惠的价格了，这是我的最高权限了，那张姐我看您这么有诚意，你看几折可以接受？"

张姐："6折吧！"

家居顾问："张姐，您开玩笑了，这个价格卖不了，您看我们产品材质是紫金梨木……"

张姐："好吧！我最高给到7.5折。"

家居顾问："张姐，我知道您很喜欢这款产品，也很有诚意，小刘我和您聊天也特开心，不过这个折扣真的让我很为难，好吧！这个折扣已经超出了我的权限，我向店长申请一下，看看这个价格是否可以给您一套（电话或到办公室咨询）。张姐，恭喜你，店长同意了，您现金还是刷卡！"

张姐："刷卡。"

金牌在线

俘虏顾客的八个妙招

一、多运用体验式销售

事实上现在的很多商家运用的都是体验式销售，即他们尽量少跟顾客长篇大论地介绍产品如何如何好，而是简要介绍，主要是让顾客自己挑选，然后鼓动顾客试用，最后再用语言鼓动顾客，如："这件产品很适合你""哇，这件产品简直就是为你量身打造的……"总之一连串的鼓动后一部分顾客欣然买单，另一部分顾客还要再看看其他的产品，所以很容易衬托出店铺的热烈气氛，同时也吸引了更多的顾客。

二、改变接待顾客的模式

有很多店铺的导购员将和顾客打招呼的"欢迎光临"用成了一句标语，而不是欢迎语，他们一脸的僵硬，根本就没有欢迎的意思，当然顾客也不会对导购员产生好感，导致在看产品时讨厌导购员在旁边唠唠叨叨，自然不容易成交。

三、改变简单的"买卖关系"

其实有很多顾客在买家具时是没有准确目标的，大部分是边逛边选，有合适的就买，没有合适的就再看看。其实这样的顾客是最好的顾客，最起码是能发挥优秀导购员的能力的顾客。到底什么是合适的？很多人是没有标准的，只是凭自己的感觉，而这种感觉还具有比较大的偶然性和冲动性，即在你商场里有感觉但买回家就没感觉了，或刚才有感觉可现在就没感觉了，这就是偶然性。

那什么是冲动性？一时的感情用事就是冲动，或是突然被激发出了某种激情，为什么很多人本来就是随便逛街而已，不想买东西，可回家的时候却大包小包买了不少东西。问他为什么要买？他可能会说："看别人都在买，很漂亮就买了。"这也是一种冲动，总之人们购买的欲望是可以被激发出来的，好的导购员要学会激发顾客的这种欲望，不要再做简单的买卖了，顾客买我就卖的方法是不可取的。

四、要做顾客的顾问

其实很多人也是理性地逛街的，比如有位顾客要买的家具必须和家里的装修风格相搭，同时尺寸及款式也要合适，而且价格也不能太贵。但逛了一天却没买。主要原因是那些导购员根本就没有了解她的真实需求，也没有问她什么问题，更谈不上做顾客的顾问给顾客进行合理的推荐了，只是一个劲儿地让她看新产品，或夸她眼光好，或说自己的产品便宜，试问，接待这么理性的顾客光会"忽悠"有用吗？最后顾客只能凭自己的眼光来选择了。

五、仔细分析顾客的异议点

如，一位先生在试坐那套沙发的时候，本来他是很满意的，两个孩子也赞成，就是因为太太一句"颜色太浅了，不耐脏"才放弃了。导购员还在说"这套打特价，现在才2200元，平时都要3000元呢，真的很划算"，问题是她并不关心价格，她关心的是颜色太浅了，不耐脏，这时候讲价格干什么？这位先生嫌沙发贵的时候导购员又说"这种真的很容易做清洁的，而且这款卖得很快，现在就剩2套了，再不买就没了"，最后终于关心价格了，导购员却大谈"适合"，其实谁都知道适合，可价格高啊，如果导购员能从品位、流行、材质等方面给出合理的解释，说不定这套沙发就卖出去了！

六、找具有决定权的人

尤其是几个朋友或一家人来买家具的时候，要能抓住重点，知道谁说话有分量，然后重点"出击"，"说服男人，取悦女人"和"最好达到自己人说服自己人的目的"。

七、缺乏临门一脚

其实顾客一旦选中或中意某件产品是有一定的表现的，关键看导购员有没有抓住。就像踢足球一样，好不容易推进到门前，前锋却没有射门，岂不是很遗憾？顾客离开你的商场再次回来的可能性又有多大呢？所以留意顾客细小的反应与行为是我们促成成交的一大关键。

八、给顾客留下深刻的个人印象或产品印象

一方面，导购员在给顾客介绍产品时不应该泛泛地全部介绍，而应根据顾客的特点和喜好有重点地介绍某一款或是两款，让顾客的注意力都集中在这一两款上面，让他们感觉到这件产品很适合自己，留下深刻的记忆，以便去看其他品牌时有所比较。这便是留下深刻的产品印象。

另一方面，导购员都知道“卖产品之前先卖自己”，可真正能把自己“卖”给顾客的导购员并不多，如果能利用自己的亲和力和专业性让顾客真的喜欢自己，相信自己，并建立良好的个人关系，相信顾客不买你的产品都会感觉不好意思，甚至想买东西的时候第一个想到的就是你。

做好连带销售

一般的家具导购员和金牌家具导购员最大的区别在于后者懂得连带销售。在完成首宗交易后，金牌导购员往往会附带向顾客建议购买一些相关的产品。

在家具行业内一单销售多件货品，成交额达到百万的大有人在。品牌家具，单件价格都不会很低，所以连带销售必不可少，而且是重中之重。连带销售更是企业提高利润的一种快捷途径。

一个少年从乡村到城市寻生计，由于他曾经在乡村挨家逐户地去销售过产品，所以很快便在一家百货公司找到了一个导购员的职位。老板也很喜欢他，只是怕他不太习惯在百货公司做销售，因此告诉他第一天营业时间结束后要向他汇报销售情况，以便做出检讨和修正。

第一天上班，好不容易才等到营业时间完结，他便走到老板面前汇报一天的销售情况。

“年轻人，今天完成了多少单买卖？”

“1单！”

“你真的是不习惯在百货公司当销售吗？我们这儿的员工每人每天至少都可完成10～20单的买卖。你那单交易的金额有多少？”

“30万元！”

“1单买卖30万元？你是如何做到的？”

“我先向一位顾客售卖了小号的鱼钩，然后是中号的鱼钩，再后来便是大号的鱼钩，继而是小号的鱼丝，中号的鱼丝及大号的鱼丝。其后，我问该顾客要到哪里去钓鱼，他说到海边，我建议他买1条船，但他告诉我怕他的车不够马力拖这条船，我便再带他选购了1部够马力的汽车……”

“什么？顾客只是来买一个鱼钩，你竟然可以令他买下那么多东西？”

“不，他本来只是替他太太买纸巾而已，因为他太太周末要出去旅游。我和他攀谈时告诉他，若你太太不在家，你的周末也很无聊，为何不考虑去钓鱼呢？”

这是一个很多导购员都熟知的故事，我们无需考证故事的真实性，不过从中我们却可以清晰地看到达成高业绩指标不在于你服务了多少顾客，而在于你从顾客身上挖掘出多少潜在消费。这种在目标消费者真正购买他需要的产品之外，创造并发现其他没有被满足的需求，通过挖掘和利用顾客的潜在需求而达成的销售称为连带销售。

连带销售的重要性在于它可以让我们在店铺位置不变，面积不变，甚至在同样的店铺成本下创造出更好的销售佳绩，挖掘出更多的购买潜力，达成业绩指标。

一、连带销售的时机

所谓连带销售，是指在顾客已经购买了某种产品的情况下，导购员顺便而积极地向顾客提一些友好的建议和询问，提醒顾客再购买一些相关联的产品、新产品、促销品，使顾客购买更多的产品，增加交易额。

导购员应主动把握机会，准确探知顾客的购买心理，激发顾客的购买欲望。具体来说，连带销售的最佳时机如下图所示。

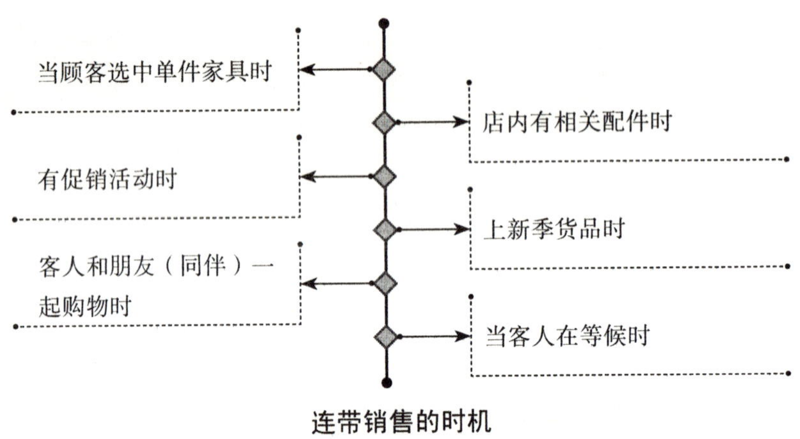

连带销售的时机

1. 当顾客选中单件家具时

道理很简单，家具是要搭配的，只选一件家具代表客人一般还会再选一些配搭的，何必要客人出门去别家找呢？主动热情为客人进行搭配是我们的一项服务，再者，有人说，家具的搭配方法有千万种！这也需要家具导购员平时多积累家具摆设方面的知识和经验。

2. 店内有相关配件时

家具一般配搭的饰品是现代年轻人的钟爱，也是凸显个性、标榜自我的最好道具。导购员可建议顾客选择更多的相关配件。

3. 有促销活动时

这是促使客人连带销售（多买）最重要的诱因之一，及时地用兴奋异常的语气提醒客人：机不可失，时不再来。

4. 上新季货品时

无论是新季货品还是新款货品上市时，我们都有必要在连带销售的时候介绍给客人。

5. 客人和朋友（同伴）一起购物时

在货品推荐和介绍的过程中，无视客人同伴的感受是不明智的销售。聪明的导购员不但懂得讨好客人的同伴，而且会在时机合适的时候怂恿他（她）也试一试，反正闲着也是闲着，这也是常见的连带销售。

6. 当客人在等候时

无论客人在等候什么，只要他（她）是站在我们店内，我们就有影响客人的机会，这个时候我们可以试探一下，没有结果的话也就当是我们和客人聊聊天，增进一下感情。

二、连带销售的方式

连带销售不是完全无目的地销售某种产品，而是深度挖掘顾客的潜在需求后有目的地推荐适合顾客的产品，这样的连带销售能够提升导购员的综合素质及销售业绩，更能为顾客进行更满意的搭配。因此，导购员在进行连带销售时，也要讲究方式，具体如下图所示。

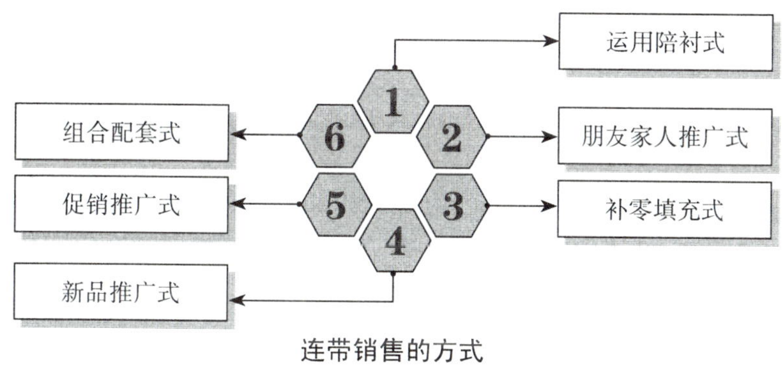

连带销售的方式

1. 运用陪衬式

很简单，就是将相关的家具和饰品进行组合及搭配，给客人一种锦上添花的感觉，也让客人乐于接受。

比如，客人买了一张床，我们可以推荐其配两个款式、风格相同的床头柜。客人买了沙发，我们可以推荐客户买我们的地柜组合等。

2. 朋友家人推广式

家人推广式就是指在销售时告诉顾客，给家人或朋友也顺便捎上两件，基本上家人推广式这种销售方式都是和促销活动结合在一起的，使顾客既有人情，又能够得到实惠。

比如，客户买了我们的产品，使用后很满意，然后推荐他的同事、朋友、亲戚等购买。

3. 补零填充式

比如，韩先生买了一个衣柜，开单时导购员说："衣柜是880元，先生，再看看我们的小筐吧，120元一对，刚好1000元。"

只要推荐的产品经济、实用，这时顾客一般都比较容易接受。

4. 新品推广式

在新品上市以后，导购员要有对新品着重进行推荐（连带销售）的意识，这对于品牌新品的宣传和业绩的提升都有很大的帮助。

比如，客户购买了我们的书柜，正好我们刚刚有一款新书台上市，功能特别强大，我们就把新书台推荐给客户，引导客户购买。

5. 促销推广式

促销推广式就是指在销售时给予顾客一定的让利，就连营销大师科特勒都说："没有降低2分钱抵消不了的品牌忠诚。"所以促销推广式也是提升销售业绩的一种重要手段。

比如，顾客购买了我们一套促销的书椅，我们还有另外一款书台也是促销的，这时我们可以把那款书台也介绍给客户购买，帮助顾客选到物美价廉的产品。

6. 组合配套式

家具基本上都是成套的，同一颜色、款式，不同功用，如沙发、茶几、桌椅、组合柜等都是一个系列的风格和颜色，对于客人的吸引力很多时候会更大，也会让客人爱不释手，导购员可以不失时机地建议客人“要买最好买一套，颜色、风格、款式都相同，才更有品位”。

比如，客户购买了餐桌，我们也会建议客户一起购买餐椅，客户购买了床，我们也会建议客户一起购买床头柜，甚至是衣柜和梳妆台。

三、连带销售的注意要点

导购员在进行连带销售时，应站在顾客的立场上，替顾客着想，真正了解顾客的需求，这样连带销售才能取得成功。在推荐之前，导购员要先问问自己：“我若是购买了这件产品，还需要其他什么附属品吗？”“值不值得购买呢？”等涉及顾客切身利益的问题。

要想成功运用连带销售，导购员还需注意下图所示的问题。

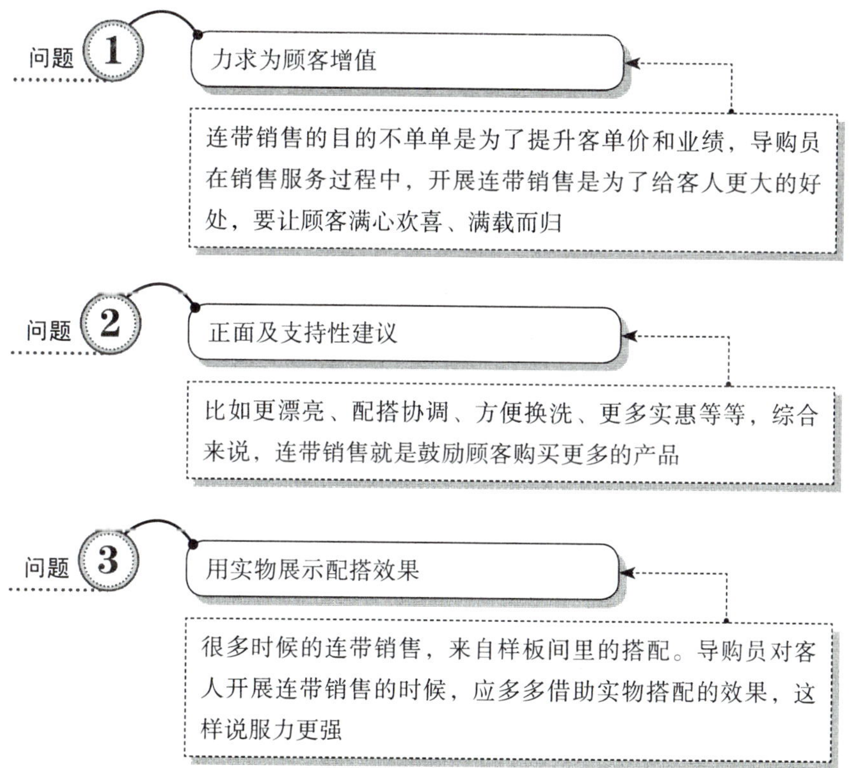

问题 4 给出建议后观察顾客的反应

在我们就像对某种境况下的客人进行连带销售的时候，可以轻描淡写地试探一下。没有把握前文说过的，没有需求就当聊天

问题 5 不要让顾客觉得你在硬销

“导购”两个字，其实就是引导顾客购买，连带销售就是通过导购员的建议、鼓励来引导顾客购买得更多，顾客一旦感觉自己受到强迫，就会适得其反

问题 6 切记一口吃不成胖子

在销售的初期，客人还没有明确购买单件的情况下，进行连带销售和鼓励多买反而容易引起客人的警觉、反感

连带销售的注意要点

完善后期工作

当成交达成后，导购员要迅速让顾客进行确认，以便填写销售单据尽快安排顾客付款，做好产品成交的最后工作。

顾客确定购买后，导购员要确认订单，安排付款。同时对于当时未购买

的顾客也不能太冷落，应与其建立良好的关系，争取其成为回头客。每一步的工作导购员都不能掉以轻心，它是导购服务工作的延续，是售后服务的一部分。

一、确认购买信息

经过导购员的一番努力，顾客终于决定购买。“好，我就在这买吧。”“好，我就要这套。”当听到顾客这样的话语，导购员自然是万分高兴，但同时要注意，在开出销售单之前，一定要将下图所示的内容与顾客再次确认清楚，以免发生不必要的争执。

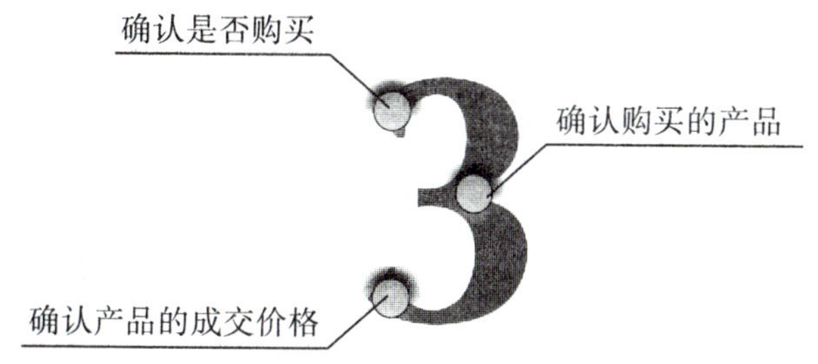

与顾客确认的信息

1. 确认是否购买

有的顾客在购物时总是犹豫不决，甚至已经表达了购买意向，但心里还是担心自己的决定是否正确，家人是否喜欢等。因此，导购员在听到顾客说“好，就买这个吧”等购买语言时，首先要再次跟顾客确认一下他是否真的购买，目的是加强顾客的购买决心，以免等开完销售单后顾客反悔。

常见的确认购买的导购话术如下。

“您今天就买吗？那我给您开单！”

“您决定了，真有眼光，这是我们店里今年最好卖的一款产品！”

“您现在决定真是明智的选择，明天活动结束就不是这个价了！”

2. 确认购买的产品

顾客在挑选产品的过程中，可能对不同款式、颜色、尺寸的产品进行挑选，因此在顾客决定购买产品时，导购员要向顾客征询意见，确认顾客要购买的产品，避免在顾客付款时及付款后出现差错。导购员要向顾客确认的产品的具体信息如下图所示。

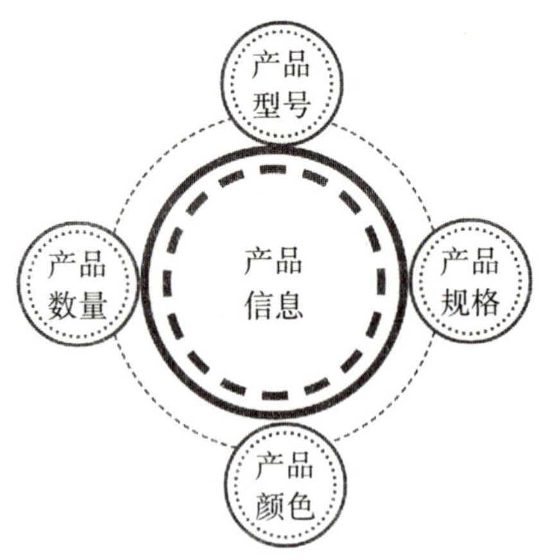

需向顾客确认的产品信息

常见的确认购买产品的导购话术如下：

"您就买那套米色系的，对吗？"

"您选的茶几是玻璃面板的，是吧？"

"您就买这把木椅子，是吧？"

3. 确认产品的成交价格

顾客决定购买以后，导购员还要与顾客确认产品的最后成交价格，原因如下图所示。

原因 1

顾客在购买产品的过程中经常会讨价还价，在最后成交时，导购员再次向顾客确认价格，是要让顾客明白他的应付款

原因 2

有时候顾客遇到自己非常喜欢的产品，在与导购员交流中可能未提及价格问题，开单前，导购员要与顾客讲清楚价格，让顾客买得明白

原因 3

有时候顾客可能会看错价格，或者张冠李戴，因此也需要导购员在开单之前向顾客确认产品价格，以免顾客误会

导购员需向顾客确认价格的原因

常见的确认产品价格的导购话术如下：

“好的，就这款沙发了！打完折是2888元，我给您开票了！”

“这张床垫1980元，您买到手真是太划算了！”

“您就要380元一把的餐椅，要几把呢？”

金牌在线

如何消除购后疑虑

顾客决定购买并不是销售的终止。顾客很可能因为某些顾虑而取消购买行为，甚至买了以后再来退货的。因此，导购员应该学会在成交以后，用自己正确的言行，来打消顾客的疑虑。

1．成交后的错误表现

（1）得意忘形。

有的导购员在成交后，往往会表现出沾沾自喜的得意形态，计算着自己的利益，这会使顾客觉得很不舒服，有被利用上当的感觉，并因此改变主意，打消购买的念头，使前期的工作功亏一篑，导购员对此要特别注意。

（2）冷落顾客。

有的导购员在销售过程中表现得前热后冷，在顾客购买前表现得很热情，买完产品后马上变得很冷淡，不闻不问，这往往会让顾客心里感觉非常不舒服，有种受骗的感觉。

2．打消顾客购后疑虑的方法

许多顾客往往因为一时冲动而做出购买的决定，事后又感觉很后悔。导购员必须明白顾客的这种心理，要清醒地意识到顾客的后悔情绪的危险性，防止顾客出现潜在的后悔情绪。

（1）保持一贯的服务标准。对于决定购买的顾客，导购员应该继续向其提

供热情的服务。此时，可以与顾客聊一些家常的话题，或为有需要的顾客介绍其他产品。

比如，对于一位购买了一套组合家具，并还想购买一张茶几的顾客，导购员可以说："我跟卖茶几的人比较熟，等一下我可以带您过去看看，没准儿还能给您点儿优惠呢。"这会让顾客感受到导购员的热情，也有机会促成新的交易。

（2）不要刻意催促顾客去付款。一般顾客同意购买产品后，仍然不去付款，表示顾客对产品还有一些疑虑。这个时候，导购员应该先了解顾客的疑虑，并做进一步的产品说明，打消顾客的疑虑。

（3）在顾客决定购买产品后，对企业以及个人进行自我销售。这样做既可以减少顾客后悔的机会，也有助于获得顾客好感，增加回头客。

二、重视顾客付款

在与顾客确认清楚各项事宜之后，导购员应快速填写销售单据或用电脑输入销售记录，然后安排顾客付款。

1. 填写销售单

填写纸质销售单据，其工作步骤大体如下图所示。

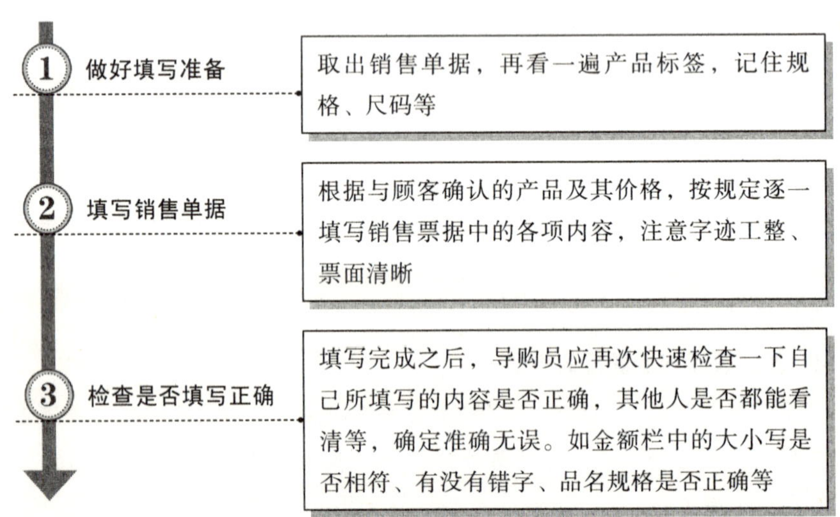

填写纸质销售单据的步骤

单据上数字填写要求

单据上的数字填写必须清晰、正确，易于辨认。金额前要写明货币符号，如人民币用“¥”表示，港币用“HK$”表示，美元用“US$”表示等。

阿拉伯数字要单个书写，不得连笔，金额大写一律用正楷字或行书书写，如壹、贰、叁、肆、伍、陆、柒、捌、玖、拾、佰、仟、万、亿、元（圆）、角、分、零、整（正），大写金额最后为“元”“角”的应加写“整”或“正”字断尾。

金额数要写到角、分为止，无角、分的用“0”或符号“—”表示，有角无分的，分位应写“0”，此时不能用符号“—”。

填写大写金额时，事先印好的“人民币”字样与大写数字之间不得留空；金额数字中间有“0”时，汉字大写金额要写“零”字，如¥709.50元，汉字大写金额应写成“人民币柒佰零玖元伍角整”。数字中间连续有几个“0”时，汉字大写金额中可以只写一个“零”字，如¥3009.51元，汉字大写金额应写成“人民币叁仟零玖元伍角壹分”。书写时，数字的大写金额和小写金额必须保持一致。

2. 在电脑中输入销售记录

在电脑中输入销售记录，其步骤如下图所示。

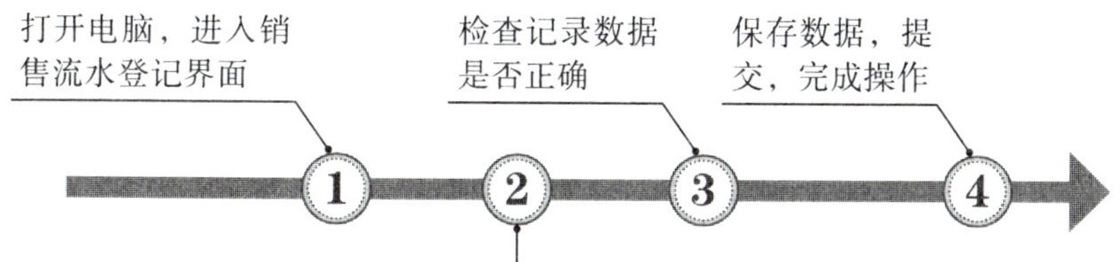

电脑中输入销售记录的步骤

3. 安排顾客付款

对于不同的店铺，顾客付款的方式是不同的。无论如何，导购员都必须尽快收款或协助收款，以免顾客反悔不买或不耐烦。具体要求如下图所示。

要求1　导购员将销售票据开好后，应双手递给顾客，然后暗示顾客付款

要求2　如果收银台离本销售区域较远或不太好找，导购员一定要给顾客讲清楚行走路线，在不忙或有同事照管卖场时可陪同顾客一起去付款，这样不仅可增加顾客的好感，还可防止交易意外中断（顾客在往收银台的途中看到别的产品，而放弃已经打算要购买的产品）

要求3　在顾客付款时，最好能够提醒顾客妥善保存单据，作为退换的凭证

安排顾客付款的要求

三、欢送顾客

导购员安排好送货的物品、时间、地址外，就可以送客了。不是送一下就完了，导购员要和顾客并排而行一直送到门口，或是送到停车场。这时，导购员要多和顾客说说产品保养的知识，以及售后服务方面的内容，让顾客感受到选择这个产品是物有所值。

比如，“王姐，皮制沙发，七分工艺，三分保养，您可以定期使用皮革沙发清洁剂擦洗保养，真皮沙发最好放置在通风干燥处……”

送客时，如果已经知道了顾客的姓名，完全可以直接称呼对方，比如：“李先生，请慢走。”一般情况下的送客，都可以附带上一句：“下星期我们有一批新款，欢迎您带上家人及朋友一起来看看，请慢走。”

导购员在送客时应注意下页图所示的事项。

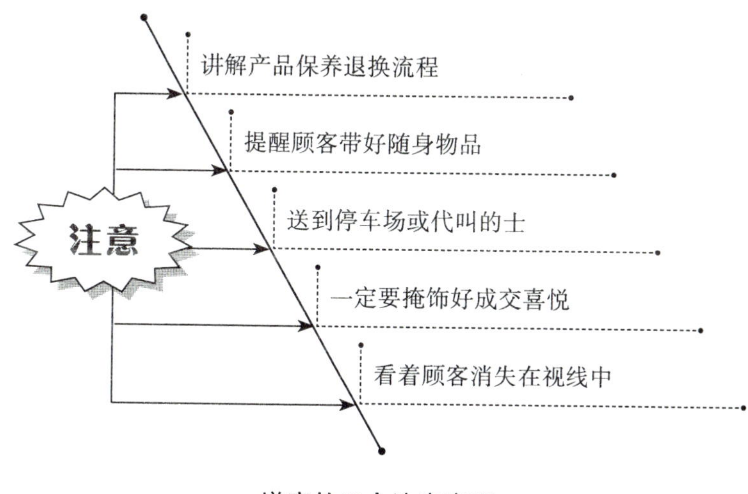

送客的五个注意事项

导购员服务完后，与顾客告别前，应向顾客留下自己或门店的联系方式，再次增加顾客对品牌和自己的信心，同时告诉顾客，“需要我帮忙的时候，可以直接联系我。”由此可为下次服务打下良好的基础。

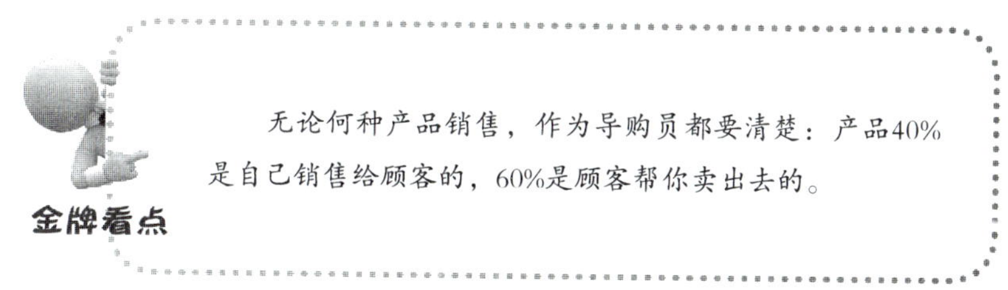

无论何种产品销售，作为导购员都要清楚：产品40%是自己销售给顾客的，60%是顾客帮你卖出去的。

四、安排售后服务

对于大件或需要安装后才能使用的产品，导购员要按照顾客的要求和店铺的相关规定，及时安排送货、安装等售后服务，协助顾客办理相关手续。具体工作事项如下页图所示。

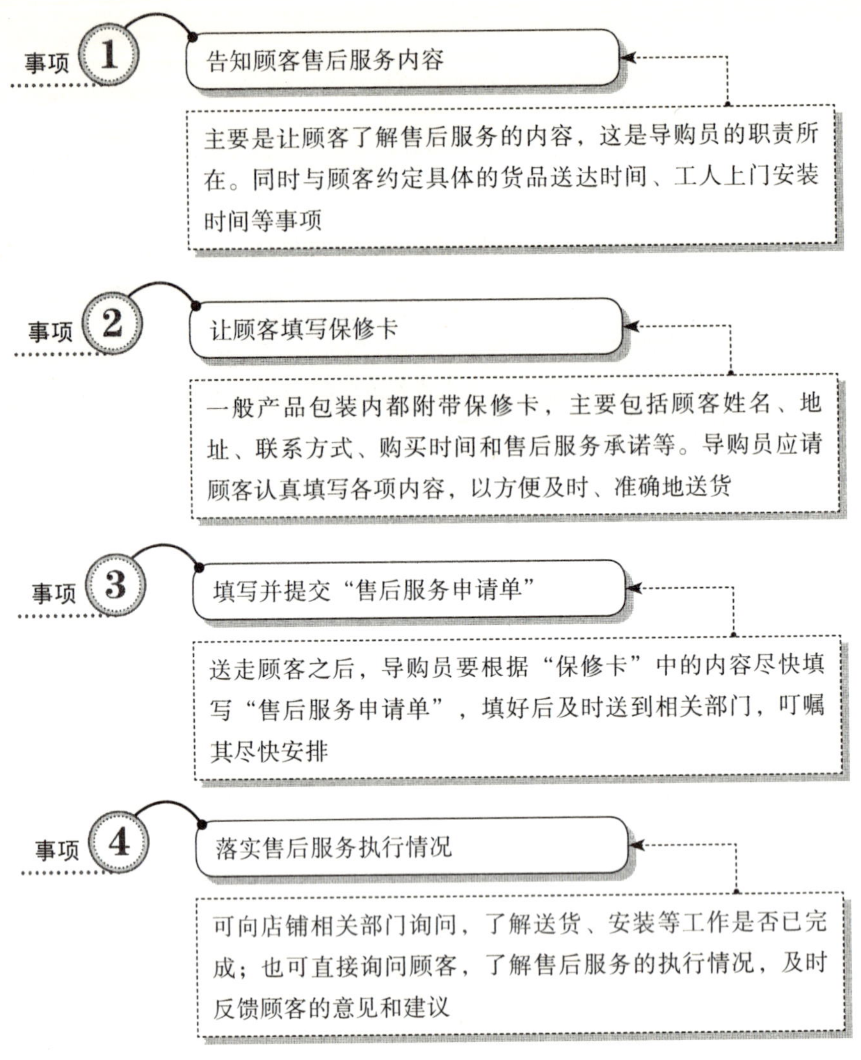

售后服务的工作事项

五、建立顾客档案

通过顾客档案建立的联系网络，店铺能及时了解顾客的需求变化和消费心理，向顾客推荐产品，增加服务内容和项目，把生意做到顾客家里去。建立顾客档案可为公司争取许多稳定的顾客，增加回头客，达到赢得顾客、赢得市场的目的。因此，导购员要建立好顾客档案。档案内容包括下页图所示的几个方面。

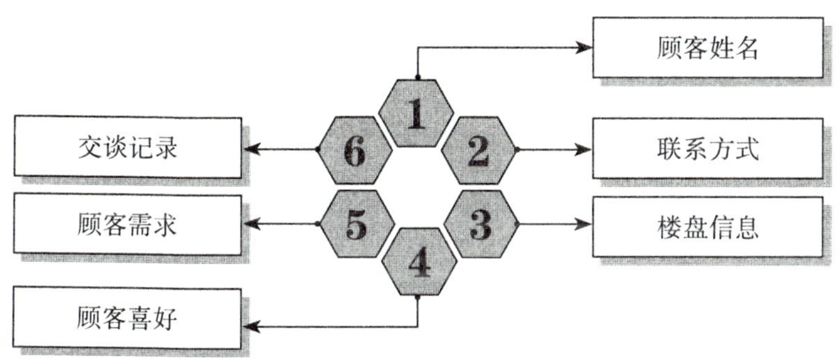

建立顾客档案包含的内容

导购员如何赢得顾客的忠诚

对于店铺老板来说，只关心你的产品，顾客将一去不回；关心你的顾客，他会再三光顾。可见，赢得顾客忠诚对于店铺来说多么重要。

其实，顾客真正追求的是能够提供“超越期望的产品和服务”的店铺。因此，导购员要想不断提升业绩，就要赢得顾客的最大忠诚。要实现这一目标，导购员必须从细节入手，在为顾客服务的过程中处处为顾客着想，让顾客感动，同时应把握好以下五项原则。

1．热情亲切地接待顾客

打造忠实顾客，导购员首先应该使顾客感到亲切，并产生信赖；导购员自己要敞开心扉，以开朗的心情、热情的态度接待顾客，让顾客放松警惕，就像在家里一样，轻松自在地购物。同时做顾客的顾问，适时提出适合顾客的建议，让顾客买到称心如意的产品。

2．善于发现顾客的长处和优点并适当赞美

注意顾客的服装、仪表、配饰、表情和语言等，从中发现其长处和优点，以自己的感觉真诚赞美，如，“看来您很喜欢蓝色，这颜色很适合您的气质”“听您讲话，就知道您不一般”。

3．尽量了解顾客

尽量了解顾客，主要是在销售过程中，导购员通过与顾客谈话，了解顾客的兴趣和爱好等，从而拉近与顾客的关系。通过交谈，或许可能与顾客成为朋友，以后顾客可能会向其他朋友介绍这里的产品。

4．记住顾客的容貌和姓名

人们都希望别人能够喊出自己的名字，这样可以在心理上获得极大的满足。在销售时也一样，一句像老朋友一样的称呼、问候，可以让顾客惊喜，感觉自己受到重视，感到自己被别人关心。这样自然地就缩短了导购员与顾客之间的距离。

获得顾客姓名的方式有通过信用卡、登记送货地址、保修卡、顾客调查表以及顾客与同伴之间的称呼来了解顾客的名字，对于经常光顾的顾客则可以热情坦率地询问其姓名。

至于顾客的容貌，就需要导购员用心记忆了。不过在不确定顾客姓名时，导购员千万不要贸然称呼，以免尴尬。

5．多做贴心事，感动顾客

要赢得顾客的忠诚，导购员还需要真诚地为顾客做一些贴心的事情，这些小事往往能出乎顾客的意料，使顾客感动，这就成为建立顾客忠诚度的最好时机。比如，在顾客生日时寄出一份礼物，送去祝福等。